我国农业现代化评价及案例实证研究

WOGUO NONGYE XIANDAIHUA PINGJIA JI ANLI SHIZHENG YANJIU

蒋和平　辛　岭　王晓君　著

中国农业出版社

本书出版得到了中国农业科学院科技创新工程

项目（ASTTP-IAED02）的专项资助

序 言
PREFACE

党的十八大提出：坚持走中国特色新型工业化、信息化、城镇化、农业现代化道路，促进工业化、信息化、城镇化、农业现代化同步发展。在"四化"建设中，农业现代化是薄弱环节，是短板。加快农业现代化是"四化同步"发展的重要基础和必然要求。习近平总书记多次强调，农业的根本出路在于现代化，没有农业现代化，国家现代化是不完整、不全面、不牢固的。李克强总理强调指出，农业现代化是国家现代化的基础和支撑，是农业发展的根本方向。2016年10月，国务院印发了《全国农业现代化规划（2016—2020年）》，对"十三五"期间全国农业现代化的基本目标、主要任务、政策措施等做出了全面部署安排。

发展现代农业，实现农业现代化，必须先对农业现代化的现状、薄弱环节和进展有清醒的认识。对我国农业现代化总体发展水平进行定量测算与评价，准确判断我国农业现代化发展水平和在国家综合现代化进程中所处的阶段，对平稳有序地推进我国现代化进程，制定现代农业发展规划具有重要的科学指导意义。

评价农业现代化现状、发展水平和发展阶段，设计一套可定量测算、科学合理的评价指标体系是最重要的基础。第一，通过构建农业现代化评价指标体系对农业现代化进程进行测评，能够准确描述现代农业目标模式的状态，把抽象的目标具体化，有利于国家和各级政府部门对现代农业的实际发展水平、存在的问题及发展的趋势有一个客观的认识；第二，设计评价指标体系，通过对数据和信息的搜集过程，也能够帮助宏观决策者从许多不同的因素中提炼有用的信息，准确预测农业现代化发展趋势；第三，评价指标具有重要的导向作用，科学的指标体系能够引导农业现代化健康发展，对我国农业发展战略具有指导意义。

目前，国内尚未形成统一、完善的农业现代化评价指标体系，综观近三年国内对农业现代化评价指标体系的系统研究，虽然60%～80%的群体指标相同或相近，但是指标体系各不相同，指标数目多少、指标数值高低存在很大的分歧。虽然都源于对农业现代化内涵和特征的理解来设计评价指标体系，但是在指标体系内容范围大小等方面存在很大的分歧，究其分歧产生的根本原因，在于设计评价标准的指导思想不一致，尤其是对农业现代化建设目标的理解也不一致。

全书在作者承担国家和省部级课题研究成果的基础上，首先对中国特色农业现代化的理论基础进行了梳理，集中讨论了国内外学者对农业现代化评价标准的经典阐述和发展理论；然后，介绍了我国农业现代化评价的主要方法，包括模型法、参数比较法、多指标综合测定法、数据包络法、空间分析法等，从评价步骤、优缺点、适用范围对不同评价方法进行了比较。通过构建不同的评价体系与评价模型，本书对我国农业现代化发展水平、发展阶段、发展趋势进行了实证分析，并将中国农业现代化与国际主流国家进行了对比，反映了我国农业在世界所处的水平。本书还对特色区域，如国内粮食主产区、北京市都市型现代农业发展水平进行了评价；基于系列实证分析成果，最后提出了未来推进我国农业现代化的政策建议。

课题组经过多年的连续跟踪和案例实证研究，对我国农业现代化的发展水平进行了多方位的评价和测算，包括基于历史数据对我国农业现代化阶段的划分、我国现代农业的国际比较、我国农业现代化的区域差异、我国农业现代化"十三五"期间发展趋势预测等。

本书由中国农业科学院农业经济与发展研究所农业现代化理论与政策学科首席科学家蒋和平教授牵头和统稿，组织农经所现代农业研究室科研人员，以求真、务实、创新的科学态度，经过4年多的时间，把课题研究成果撰写成20多万字的学术专著《我国农业现代化评价及案例实证研究》。为了保证学术专著的质量，课题组多次征求专家意见，反复进行论证、研究和修改，数易书稿，反复斟酌，终于按期完成任务并付梓出版。

我国农业现代化发展仍需奋起直追，未来对中国农业现代化评价还有很多的研究工作需要开展，农业现代化评价与方法研究的成果也需要不断地推陈出新。本书在编写过程中，参考了国内外农业现代化评价与方法研究的相关成果，并吸纳了国内外学者的观点和研究成果。如本书能为国内农经研究人员对中国农业现代化评价贡献一点绵薄之力，我和我的团队科研人员将深感荣幸。

在本书的编写方面，我们虽然尽了最大的努力，但由于时间紧，科研任务重，加上团队人员的研究和写作水平有限，本书仍有不尽完美之处。恳请同行专家和学者不吝赐教，给予批评指正。本书旨在共享研究经验与相互探讨，推动中国农业现代化评价与案例实证研究，取得更大的发展。

作　者

2017 年 12 月 20 日于北京

目　录
CONTENTS

序言

引言 ……………………………………………………………………… 1

　一、问题的提出 ………………………………………………………… 1

　二、研究评述 …………………………………………………………… 7

第一章　农业现代化评价的理论基础 ……………………………… 14

　一、农业现代化的理论基础 ………………………………………… 14

　二、农业现代化的内涵与特征 ……………………………………… 22

　三、农业现代化的评价标准 ………………………………………… 29

第二章　农业现代化的评价方法 …………………………………… 31

　一、农业现代化主要评价方法 ……………………………………… 31

　二、农业现代化指标体系的构建 …………………………………… 34

　三、指标权重的确定 ………………………………………………… 37

　四、目标值和标准值的确定 ………………………………………… 41

　五、小结 ……………………………………………………………… 45

第三章　我国现代农业发展水平评价指标体系的构建与测算 …… 48

　一、现代农业发展水平评价指标体系编制的方法 ………………… 48

　二、现代农业发展水平的评价方法及评价模型 …………………… 52

　三、现代农业发展水平的衡量标准及阶段划分 …………………… 54

　四、对我国现阶段现代农业发展水平的评价和分析 ……………… 55

　五、对策和建议 ……………………………………………………… 61

第四章　中国农业现代化发展阶段的评价 ………………………… 65

　一、农业现代化发展阶段的评价方法 ……………………………… 65

　二、农业现代化发展阶段的评价和分析 …………………………… 67

三、政策建议 ……………………………………………………… 69

第五章　我国基本实现农业现代化评价指标体系的构建及发展水平预测 … 72

　　一、农业现代化发展水平评价指标的选取 ………………………… 72

　　二、农业现代化衡量标准的制定 ………………………………… 74

　　三、农业现代化评价指标值的预测 ……………………………… 76

　　四、中国农业现代化发展水平分析 ……………………………… 80

　　五、结论 …………………………………………………………… 81

第六章　我国现代农业建设发展水平评价指标体系构建和趋势预测 ……… 83

　　一、现代农业建设发展水平的评价指标体系构建 ………………… 83

　　二、我国现代农业建设的发展水平评价及其发展趋势预测 ……… 86

　　三、我国现代农业建设的区域发展水平及其趋势预测 …………… 97

　　四、现代农业阶段性评价 ………………………………………… 115

　　五、国内外现代农业建设的比较研究 …………………………… 122

第七章　我国农业现代化发展水平评价指标体系的构建、测算与评价 …… 131

　　一、农业现代化评价指标体系的构建 …………………………… 131

　　二、农业现代化进程的评价方法及模型 ………………………… 131

　　三、农业现代化发展水平的衡量标准及阶段划分 ……………… 133

　　四、对我国农业现代化发展水平的评价和分析 ………………… 134

　　五、对策和政策建议 ……………………………………………… 142

第八章　我国粮食主产区农业现代化指标体系的构建、测算与评价 ……… 145

　　一、研究的背景和依据 …………………………………………… 145

　　二、粮食主产区农业现代化评价指标体系的构建和测算 ……… 146

　　三、粮食主产区农业现代化发展水平评价 ……………………… 148

　　四、结论 …………………………………………………………… 154

第九章　我国现代农业发展水平评价的研究 ……………………………… 155

　　一、现代农业建设背景 …………………………………………… 155

　　二、现代农业的内涵和特征 ……………………………………… 156

　　三、我国现代农业发展水平评价指标体系的构建 ……………… 157

　　四、现代农业发展程度的测评 …………………………………… 162

　　五、我国现代农业建设发展阶段以及相应的政策措施 ………… 170

第十章　农业现代化发展水平的国际比较研究 ⋯⋯⋯⋯⋯⋯ 172

一、农业现代化国际比较的理论基础 ⋯⋯⋯⋯⋯⋯⋯ 172

二、农业现代化评价指标体系的构建 ⋯⋯⋯⋯⋯⋯⋯ 174

三、农业现代化的评价方法 ⋯⋯⋯⋯⋯⋯⋯⋯⋯⋯ 174

四、农业现代化发展水平的比较评价和分析 ⋯⋯⋯⋯⋯ 176

五、结论和政策建议 ⋯⋯⋯⋯⋯⋯⋯⋯⋯⋯⋯⋯⋯ 182

第十一章　北京都市型现代农业发展水平的评价研究 ⋯⋯⋯⋯ 185

一、引言 ⋯⋯⋯⋯⋯⋯⋯⋯⋯⋯⋯⋯⋯⋯⋯⋯⋯ 185

二、北京都市型现代农业发展评价指标体系的构建 ⋯⋯⋯ 186

三、北京市都市型现代农业发展水平评价 ⋯⋯⋯⋯⋯⋯ 189

四、北京与上海、广州、天津等都市型现代农业发展水平比较研究 ⋯⋯ 194

五、结论 ⋯⋯⋯⋯⋯⋯⋯⋯⋯⋯⋯⋯⋯⋯⋯⋯⋯ 199

第十二章　"十三五"农业现代化发展目标研究 ⋯⋯⋯⋯⋯⋯ 202

一、引言 ⋯⋯⋯⋯⋯⋯⋯⋯⋯⋯⋯⋯⋯⋯⋯⋯⋯ 202

二、农业现代化目标指标体系构建 ⋯⋯⋯⋯⋯⋯⋯⋯ 203

三、目标值确定与结果 ⋯⋯⋯⋯⋯⋯⋯⋯⋯⋯⋯⋯ 205

四、结论 ⋯⋯⋯⋯⋯⋯⋯⋯⋯⋯⋯⋯⋯⋯⋯⋯⋯ 215

第十三章　农业现代化的未来发展趋势 ⋯⋯⋯⋯⋯⋯⋯⋯⋯ 217

一、农业现代化支持体系不断完善 ⋯⋯⋯⋯⋯⋯⋯⋯ 217

二、农业现代化的发展趋势 ⋯⋯⋯⋯⋯⋯⋯⋯⋯⋯ 221

三、我国推进农业现代化建设的政策建议 ⋯⋯⋯⋯⋯⋯ 225

参考文献 ⋯⋯⋯⋯⋯⋯⋯⋯⋯⋯⋯⋯⋯⋯⋯⋯⋯⋯⋯⋯ 229

后记 ⋯⋯⋯⋯⋯⋯⋯⋯⋯⋯⋯⋯⋯⋯⋯⋯⋯⋯⋯⋯⋯⋯ 236

引　言

一、问题的提出

2014 年和 2015 年连续两年的中央 1 号文件都直指"农业现代化",提出加快推进中国特色农业现代化将是破解中国农业面临的复杂环境和难题的重中之重。2015 年,中央 1 号文件还将"围绕建设现代农业,加快转变农业发展方式"作为首要议题来讨论。文件指出:当前,我国经济发展进入新常态,正从高速增长转向中高速增长,如何在经济增速放缓背景下继续强化农业基础地位、促进农民持续增收,是必须破解的一个重大课题。国内农业生产成本快速攀升,大宗农产品价格普遍高于国际市场,如何在"双重挤压"下创新农业支持保护政策、提高农业竞争力,是必须面对的一个重大考验。我国农业资源短缺,开发过度、污染加重,如何在资源环境硬约束下保障农产品有效供给和质量安全、提升农业可持续发展能力,是必须应对的一个重大挑战。城乡资源要素流动加速,城乡互动联系增强,如何在城镇化深入发展背景下加快新农村建设步伐、实现城乡共同繁荣,是必须解决好的一个重大问题。破解这些难题,是今后一个时期"三农"工作的重大任务。必须始终坚持把解决好"三农"问题作为全党工作的重中之重,靠改革添动力,以法治作保障,加快推进中国特色农业现代化。

农业现代化是中国未来农业发展的方向(陈锡文,2012)。但发展现代农业,实现农业现代化,必须先对农业现代化的现状、薄弱环节和进展有清醒的认识。对我国农业现代化总体发展水平进行定量测算与评价,准确判断我国农业现代化发展水平和在国家综合现代化进程中所处的阶段,对平稳有序地推进我国现代化进程,制定现代农业发展战略规划具有重要的科学指导意义。

(一) 农业现代化是我国国民经济现代化的根基

农业是国民经济的基础,这已经是被历史反复证明的客观规律。我国农业经济的迅速增长出现在改革开放以后,自改革开放以来,约束农业发展的体制性障碍被打破,农业生产力被极大激活,中国农业经济取得了举世瞩目的成绩,粮食等主要农产品供应呈现超常规增长态势。2003—2014 年我国粮食产量实现了"十一连增",农业农村发展成就显著,为我国全面建设小康社会和共同富裕打下了坚实基础。尽管我国"三农"发展取得了巨大成就,但我们也必须认识到在新时期"三农"问题仍然是制约经济社会发展的关键问题。如何推动农业可持续发展，已经成为宏观决策部门面临的一项重大抉择（胡鞍钢、吴群刚，2001）。

促进农业可持续发展的关键在于依靠科技创新，推进传统农业向现代农业转变，实现农业现代化，这也是世界各国经济发展客观趋势的反映，符合当今世界农业发展的一般规律（陈锡文，2007；张晓山，2007）。发达国家从18世纪末或19世纪初开始农业现代化进程，到20世纪60—70年代基本上完成了农业现代化（孙浩然，2006），如美国、日本、西欧等对传统农业实现了现代化改造，一些新兴工业化国家，如韩国、新加坡等，现代农业建设也取得了不菲的成就，使农业产业体系成为高新技术的生长点、知识资本的汇聚点、城乡居民生活福利水平提高的贡献点。加快推进农业现代化发展是世界各国在现代化建设中的一般规律（韩长赋，2011）。

在我国，农业现代化是现代化建设的重要内容和组成部分，是事关发展全局的重中之重，具有显著的战略意义。工业化、信息化、城镇化、农业现代化"四化"建设中，农业现代化是薄弱环节，是短板。从现实发展实际来看，"全面小康"目标建设能否顺利实现、"四化同步"能否顺利推进以及现代化实现的"时间表"能否校准并达到预期，关键在于农业现代化。从这个层面来说，推动农业现代化发展将成为我国现代化建设的主攻领域。

当前，经济发展的外部环境也对中国推进农业现代化的进程提出了迫切的要求，同时也大大提高了农业现代化的目标及其实现难度。

第一，"四化同步"对加快推进农业现代化提出迫切要求。工业化和信息化快速推进对保障主要农产品有效供给提出了更高要求。工业化和信息化促进经济发展水平和居民收入水平快速提高，推动食物消费结构不断升级。农产品加工业发展仍处在上升阶段，农产品精深加工薄弱，还有很大发展空间。生物乙醇、工业淀粉等非食用加工产品需求的扩张，使农产品需求脱离了食物消费需求稳定增长的轨迹，而与工业快速发展的趋势绑在了一起。城镇化深入发展对完善现代农业制度提出了迫切要求。城镇化带动大量青年农民进城就业，农村劳动力短缺现象已呈扩散、加重的趋势。随着新型城镇化战略的实施，农业人口的转移将更加彻底，创新农业经营体制机制的要求也将更加紧迫。

第二，农业国际化加深对提升农业竞争力提出严峻挑战。受多种因素的影响，中国农产品产需缺口不断扩大。大宗农产品国内价格已进入全面超过国际价格的阶段，粮棉油糖等主要农产品的国内市场价格已全面高于国外产品配额内进口到岸税后价格，国内外农产品价格倒挂呈现出由波动性转向持续性、由部分转向全面的趋势，导致近年来农产品进口规模增长迅猛，大宗农产品开始全面净进口。我国每年大豆压榨需求7 000万吨，其中5 800万吨来自国外

（主要来自美国、巴西），大豆消费对外依存度达80％；玉米消费随着饲料消费的刚性稳定增加及玉米深加工需求的大幅增加，出现供不应求的局面，以后进口玉米将成为常态。2014年，我国白糖消费约1 300万吨，其中，国内产量1 100万吨，进口量达200万吨，进口量占国内消费量的14.8％；我国棉花消费量近1 000万吨，但2015年产量预计在800万吨，进口量约200万吨，进口量占国内消费量的20％。我国粮棉油糖等重要物资出现了不同程度的供求缺口。国际市场的粮食出口价格低于国内市场，中国农产品的价格接近"天花板"、而生产成本的"地板"不断攀升。未来伴随着农产品进口的增加，国际农产品市场波动将通过各种渠道更加直接、更加迅速地向国内传导，给中国农业发展带来不可预知的挑战和风险。尤其是近些年国际资本抓紧进入中国农业领域，种子生产经营、食用植物油压榨、果蔬加工、饲料加工、屠宰及肉类加工等行业越来越多地被外资通过并购、参股等方式进入，中国农业产业安全面临的隐患加深。

第三，农业发展已进入农业产值占GDP 10％的重要转折时期。随着经济发展水平提高，第一产业增加值占GDP的比重逐渐下降，发达国家这一比值基本在10％以下，这成为衡量一个国家发达与否的标准之一。2013年，中国人均GDP达到6 700美元，经济发展水平迈入中上等收入国家的行列，第一产业产值占GDP的比重下降到10％，已进入跨越"中等收入陷阱"的关键期。20世纪60—70年代全世界超过中等收入标准的101个经济体中，只有日本、韩国、新加坡，以及中国香港、中国台湾等13个国家和地区最终成功越过"中等收入陷阱"，大多数国家至今仍被阻挡在"高收入之墙"外。导致这种结果的原因固然很多，但农业农村农民问题处理得如何，是一个绕不开的因素（张红宇，2013）。日本、韩国通过新农村建设比较成功地解决了工农、城乡协调发展问题，为跨越"中等收入陷阱"奠定了良好的基础，但这些国家农业的规模和作用有限，比较易于管理和调控。中国作为一个农业大国、人口大国，提高农业效益、增加农民收入，难度要大得多。

第四，农业内部出现许多阶段性难题。在应对外部压力的同时，中国农业内部也出现了许多新难题，使推进农业现代化步入了一个内外压力交织、新老难题并存的新阶段。中国农业资源总量严重不足，人均耕地资源仅为世界平均水平的40％，人均水资源仅为世界平均水平的1/4。近年来，由于发展方式粗放、资源利用率低、面源污染加剧等原因，农业资源与环境问题凸显。由于农业水土资源的过度利用，部分地区已出现河水断流、湿地萎缩、海水入侵等现象，农田重金属污染、面源污染等问题短期内无法根治，加强资源环境保护的压力越来越大。农业生产成本进入持续上升的通道，而农产品涨价又面临多重制约，给提升农业效益、调动农民积极性带来了很大压力。青壮年农业劳动力日益紧缺，"谁来种田"已成为很多地方迫在眉睫的问题。受全球气候变化的影响，干旱、洪涝等自然灾害频发重发，农业面临的风险明显加大。随着中国农业与世界农业的关联性加强，世界农产品供求变化、能源价格波动、投机资本炒作等都能带来国内农产品价格剧烈波动。全社会对农产品质量安全问题更加敏感，质量安全风险明显加大。上述难题和风险相互叠加，增加了推进农业现代化的艰巨性、复杂性和挑战性。

（二）农业现代化定量测评是制定现代农业发展战略规划的科学依据

农业现代化的定量测评研究对当前我国农业发展具有重要的理论和实践意义。这是因为发展现代农业，实现农业现代化，必须先对农业现代化的现状、薄弱环节和进展有清醒的认识，而评价实现农业现代化的现状、发展水平、发展阶段，设计一套可定量的、科学合理的评价指标体系是最重要的基础。

第一，通过构建农业现代化评价指标体系对农业现代化进程进行测评，能够生动描述现代农业目标模式的状态，把抽象的目标具体化，有利于国家和各级政府部门对现代农业的实际发展水平、存在的问题及发展的趋势有一个客观的认识。另外，制定统一的农业现代化评价指标体系可以使各地现代农业具有可比性，有利于真实体现当地农业现代化水平，为当地及时调整农业政策提供理论依据。最后，通过评价指标体系可以动态地跟踪现代农业建设的进展情况，对现代农业建设前景进行预测分析。

第二，通过对数据和信息的搜集构建指标体系，也能够帮助决策者从许多不同的因素中提炼有用的信息，建立关联信息序列，以提高其透明度和综合性，还可以在缺乏信息的情况下帮助解决重要问题，对数据做出比较准确的预测。构建科学合理、全面客观的农业现代化水平评价指标体系，有利于协调发展过程中的各方面关系，促进现代农业建设的顺利发展。

第三，评价指标具有重要的导向作用，科学的指标体系能够引导农业现代化健康发展，对我国农业发展战略具有指导意义。因此，指标的设置一定要注意其导向性，具有战略意义的因素一定要在指标体系中予以充分反映。

（三）现有农业现代化评价体系中存在的不足

评价体系的合理性在评价中占有十分重要的地位，它既是对目标系统展开科学评价的一个重要组成部分，同时又是下一步进行决策的重要工具。

目前国内尚未形成统一、完善的农业现代化评价体系，综观近三年对农业现代化评价指标体系的系统研究，虽然 60%～80% 的群体指标相同或相近，但是指标体系各不相同，指标数目多少、指标数值高低存在很大的分歧；虽然都源于对农业现代化内涵和特征的理解来设计评价指标体系，但是指标体系内容范围大小存在很大的分歧，究其分歧产生的原因，根本在于设计评价标准的指导思想不一致，尤其是对农业现代化建设目标的理解不一致。

综合来看，农业现代化的评价体系存在以下几个方面的问题：

第一，农业现代化的概念经历了一个由狭义走向广义的过程，当前学术界把农业现代化作为一个开放条件下的综合性系统工程来研究，外延扩展至整个农村区域的现代化，在构建评价指标体系时，纳入了许多表征农村发展水平的指标。

第二，农业现代化缺乏简单明了的核心指标。农业现代化概念广泛而全面，不仅包括农业技术、生产关系、方式、工具的变革，也包括农业相关利益体农民的收入、素质、观念提升，还包括农业制度、社会组织方式现代化以及农业可持续发展机制。农业现代化已经演变为一个由生产力、生产关系、历史、经济、制度杂糅的范畴，相对于工业化和城镇化通常分别采用工业产值占比和城镇人口占比等简化核心指标，农业现代化难以确定一个核心测度指标，目前仍然是由众多指标加权的数值。

第三，评价指标的实用性不强，缺乏反映农业商品化程度和可持续发展能力的指标。提高农业生产经营的商品化程度，增强农业可持续发展的能力，既是农业现代化内涵的重点要求，也是我国农业现代化建设的重要导向。现有研究成果主要集中在对农业生产的物质装备水平和农业产出能力等方面的评价上，而对农业生产经营的商品化程度和可持续发展能力的评价指标则明显短缺或不足。指标体系难以反映现实情况，客观原因也在于数据搜集和整理困难，除《中国统计年鉴》《中国农村统计年鉴》等几种专业年鉴以外，系统获得数据的渠道非常有限，如反映农业经营管理、农村生态环境的指标很难拿到数据。

第四，可比性较差。农业现代化是一个相对的概念，一个国家或地区的农业现代化进程要通过与不同时期、不同地区、不同国家的比较来体现。现有研究成果中有些指标（三级系统）过于具体。在市场经济条件下，生产经营主体都追求要素效益最大化，由于不同地区的比较优势不同，产品结构也就不同，因此指标若过于具体，必然难以保证其可比性。

第五，导向性不突出。评价指标具有重要的导向作用，科学的指标体系应能引导农业现代化健康发展，现有评价指标体系的导向性不够突出，其重要的原因在于一些研究人员片面追求指标体系的全面性，企图使指标体系包含所有因素，结果导致重点不突出，造成评估结果失真。

第六，农业现代化评价新的方法和工具亟待引入，虽然出现了一些尝试但数量有限，相关研究仍基本限于统计学科，经济学、地理学、农学、测绘科学及农经管理的方法与工具亟待引入。

（四）完善我国农业现代化评价指标体系的总体思路

如上所述，当前国内外学者关于农业现代化水平评价指标体系的构建各不相同，还没有形成完全统一的标准，一方面在于农业现代化本身是个复杂的问题，影响因素众多，而且各地区的经济发展水平各不相同，地方特色和农业现代化水平也各不相同，导致在评价指标的确定上有所差异。另一方面，设计评价标准的指导思想不一致，对农业现代化的目标还缺乏清晰的认知。在确定农业现代化评价指标体系时，应遵循以下几个原则：

第一，科学性原则。评价指标的设计，要紧扣现代农业的本质、内涵和特征，既要体现发展现代农业的经济效益，也要体现其社会效益和生态效益，既要反映各地区现阶段的现代农业发展水平，又要体现各地区现代农业潜在发展能力，同时科学界定指标权重和目标值，选择科学的计算方法。

第二，指导性原则。评价指标的设计及权重的分配，充分反映了全国及各地区现代农业发展的重点领域和关键环节，是当前及未来一段时期全国及各地发展现代农业需要突破的重点和方向。通过该指标体系的建立和使用，为各地发展现代农业提供方向性的指导，使各地农业管理部门明确未来工作的重点，并根据自身条件采取相应措施。

第三，可操作性原则。一级指标设立与2007年中央1号文件提出的发展现代农业的精神和农业部制定的"十二五"全国现代农业发展规划考核目标相符合，重点突出，层次清楚，结构合理；二级指标的设计简明扼要，数据要容易获得，并便于应用和计算。

依据现代农业的内涵和特征，并遵循现代农业发展的一般规律和发展趋势，又考虑我国的具体国情，在农业现代化评价中，以下几个方面可作为主要方向来考虑：①农业物质装备水平，良好的基础设施与物质装备水平是现代农业的基本特征，也是农业发展的基本保障。该指标是对"用现代物质条件装备农业"这一现代农业本质的反映，包括有效灌溉面积占耕地面积的比重、农作物耕种收综合机械化率、农业减灾防灾能力等。②农业科技支撑水平，指与发展现代农业相应的科技成果应用和农技推广水平，包括农业科技投入占农业增加值的比重、每万名农业劳动力拥有的农技人员数量和初中以上文化程度的农业劳动力比重等。③农业经营管理水平，现代农业不同于传统农业之处，不仅表现为生产手段的先进性和生产效率的大幅提高，还表现为生产经营方式的转变，即由传统的自给农业转变为高度商品化的农业。农业经营管理水平包括人均耕地面积、畜牧业产值比重、渔业产值比重、农产品加工业产值比重和农民合作社数量等。④农业可持续发展水平，我国人口众多，农业资源相对短缺，农业劳动力素质较低，生态环境较差，农业持续发展的压力很大。加之我国在农业生产中的粗放经营、短期行为以及缺乏农业可持续发展的意识和机制，不断造成生态环境的严重恶化，农业生产资源急剧减少，又给我国农业的可持续发展造成了更大的威胁。因此，把农业可持续发展能力评价纳入农业现代化评价指标体系符合科学的发展观，具有重要的现实意义和长远意义。农业可持续发展水平包括化肥产出率和农业节水灌溉面积比重等指标。⑤农业政策支持水平，指发展现代农业应有一定的农业生产投入，加强政府对农业支持保障力度，是现代农业发展的重要保证。⑥农产品供给保障水平，农产品供给保障水平主要体现在人均粮食产量、人均肉产量和人均水产品产量等方面。⑦农业效益水平，指现代农业发展的最终结果，体现在农民人均纯收入、劳均农业增加值和粮食单产等方面。

二、研究评述

农业现代化如何评价一直是理论界关注的热点问题（康芸、李晓鸣，2000），在不同时期、不同阶段都有学者从不同侧面切入并展开研究探讨，积累了诸多研究成果。

（一）农业现代化评价指标体系的研究

从现有文献来看，在农业发展研究中，无论是联合国粮农组织还是世界银行，对于世界农业发展的关注程度都很高。以下评价指标常见于这些组织的世界农业发展报告中：第一、二、三产业国内生产总值、研究与发展经费支出占国内生产总值比重、每百万人从事研究与开发的研究人员数、平均每个农业经济活动人口的耕地面积、平均每千公顷耕地上拖拉机使用量、平均每千公顷耕地上化肥施用量、全员劳动生产率、劳均谷物产量、劳均肉类产量、劳均鱼类产量、农产品出口额、城市人口比重、第一、二、三产业就业构成、医疗支出占国内生产总值的比重等等。从上述指标设立可以看出，国际组织中对世界农业的分析，既强调行业的特殊性，如农业的生产能力、产出率、农业生产效率，也强调农业的社会性、科学性和国际化特性，如科技人员数、教育水平、农产品出口额、人均国民总收入，把农业置于整个社会经济发展状况下讨论是科学的。这些成熟的统计指标为世界现代农业发展研究奠定了基础。国外具有代表性的是1970年联合国发展研究所提出的按贫穷、富裕区分的社会现代化指标体系——21项国际标准及其他专项国际标准。美国社会学家 A. Inkeles 等（1974）提出了现代化的 10 项指标。

近年来，由于西方发达国家的农业现代化模式在现实实施中也产生了各类环境问题，所以西方学者在选择农业现代化指标体系时大多从可持续发展、农业多功能性的角度切入；Sands 和 Podmore（2000）构建了 ESI 指标体系，运用 15 个分项指标代表农业可持续发展的选择。Rezaei 和 Karami（2008）、Carof 和 Colomb（2013）通过农业可持续发展视角建立经济、环境输入、相关排放以及社会发展等四个层面的农业现代化指标体系，但现有指标体系缺乏系统性，无法衡量农业生态系统"赤字"，操作性较差，限制了可持续发展理论向农业发展实践模式转变（Lehr，2001）。此外，Huffman（2001）从产量、利润、就业、生活质量、公平性、股权分红、环境保护、资源利用、产品质量等方面构建农业现代化指标体系，并运用 EM 模型以及 AHP 方法，对农业现代化发展水平进行评价与比较。Carlos 和 Groot（2008）提出了一个集成经济价值、利益相关者和多标准评价为一体的多功能农业指标体系。国外农业现代化发展实际与我国农业现代化发展实际并不相符。探究一套适合中国特色、代表性强、操作性好的指标成为学者研究的重点课题。

目前，国内有关农业现代化的评价指标体系，按照研究机构与研究目的可以分为三大类。第一类是带有宏观指导性质的指标体系。这类指标体系的研究一般是由国家级或部级研究机构开展，目的是宏观指导各地的农业现代化建设。如农业部农村经济研究中心对农业现代化指标进行了一项研究，把农业现代化的指标体系分为农业外部条件指标、农业内部条件指标和农业生产效果指标三组，制定了一个指导全国的基本实现农业现代化的指标体系，该体系将评价指标确定为 10 项：社会人均国内生产总值、农村人均纯收入、农业就业占社会就业比重、科技进步贡献率、农业机械化率、从业人员初中以上比重、农业劳均创造国内生产总值、农业劳均生产农产品数量、每公顷耕地创造国内生产总值、森林覆盖率。各项指标按阶段性分为起步标准（近期目标）、初步实现标准（中期目标）和基本实现标准（远期目标）。起步标准大体是发达地区已经达到的水平，后两项标准值大致按照起步标准翻一番和翻两番分别确定（柯炳生，2000）。中国农业科学院农业信息研究所研究人员把农业现代化的指标体系分为收入和消费水平、农村经济发展水平、农业生产发展水平、农业基础设施与投入、农业生产技术与教育、农业组织与经营管理、农业资源与环境条件 7 大类 22 项指标，同时提出了农业现代化要经历四个阶段：起始阶段、初步实现阶段、基本实现阶段和完全实现阶段（梅方权，1999）。此外，国家统计局统计科学研究所的"中国农业现代化评价指标体系建设与实证分析"课题组，给出了以农业生产手段、农业劳动力、农业产出能力和农业生产条件为要素的"农业现代化"定义，设计出一套有三级系统构成的"中国农业现代化评价指标体系"及其量化标准。对全国及东、中、西部地区 31 个省（自治区、直辖市），从 1998—2000 年 3 年中国农业现代化进程进行了测算，还对几个主要发达国家（美国、澳大利亚、法国、英国、德国、意大利、日本和韩国）和中国农业发展状况进行了国际比较，并将定量分析与定性分析结合起来（刘晓越，2004）。第二类是各地方政府根据当地实际情况所制定的指导当地农业现代化建设的指标体系。如广东省"珠江三角洲农业现代化指标体系"课题组在总结过去研究的基础上，提出了一个由 11 个一级指标、19 个二级指标组成的"五高六化"农业现代化指标体系，即劳动生产率高、土地生产率高、投入产出率高、科技贡献率高、农民收入水平高，农田标准化、操作机械化、服务社会化、管理科学化、生态良性化、城乡一体化，并制定了具体的量值（珠江三角洲农业现代化指标体系课题组，1999）。江苏省农林厅、省统计局参考国内外有关研究成果和资料采用目标性指标体系，从农业生产水平、农业生产条件、农业生产技术、农业生产管理现代化角度出发，比照世界发达国家 20 世纪 80 年代中期的水平，制定了一个由 8 类 17 个指标组成的农业基本现代化指标体系（鲍进，2001）。第三类是国内的专家、学者依据自己对农业现代化的理解所提出的指标体系。比较具代表性的有：浙江大学农业现代化与农村发展研究中心的徐星明、杨万江（2001）提出了包括现代农业生产目标与农业保障目标 2 个一级目标指标、5 个二级子目标指标（现代农业生产目标：农业生产条件、农业投入水平、农业生产力；农业保障目标：经济与社会结构、农民收入与生活水平），共计 17 项个体指标。农业部农村经济研究中心的郑有贵（2000）提出三大类共 8 个指标的评价农业现代化的指标体系。其中三大类指标是：社会经济结构类指标、生产条件类指标、效果类指标。黄祖辉（2003）的沿海地区三层，6 个主体指标，22 个分项指标体系。程智强、程序（2003）从两个方面来建立农业现代化指标体系。一是现代化水平，主要反映现代农业的水利保障程度、机械作业程度、农产品商品化程度、土地生产率水平和劳动生产率水平。二是现代化的质量。主要反映农业经济集约增长水平、水土质量与产品质量水平、森林覆盖率、农民平均受教育年限和农村居民与城镇居民可支配收入之比。中国农业科学院农业经济与发展研究所的辛岭和蒋和平（2010）从劳动生产率、土地生产率、投入产出率、农民收入、农田水利化、操作机械化、经营产业化、经营主体现代化、生态良性化等方面构建的 4 项准则和 12 项个体指标。

以上研究结果表明，在指标体系设计方面，由于各界对农业现代化的内涵和目标认识不同，加上各地自然条件和社会经济条件存在很大差异，从而制定的指标体系也存在很大差异。总体来看，国内的三大类指标体系又可以分成两种情况。第一种情况是按照农业现代化的内涵与涉及内容尽可能地用量化指标予以全面反映，但是部分量化指标很难找到与之对应的统计数据从而缺乏操作性。广东省的农业现代化指标体系就是这种情况。另一种情况是根据现有可用的已统计数据，立足于农业现代化最核心的内容进行设计，虽然指标体系有点简单，但更容易把握，徐星明、杨万江提出的指标体系就属于这种情况。具体来看，国内的农业现代化评价指标体系基本上都是从农业生产条件、农业科技水平、农业经营管理、农民生活质量、农村生态环境等方面进行指标设置的。这些研究成果为评价农业现代化提供了重要参考依据，但也存在不足。一是有些评估指标体系的设计上概念性的指标居多，量化程度较低，理论阐述居多，实证研究较少；二是过于追求指标体系的系统性，而没有考虑指标数据的可得性；三是片面追求指标体系的全面性，企图使指标体系包含所有因素，导致重点不突出，造成评估结果失真；四是部分指标体系是针对某个特定地区设计的，缺乏通用的评估标准，很难应用于不同地区之间的对比研究。

（二）农业现代化评价遵循原则的研究

不同的研究在制定评价指标体系时所遵循的原则也存在认识上的不同。梅方权（1999）认为中国农业现代化评价指标体系必须符合四个原则：一是有利于科学地评价农业现代化的性质和特征；二是有利于定性分析与定量分析有机结合地测定农业现代化水平；三是有利于及时准确地监控农业现代化进程；四是有利于不同农业现代化模式的比较。韩士元（1999）则把可比性、连续性、典型性或代表性、系统性、可操作性作为筛选指标的原则。柯炳生（2000）认为在确定指标体系时应注意三个原则：主要特征原则、易操作性原则、独立性原则。程智强、程序（2003）从农业现代化的根本目标出发，认为设计指标体系时应遵循五大原则：易操作性、可比性、独立性、实效性、综合性。蒋和平（2006）则认为需要遵循系统性、综合性、重点性、代表性及可比性原则。徐星明、杨万江（2000）在尽可能充分考虑国际发展轨迹及我国和沿海地区现代农业实际的基础上，提出了建立我国农业现代化进程评价指标体系的十大原则：重点性、全面性、代表性、可比性、数量性、时序性、准确性、可操作性、导向性和现实性，这基本上包括了其他人提出的原则。

（三）农业现代化发展水平国际比较的研究

从现有文献来看，国内学者对农业现代化发展水平进行国际比较的不多，比较有代表性的有：吴振兴（2003）的《我国农业现代化的国际比较研究》建立了由 15 个指标组成的农业现代化发展指标体系，以对我国和世界中等发达国家的农业现代化发展水平进行比较研究，从而确定出我国农业现代化发展水平。这 15 个指标包括：①农业生产指标：农业产值占国内生产总值比重；农业增加值年均增长率；粮食生产指数；农业生产指数；②技术与装备指标：可耕土地面积；灌溉地占耕地比重；化肥消耗量；单位耕地面积占有农机动力数；③经济与社会指标：农业劳动力年收入；农业人口比重；农业人口密度；农业劳动生产率；④资源环境指标：森林覆盖率；森林破坏率；国家级生态保护区率。

2012 年 5 月 13 日，中科院中国现代化研究中心发布了《中国现代化报告 2012：农业现代化研究》。报告称，以农业增加值比例、农业劳动力比例和农业劳动生产率 3 项指标进行计算，截至 2008 年，中国农业经济水平与英国相差约 150 年，与美国相差 108 年，与韩国差 36 年；根据农业现代化发展水平的预测，我国将在 2050 年前后达到世界农业中等发达水平，基本实现农业现代化。通过研究，我们认为《中国现代化报告 2012：农业现代化研究》存在的不足之处：首先是指标的选取方面：①重视农业现代化的结果，但忽略农业现代化的过程。根据相关理论研究，农业现代化一般包括：物质装备水平、农业科技水平、农业结构水平、经营管理水平、社会化服务水平、综合效益水平、可持续发展水平等 7 个方面，这 7 个方面既反映了农业现代化的过程，还反映了农业现代化的结果。但该报告主要从农业效率和效益、农民生活和农业转型等方面对农业现代化进行评价，过多地强调了农业现代化的结果，而遗漏了农业现代化的过程，因此是不完善的。②遗漏了许多关键性指标。一些非常重要的评价农业现代化的指标没有出现在指标体系中。缺乏对农业基础设施水平（例如：高标准农田建设水平、农田灌溉水平等）的评价，遗漏了土地生产率这一反映我国农业产出水平的重要指标，对农业内部结构水平、农业产业化经营、农民组织化等重要指标均没有反映。③指标选取不恰当。农业现代化评价指标体系评价的对象是农业，而农民生活指标并不属于农业的范畴，而属于农村发展的范畴。农民素质、农村清洁饮水普及率、农村卫生设施普及率很大程度上受教育、社会服务等公共产品供给的影响，因此其与当地政府财政收入相关性比较明显，但与农业现代化的相关性并不明显。其次，权重的选择不合理。对于国际间比较农业现代化，由于国情不同，各个国家资源禀赋不同，要考虑到农业生产的比较优势原理。该研究报告过分强调劳动生产率是片面的。劳动生产率是反映单个劳动力的产出水平，这是衡量农业现代化水平的基本指标之一。劳动生产率可以分解为土地生产率和劳均耕地面积。我国土地生产率不低，但是美国等国家人口少但耕地多，受我国人多地少基本国情的限制，在劳均耕地面积这一指标上，我国根本无法达到美国这样人少地多国家的水平。在这种情况下，过多强调这一指标的重要性，显然无法准确衡量我国农业产出水平。

（四）农业现代化实现阶段的研究

国家统计局统计科学研究所的"中国农业现代化评价指标体系建设与实证分析"，设定全国农业现代化以 2050 年为预期年，跨入农业现代化门槛的指数为 100，根据确定的 30 项标准值，测算出各项指标达到的百分数，以表示农业现代化的实现程度或已经走过的路程，这是中国较为早期农业现代化阶段性研究，杨万江在他的《农业现代化测评》中也使用了该方法。

黄祖辉等提出农业现代化两阶段论。他们认为，对于农业现代化进程评估可分为两个阶段，第一个阶段主要以传统农业走向现代农业为特征，其代表性特征是石油农业，因此衡量这一时期的农业现代化进程指标是：农村人均耕地面积；灌溉率—农业水利化；单位耕地面积化肥施用量—农业化学化；单位耕地占有拖拉机数量—农业机械化；每个农业劳动力生产的农业增加值率—农业劳动生产率；单位耕地面积谷物产量—农业土地生产率；农业劳动力文盲率—生产者素质。黄祖辉等规定的标准值是：农村人均耕地面积应达到人均 0.5 公顷；灌溉率应达到 22%；每公顷化肥用量应达到 185 千克；每百公顷耕地占有拖拉机数量应达到 200 台；每个农业劳动力生产的农业增加值应达到 6 000 美元；每公顷谷物产量应达到 3 100 千克；农业劳动力文盲率低于 3%。

第二个阶段以农业生产的标准化、信息化、生物化和设施化为特征，因此判断它们的指标体系是：农村人均耕地—农业规模经营水平；农产品标准化率—农业标准化程度；精细农业实现面积占耕地面积百分率—农业信息化程度；单位耕地面积生物制剂使用量—农业生物化程度；设施农业产值占农业总产值的比重—农业设施化程度；农产品商品率—市场竞争能力；每个农业劳动力生产的农业增加值—农业劳动生产率；单位耕地面积谷物产量—农业土地生产率；农业劳动力平均受教育水平—生产者知识化程度。对于第二个阶段农业现代化进程，黄祖辉认为由于世界上绝大多数国家第二次农业现代化还处于起步阶段，有关第二次农业现代化的条件数据还不齐全，只能从某一个侧面反映第二次农业现代化进程状况，目前难以确定相应的标准值。

（五）农业现代化发展目标的研究

在不同历史背景下，中国政府对农业现代化建设不断进行积极的探索，同时国内学术界对于农业现代化的理论认识不断深入。农业发展指标与具体目标的研究一般由国家或部级研究机构开展，其主要作用是对各地农业现代化的建设过程进行指导。例如，国家发展和改革委员会《全国农村经济发展"十二五"规划》，制定了从农业综合生产能力、转变农业发展方式、农村经济结构、农民收入、农村基础设施、生态环境等方面的六大类指标和 30 项二级指标。国务院发布的《全国现代农业发展规划（2011—2015 年）》制定了一套"十二五"现代农业发展指标体系，主要指标包括农产品供给、农业结构、农业物质装备、农业科技、农业生产经营组织、农业生态环境、农业产值与农民收入等 7 个一级指标和相应的 27 项二级指标。一些专项规划的出台，如《全国新增

1 000 亿斤粮食生产能力规划（2009—2020 年）》《全国种植业发展第十二个五年规划（2011—2015 年)》《全国畜牧业发展第十二个五年规划（2011—2015 年)》等，也从具体方面对农业各行业的发展目标做了明确规定。

就国内学术研究来看，专门针对农业现代化发展目标的研究极其少见，主要是从宏观思路和导向上给予把握，深入细致的方法运用较少，涉及具体的目标都以权威指导性的政府相关规划和文件作参考。如农业资源与可持续发展关系研究课题组（2002）阐述了 21 世纪我国农业的具体目标与任务，确定了农业可持续发展指标体系设置的原则、指标体系。蒋和平（2011）立足"十二五"初期形势，提出到 2020 年的现代农业发展的总体目标和分阶段目标。由于农业现代化发展涉及学科范围广、难度较大，需建立指标体系分指标开展目标预测，国内这方面采用技术经济方法的研究成果较少，较有代表性的如朱希刚、冯海发（1995）从需求和可能两个角度，分别对我国 2000 年及 2010 年农村经济发展、主要农产品产量和农民收入等目标进行了测算。也有学者针对地方实际，如陈志强、张春霞等（2013）以福建省为例，构建农业产业化发展目标评价体系，采用平均赋值法确定指标权重，对"十二五"时期相关指标的目标值进行了研究。综合相似学科关于目标研究的文献，涉及的研究方法类型多样，主要基于研究对象来确定，如系统动力学方法、灰色预测模型、人工神经网络预测、经济计量方法、系数法、速度比例法、因素分析法等。这些方法都在我国经济社会和产业发展目标预测中发挥了重要作用，有待于进一步将其运用到农业现代化领域开展研究。

到目前为止，围绕农业现代化评价的不同研究，尽管还存在诸多不足，但其研究成果对于进一步比较农业现代化水平具有非常重要的参考价值。

第一章　农业现代化评价的理论基础

一、农业现代化的理论基础

（一）现代化理论

从 20 世纪 50 年代至今，人们对现代化从不同角度进行了大量研究。马格纳雷拉所定义的现代化是指发展中的社会为了获得发达的工业社会所具有的一些特点，而经历的文化与社会变迁的全球性过程，是 18 世纪以来人类文明的一种深刻变化，是现代文明形成和国际互动的复合过程，是不同国家追赶、达到和保持世界先进水平的国际竞争。总体上，国外对现代化理论的研究可分为三个阶段：50—60 年代以帕森斯的《社会系统》（1951）、勒纳的《传统社会的消逝：中东现代化》（1958）、以色列学者艾森斯塔特的《现代化：抗拒与变迁》（1966）等为代表的经典现代化研究，以社会现代化理论、经济现代化理论、政治现代化理论、人的现代化理论、文化现代化理论和比较现代化理论六大理论分支，结构功能学派、过程学派、行为学派、实证学派、综合学派（历史学派）和未来学派六大学派为代表。20 世纪 60 年代，美国学者丹尼尔·贝尔教授的《后工业社会的来临》开启后工业社会的研究，法国学者利奥塔教授的《后现代状态》引发后现代主义思潮。20 世纪 80—90 年代，德国学者胡伯教授（1985）提出生态现代化理论、德国学者贝克教授（1986）提出再现代化理论，我国学者何传启（2010）提出二次现代化理论。

经典现代化研究认为，现代化为传统向现代的历史转变过程及其变化；强调现代化既发生在先进国家的社会变迁里，也存在于后进国家追赶先进水平的过程中。后现代化理论认为，从传统社会向现代社会（农业社会向工业社会）的转变是现代化，从现代社会向后现代社会（工业社会向后工业社会）的转变是后现代化。从现代化向后现代化的转变还包括政治、经济、性和家庭、宗教观念等的深刻变化。现代化的核心目标是经济增长，后现代化的核心目标是使个人幸福最大化。在专业化、世俗化和个性化方面，后现代化是现代化的继续。

再现代化理论认为，世界现代化包括两个阶段，即普通现代化（正统现代化）和再现代化。普通现代化是建立现代工业社会，再现代化是消解现代工业社会。工业社会是普通现代化的结果，风险社会是再现代化的结果。在新时期，一种现代化消除另一种现代化，这就是再现代化。再现代化是现代化的现代化。从一个社会时代向另一个社会时代的转变，能够通过没有预先设计的、非政治的和各种论坛的促进来实现。工业社会的现代性是普通现代性，风险社会的现代性是反射现代性。普通现代性是第一现代性，反射现代性是第二现代性。

从 20 世纪 50 年代到 90 年代，现代化研究沿着五大领域展开，逐步形成了现代化研究的五大主流研究方向，即以亨廷顿、伊斯顿、阿尔蒙德等为代表的现代化研究的政治学方向；以罗斯托、弗兰克、库兹涅茨等为代表的现代化研究的经济学方向；以帕森斯、勒纳、穆尔等为代表的现代化研究的社会学方向；以英克尔斯、麦可勒兰德等为代表的现代化研究的人文学方向和以布莱克、艾森斯塔特等为代表的制度学方向（中国现代化战略研究课题，2005）。

（1）以亨廷顿、伊斯顿、阿尔蒙德等为代表的现代化研究的政治学方向。 该研究方向认为政治现代化是国家现代化的核心，现代化最显著特征是国家政治制度的现代化。国家的政治体制、民主制度演化与变迁是该研究方向的支撑点。他们提出政治现代化的过程也是一个同质化、革命化、进步化、全球化和不可逆化的过程。主张政治民主化、自由化、分权化和秩序化，强调政府权威的合理性与政府能力的有效性。该研究方向的代表作有伊斯顿的《政治体系》、阿尔蒙德的《发展中的政治经济》、亨廷顿的《变化社会中的政治秩序》和《第三波：二十世纪后期民主化浪潮》等。

（2）以罗斯托、弗兰克、库兹涅茨等为代表的现代化研究的经济学方向。 该研究方向主要从物质层面对现代化进行历史的考察，认为现代化的核心内容是经济现代化，而经济现代化的主体是工业化与城市化，保证经济持续增长是实现现代化的关键。该研究方向注重经济增长与政治、文化、宗教和意识形态的变迁之间内在规律的研究；注重不同类型经济现代化成长模式与动力机制的研究；注重经济现代化成长阶段特征的研究，以及经济现代化成长不同阶段之间跃迁变化条件的研究。该研究方向的代表作有罗斯托的《经济发展阶段：非共产党宣言》、库兹涅茨的《现代经济增长：发现与思考》、格尔申克隆的《对现代工业化"前提条件"概念的反思》等。

（3）以帕森斯、勒纳、穆尔等为代表的现代化研究的社会学方向。 该研究方向以社会进化论思想为指导，以研究社会结构与功能的转换和变迁为着力点。认为工业化是现代化的始发原因，现代化是工业化的最终必然结果，现代化是一个从传统社会的传统性向现代社会的现代性转变的过程，现代社会与传统社会的根本区别是社会结构的层次化与精细化、社会功能的专门化与多样化、社会运行机制的市场化与法制化、社会阶层的流动化与平权化、国家制度的理性化与权威化、政府能力的综合化与集约化。该研究方向的代表作有帕森斯的《现代社会体系》和《社会行动论》、列维的《现代化与社会结构》等。

（4）以英克尔斯、麦可勒兰德等为代表的现代化研究的人文学方向。该研究方向认为现代化的核心是人的现代化，人的现代化是实现由传统社会向现代社会转变的最根本保证，并指出人的现代化是现代化社会稳定、持续和健康发展的基石。一个国家现代化历史进程的演化就是人的价值观、心理素质、行为特征的转变与培育的过程，它尤其强调人的参与意识、开放意识、进取精神、创新精神、独立性和自主性。特别是英克尔斯等提出的现代化 10 项标准，为传统工业时代现代化的实证研究与定量评价开拓了新思路，此标准被国际社会广泛用于评判发展中国家现代化水平。该研究方向的主要代表作有英克尔斯的《人的现代化》和《社会主义与非社会主义国家的人的现代化》、麦可勒兰德的《选贤社会》（成就动力论）等。

（5）布莱克、艾森斯塔特等为代表的（体制比较研究）制度学方向。该研究方向主要从人类历史发展演化的角度，对不同国家的现代化历程进行比较实证研究，提出现代化发展模式多样性的观点，并对多样化的模式进行深入诠释与剖析。在研究方法上，开辟了定性研究与定量研究相结合的多变量分析方法，应用其基本思想构建指标体系，对现代发展水平进行评估。该研究方向的代表作有布莱克的《比较现代化》和《现代化的动力：比较历史的研究》、艾森斯塔特的《现代化：抗拒与变迁》等。

这几个学派基本上从两个角度去定义现代化：一是把现代化作为一个过程来定义。塞缪尔·亨廷顿教授认为，"现代化是在现代社会中正在进行着的重要变化"；二是吉尔伯特·罗兹星等人把现代化作为结果或目标来定义，杨豫教授指出，现代化可以看作是经济领域的工业化，政治领域的民主化，社会领域的城市化，以及人们价值观念中的理性化的互动过程，它广泛涉及到国际环境、政治结构、经济发展、社会整合和技术进步等方面（周洁红、黄祖辉，2002）。

（二）农业现代化相关理论

1. 改造传统农业理论

20 世纪 50 年代初，经济学家们提出了以工业为中心的发展战略，认为工业化是发展经济的中心，只有通过工业化才能实现经济腾飞，而农业是停滞的，农民是愚昧的，农业不能对经济发展做出贡献，充其量只能为工业发展提供劳动力、市场和资金。在此理论指导下，许多发展中国家致力于发展工业而忽视农业，由此招致了很多不良的社会经济发展后果。为此，一些有识之士对工业化的发展战略提出了质疑，转而强调农业问题。西奥多·W. 舒尔茨（Theodore W. Schultz）及其改造传统农业的理论成果最为突出。

1964 年，德国学者西奥多·W. 舒尔茨在其《改造传统农业》中，从理论上阐明了农业和农民在经济发展中的重要地位和积极作用，对传统农业的性质提出了新的见解。他认为，发展中国家的经济成长，有赖于农业的迅速稳定增长，而传统农业不具备迅速稳定增长的能力，出路在于把传统农业改造为现代农业，即实现农业现代化。

舒尔茨提出改造传统农业的关键是要引进新的现代农业生产要素，为了将现代生产要素引入到传统农业之中，就需要进行以下三个方面的改造：

（1）建立一套适合传统农业改造的制度和技术保证。 舒尔茨提出改造传统农业一方面要有制度保证，另一方面也是更重要的是需要"技术变化"。就制度来说，存在两种主要的方式：计划方式和市场方式。前者依靠国家权力来组织农业生产、分配、交换和消费；后者依靠市场上的经济刺激调节新的农业要素投资。后者的效率要远远高于前者。就技术而言，它是改造传统农业的关键因素。不仅需要寻找特殊的新的生产要素，而且需要寻找传统农民能够接受的新的生产方式。也就是需要从供给和需求两方面探求新的现代农业生产要素。

（2）从供给和需求两方面为引进现代生产要素创造条件。 舒尔茨对新生产要素供给者的作用和行为做了分析。他认为，供给者是发现、发展和生产新要素，并使农民能够得到并使用这些要素的那些人和机构（包括营利企业和政府等非营利机构）。他们在改造传统农业中起着至关重要的作用。一方面他们要提供新的生产要素，另一方面还要让传统农民接受并使用这些要素。营利企业和非营利机构的作用可以互相补充。一般来说，通过有效的非营利方法，不发达国家可以引进外国资本和外国技术，然后鼓励公益性的农业技术推广组织，例如农业技术推广站去有效地推广和分配新要素。舒尔茨对新生产要素需求者的作用和行为也做了分析，他认为，在供给者提供了新的生产要素以后，传统农民接受的条件是看其是否有利。如果某种维持生活的农作物在使用了新要素后产量有所增加，这种新技术就是有利的。新要素是否有利，既取决于它的"价格和产量"，同时还取决于"地主和农民之间如何分摊成本和收益的租佃制度"。

（3）对农民进行人力资本投资。 舒尔茨认为，引进新的生产要素，不仅要引进杂交种子、机械这些物的要素，还要引进掌握现代科学知识、能运用生产要素的人。各种历史资料都表明，农民的技能和知识水平与其耕作的生产率之间存在着有力的正相关关系，因此对农民的人力资本投资是非常重要的。人力资本投资的形式各种各样，包括：教育、在职培训以及提高健康水平等。其中，教育是长期有效的形式，也是更加重要的形式。

在舒尔茨看来，引进新的生产要素实际上就是许多经济学家反复强调的，促进经济增长的关键因素——技术变化。"一种技术总是体现在某些特定的生产要素之中，因此，为了引进一种新技术，就必须采用一套与过去使用的生产要素所不同的生产要素""技术变化，这一概念在实质上至少是一种生产要素增加、减少或改变的结果"。因此，实现农业现代化的关键在于技术进步。

2. 农业发展阶段理论

农业作为国民经济基础部门，其发展具有明显阶段性特征。20世纪60年代，研究农业发展问题的经济学家如莫里斯·帕金斯和劳伦斯·威特、布鲁斯·约翰斯顿和约翰·梅尔、福雷斯特·希尔和阿瑟·莫舍提出农业发展三阶段论，其中尤以美国康奈尔大学农业经济系教授约翰·梅尔对农业发展三个阶段的划分最有特色（Mellor，1966）。

梅尔按照农业技术的性质，把传统农业向现代农业的转变过程划分为传统农业、低资本技术农业和高资本技术农业三个阶段。他认为，农业技术在第一阶段传统农业中是停滞的，传统农业阶段的农业生产尽管会有所增长，但由于技术的停滞，农业生产的增长必然伴随着人均收入和土地生产率的下降。这就意味着传统农业阶段生产的增长是通过降低单位投入的生产来实现的。第二个阶段是低资本劳动密集型技术进步农业发展阶段。这个阶段具有五个特征：一是农业在整个经济中仍占很大比例；二是由于人口效应和收入效应两方面的作用，农产品的需求急剧地上升；三是工业发展资本稀缺，投资报酬率随之提高；四是经济转型速度的限制和人口增长的压力阻碍了农场规模的扩大；五是劳动力—土地的比例关系极为不利，极大地限制了劳动节约型农业机械的普遍使用。第三个阶段是高资本技术农业发展阶段。在这个阶段中，农业部门的相对重要性大大下降，资本积累已经足以支持非农产业部门的迅速发展；资本变得越来越充裕，资本在农业部门的运用也日益集约化。作为非农业部门扩张的结果，人地比例逐渐下降，农场平均规模扩大，劳动成本变得越来越高昂，用机器代替劳动可以节约农业生产成本。其基本特征是资本以大型机械的形式替代劳动力，劳动生产率持续增长。生物科学技术研究能促进单位土地面积和单位牲畜产量的提高，也能导致劳动生产率的提高。同时，农业部门对资本需求很大，农民需要资本购买土地以扩大农场规模，需要筹措资金购买农业生产所需的机械、化肥、农药等农业生产资料，从而促进工业的发展。

梅尔认为，各个阶段的顺序对于大多数发展中国家而言是比较合理的。但是，有些国家的农业发展没有遵循上述理论，许多国家直接从传统农业阶段跳入第三阶段。例如，美国的农业发展就是从第一个阶段直接进入第三个阶段，其原因一是当美国经济还十分落后、资本稀缺和农业人口比例很大时，进入第二个阶段在技术上是不可能的。高产良种、廉价无机肥料、化学杀虫剂和除草剂的迅速发展只有在孟德尔遗传学和分子结构学以及其他基础科学出现之后才成为可能，而在美国农业发展的早期阶段，这些科学还没有产生，只是机械创新的基础知识早就使用了，所以，美国农业发展的初期就可以直接地应用节约劳动的机械技术。二是在美国农业发展的早期阶段，劳动—土地比例和资本—劳动比例也有利于采用劳动节约型的技术。大量的未开发而又肥沃土地的存在、外国资本的大量流入和迅速增长的城市经济，这一切都比当前低收入国家更有利于农业机械化。

农业发展的第二个阶段对于还未实现农业现代化的国家更为重要。当前大多数低收入国家的资源状况是劳动力充裕和资本稀缺，农业发展应该尽量避免使用与工业发展相竞争的、具有替代劳动性质的资本投入，而多使用与劳动力相互补充的投入。只要在积累足够的资本从而绝对地减少农业劳动力方面存在较大的困难，农业发展的重点就应放在增加生产所必需的、与劳动相互补充的投入上，而不是劳动的替代投入物上。因此，只要上述条件依然存在，积极的政策就应该努力促进向第二阶段过渡。当然，防止过早地进入第三个阶段并不意味着完全禁止使用节约劳动的机械技术。在两种情况下，一是节约的劳动能够被投入到农业生产过程中，以便进一步增加生产；二是所用的工具和机械的资本成本比它节约的劳动力的价值以及生产过程中增产的价值低，那么节约劳动的农业机械化也是第二个阶段农业技术进步的一个合理部分（张忠根、田万获，2002）。

除了梅尔的"三阶段"论，还有其他一些学者也提出了农业发展的阶段论。如韦茨（Wertz，1971）基于美国农业实际，提出"韦茨农业发展三阶段理论"，将农业发展阶段划分为维持生存农业阶段、混合农业阶段、商品农业阶段"三阶段"，其中，在维持生存农业阶段，"自给自足"是其主要特征，在混合农业阶段，强调多种经营，农民收入增加是主要特征，而在商品农业阶段专业化生产是农业发展的主要特征。速水佑次郎、弗农·拉坦（2000）基于农业技术、制度变迁理论，结合日本农业实践，将农业发展阶段细分为增加生产和市场粮食供给的发展阶段、抑制农村贫困的发展阶段和调整及优化结构的发展阶段"三阶段"。此外，Tirnmer（1988）通过美国、日本和西欧等国家农业发展实践的长期研究，提出农业发展"四阶段理论"：即农业投入阶段、农业资源流出阶段、农业与宏观经济整合阶段、农业"反哺"阶段。

3. 诱导性创新理论

诱致性技术创新理论萌芽于 20 世纪 30 年代，从厂商理论中发展而来，并形成两个重要分支。一个是"施莫克勒—格里利切斯假说"（Schmookler-Griliches）或称市场需求诱致的技术创新理论。该假说的基本假定是创新对利润的反应，认为在其他方面不变时，一种商品的创新率是对该商品市场需求的函数，即引致发明的因素在于市场力量的作用，强调产品需求对技术创新速度的影响。Lin（1991）通过对中国杂交水稻技术应用的分析，检验和支持了"施莫克勒—格里利切斯假说"。但是该假说并未被广泛接受且受到一系列批评，诸如市场需求决定创新过程的观点没有充分经验分析来支持，需求驱动与创新之间的联系相当微弱，等等。另一个是被普遍采用的是"希克斯－速水拉坦－宾斯旺格假说"（Hicks-Hayami and Ruttan-Binswager）或称要素稀缺诱致性技术创新理论。该理论强调由资源稀缺变化所引起的要素相对价格变化对技术变革的诱致性作用。Hicks（1946）提出了诱致性创新的雏形，认为生产要素价格的变化本身就能刺激用以直接节约变得相对昂贵要素使用的创新。并提出了技术创新的因果链：一项在于或得利润的发明，引起一个冲击，在短暂的阵痛之后是利润率和工资的上升，造成某种要素的稀缺，如果没有其他创新出现，原有创新的冲击会逐渐衰竭，从而诱致了节省那变得稀缺要素的创新。之后众多学者丰富发展了 Hicks 的要素稀缺诱致创新理论。Ahmad（1966）在比较静态基础上，考虑劳动和资本两个要素，引入创新可能性曲线，建立了最初的诱致性技术创新的理论分析框架，即"希克斯－阿马德"模型。在此基础上，Binswager（1978）结合"希克斯－阿马德"模型和"施莫克勒－格里利切斯假说"，发展出一个诱致性技术创新的微观经济学解释模型，便于理解诱致性创新理论。Ruttan 和 Hayaini（1984）指出上述理论主要关注私人厂商创新行为而忽视了公共部门的创新行为，并基于农业发展中的技术变革提出了一个四要素的诱致性技术创新模型或称"希克斯－速水拉坦－宾斯旺格假说"，同时也强调将诱致性技术创新看作一个动态发展过程，其中不均衡的出现是诱致技术变革和经济增长的关键因素。此外，罗森堡基于对希克斯理论的批判，认为技术创新的诱导机制是存在的，但不是要素稀缺诱导的，而是基于技术发展不平衡、生产环节的不确定性和资源供给的不确定性这三个诱导机制。上述机制形成技术创新障碍，诱导生产者围绕这些障碍而进行创新。

诱致性技术创新理论主要被应用于研究农业技术变革和农业发展，是重要的农业发展理论。该理论认为，一个社会可以利用多种途径来实现农业的技术变革。由无弹性的土地供给给农业发展带来的制约可以通过生物技术的进步加以消除。由无弹性的劳动力供给带来的制约可以通过机械技术的进步解决。一个国家获得农业生产率和产出迅速增长的能力，取决于在各种途径中进行有效选择的能力。如果不能选择一条可以有效消除资源禀赋制约的途径，就会抑制农业发展和经济发展。一种关于农业发展的有效理论应该包括这样一种机制，通过这种机制，一个社会可以选择农业技术变革的最优途径。诱导的创新理论把技术变革过程看作是经济制度的内生变量，把技术变革看作是对资源禀赋变化和需求增长的一种动态反映。诱导的创新理论包括三个方面的内容：第一，私营部门的诱导创新。私营部门都会把资金用于发展一种促进较便宜的要素替代日益较昂贵要素的技术。与此相同，在一个国家中，若一种要素相对于另一种要素比在第二个国家更昂贵，则创新努力将被吸引到节约这种相对昂贵的要素。第二，公共部门的诱导创新。市场价格信号是引导技术变革的主要途径。农民在价格变动的作用下，被诱导去寻求节约日益稀缺的生产要素的技术方法，并促进公共部门开发新技术，要求以现代的技术投入品替代更为稀缺的要素，从而以社会最优的方向，来引导农民减少单位成本的要求。第三，制度创新。制度创新需求的改变是由相对资源禀赋和技术变革诱导的。通过克服产生于要素禀赋、产品需求和技术变革的不均衡而预期潜在的利益得以实现，是对制度变革的一个强有力的诱导。此外，包括宗教和意识形态的禀赋对制度创新的供给也具有强烈的影响。该理论为要素价格、要素份额以及技术变革之间的关系提供了较强解释力。其核心是若市场未被扭曲，则要素价格将能反映要素相对稀缺性水平和变化，农民则会被诱致去寻找能够节约日益稀缺因而昂贵要素的技术。同时，诱致性技术创新理论也伴随着一些争论，诸如诱致性技术创新机制是否会引起社会无效率和不公平？是否适用于要素市场不活跃的情形？诱致性技术变革研究方法是否正确？等等。但是不可否认的是该理论有效指导了发展中国家农业技术创新和农业发展。诱致性技术创新理论为相关研究构建理论框架，系统认识农业现代化演进提供了重要理论认知与支撑。

4. 黄宗智的产业一体化论

黄宗智从中国小农经济如何摆脱"过密化"而走向现代化出发，分析了改革开放以来中国农业的发展过程，发现当前中国小农经济受三种因素的影响比较大，"资本—劳动双密集化""小规模生产"和"范围经济"。但他认为，三种因素都无法阐释小农"去过密化"过程。相反，中国小农的生命力在于农业生产的纵向一体化，"为城镇和长距离国内外市场而生产的农业需要另一种经济效益，即'纵向一体化'的效益。"

小农生产需要纵向一体化并与大市场打交道。黄宗智认为，在西方的经济史中，由生产到加工再到销售的"纵向一体化"一般都伴随着同一公司的"横向一体化"——组织大规模农场——而进行，从而达到亚当·斯密的规模经济效益。但是在中国，家庭依然是生产的基础。因此，需要类似于资本主义公司所提供的"纵向一体化"来与"大市场打交道"。所谓"纵向一体化"就是在农业生产的各个环节实施"产—加—销"和"贸—工—农"的经营，称之为"农业产业化"。黄宗智将这种生产模式称为"不同层面的不同最佳规模"。

黄宗智根据各地的实践将"纵向一体化"概括为如下几种类型：龙头企业、自发的合作组织、专业市场和其他组织（包括农村经纪人）带动的纵向一体化。黄宗智通过研究表示，龙头企业带动的纵向一体化受政府支持，发展比较快，在各类组织中占主导地位；自发的合作组织带动的纵向一体化数量较少，但是最受农民欢迎；专业市场带动的纵向一体化的前景是一个未知数。对于上述组织，黄宗智比较倾向于自发的合作组织带动的纵向一体化，"我们也许可以想象，如果能够得到政府的积极扶持，合作组织也许真可能会成为一个强有力的纵向一体组织方式。"

黄宗智通过研究得出如下结论：一是"中国农业的现实和将来主要在小规模的资本—劳动双密集型农场"，即在家庭经营范围内比较密集的使用资本和劳动，以资本和劳动替代土地；二是中国的纵向一体化主要是"依靠小规模的'菜—果种植'和'畜—禽—鱼饲养'"，即依靠吸纳劳动力的经济作物和养殖业；三是中国新时代农业将主要是"小农""农场"的天下。他认为，中国今天的纵向一体化既包括资本主义市场经济的成分，也包括社会主义计划经济成分，两者之间的矛盾非常尖锐。"当务之急不是在两者之中作单一的选择，而是要探寻超越两者的第三条路，不是含含糊糊的妥协，而是在确认两者必然共存的现实上的超越性结合。"黄宗智希望走出一条不同于当前现状的"第三条道路"，但这是一条什么样的路，黄宗智并没有指出来，应该说是一种"理想类型"。

5. 可持续发展理论

可持续发展理论也是基于对一系列生态和环境问题的反思，总结出来的20世纪对人类发展最具影响和贡献的发展理论之一。可持续农业是可持续发展理论在农业发展中的体现和应用，1984年，哥尔丹·道格拉斯出版的著作中明确提出了"农业可持续性"问题。1991年，联合国粮农组织（FAO）将可持续农业定义为："可持续农业是采取某种方式，管理和保护自然资源基础，并调整技术和机构改革方向，以便确保获得和持续满足目前几代人和今后世世代代人对农产品的需求"。1992年，世界环境与发展委员会（WECD）在巴西召开的环境与发展会议上通过了《21世纪议程》，将农业与农村的可持续发展作为可持续发展的根本保证和优先领域。

可持续发展理论及可持续农业理论，是现代农业发展必须恪守的准则，现代农业必须是可持续的，现代农业发展的内容和目标必须立足于当前，更要展望于未来。可持续发展的核心是发展，关键是可持续，这就要求我们在规划时，要兼顾公平性原则、持续性原则和共同性原则，要兼顾经济、社会、生态效益，兼顾当代人和后代人的利益，兼顾不同地区、不同行业、不同部门、不同群体的利益。

二、农业现代化的内涵与特征

（一）农业现代化基本含义

1. 农业现代化的基本含义

我国自20世纪50年代以来，学术界对农业现代化提出了各种表述和设想，较为典型的有：

（1）20 世纪 50 年代和 60 年代，农业现代化被概括为机械化、电气化、水利化和化学化。

（2）农业现代化是一个客观的经济范畴，它的特定涵义就是从古代、近代农业转化为机械化、科学化、社会化的现代化农业的历史过程（李周等，1990）。

（3）所谓农业现代化，就是要把农业建立在现代科学的基础上，用现代科学技术和现代工业来装备农业，用经济管理科学来管理农业，把传统农业变为具有世界先进水平的现代农业，即生产技术科学化、生产工具机械化、生产组织社会化、管理上的多功能系列化（《中国农业经济学》编写组，1984）。

（4）从系统论的角度把农业生产看成是由农业经济系统、农业生态系统和农业技术系统组合成的综合系统，正是这三个系统之间的能量转换和物质循环，农业经济再生产和自然再生产才得以实现，我国农业现代化的实质就是这三个系统的最优化（李果仁，1992）。

（5）农业现代化从粗放低效封闭的自给性传统农业转变为用现代工业、现代科学技术与现代经营管理武装的集约高效、持续发展的开放式商品农业的过程（刘巽浩，1991）。

（6）农业现代化首先是一个经济、技术过程，最终是一种社会文化现象，是一个传统农业社会向产业化、现代化演变的过程（范晋明，1997）。

（7）现代化农业的经济形式，必须是高度商品化和社会化，贯穿农业再生产的过程，应当是计划经济与市场调节相结合的运行机制，使农业成为生产力高度发达的现代化产业，其核心是农业生产现代化、农业基础设施现代化、农业经营管理现代化和农民素质现代化（田魁祥等，1998）。

（8）从农业生产的社会环境考察农业现代化，农业生产应该最终由人进行，而每一个人都处于一定的社会文化氛围中，因此，农业现代化应处理好三者之间的关系，即人与自然的关系、人与人的关系和人与其自身的关系（简小鹰，1996）。

（9）农业现代化是用工业技术装备的、受实验科学指导的、产加销一体化的商品性农业产业，其一般特征是，普遍使用现代化的工具，有很高的劳动生产率，广泛运用现代科学技术，有很高的土地生产率和适应市场需求的产品结构和品质结构；普遍实现了农业的企业化管理，相当多的产品和行业实行了产供销一体化、种养加一条龙，有很高的商品率、总体效率和经济效益（牛若峰，1999）。

（10）农业现代化不仅包括农业生产过程的现代化、流通过程的现代化，还包括消费过程的现代化，不仅包括农业的现代化、农村的现代化，还包括农民的现代化（张仲威，1994）。

（11）农业现代化是用现代工业装备农业，用现代科学技术支撑农业，用现代管理方法管理农业，用现代社会化服务体系服务农业，用现代科学文化知识提高农民素质的过程，是建立市场化的农业运行机制和高产优质高效农业生产体系，把农业建成具有显著经济效益、社会效益和生态效益的可持续发展的现代产业的过程，也是大幅度提高农业综合生产能力、不断增加农产品有效供给和农民收入的过程（顾益康，1999）。

2. 农业现代化的新含义

上述观点表明，由于社会生产力和科学技术发展水平的差异，农业现代化随时间发展总被赋予新的现代内容。总体来看：

（1）20 世纪 50—70 年代，学术界一般将"农业现代化"与"农业机械化"等同起来，认为当把农业生产中机械技术的应用提高到某种程度时，农业现代化就宣告实现，进而将促进农业现代化的措施概括为"四化"，即机械化、化肥化、水利化和电气化，侧重于现代工业技术在农业生产中的运用。这种观点在当时是符合实际的，在实践中也有力地推动了我国现代农业的发展。因为，在新中国现代化建设的起步阶段，发展农业生产的当务之急在于改善生产条件和生产手段，但将农业现代化局限于农业生产过程现代化的理解，还是带有较大片面性，并对以后的相关政策带来了负面影响。

（2）20 世纪 70 年代末至 80 年代中期，随着以包产到户为核心的农村基本经营制度改革的完成，带动了相关领域（如流通领域）的改革。学术界对于农业现代化的理解也逐渐从农村生产领域扩展到农业经营管理领域，认为农业现代化不仅包括生产过程的现代化，还包括经营管理方式的现代化。

（3）20 世纪 80 年代中期至 90 年代初期，在全面推行改革开放、建立市场经济新体制、农业和农村经济持续高速增长的背景下，学术界对农业现代化的内涵有了更为深入的理解。主要集中在以下三个方面。第一，以科学化、集约化、社会化和商品化来概括农业现代化的内涵和特征；第二，用现代科技（尤其是生物技术）、现代装备、现代管理，现代农民来概括农业现代化的内涵；第三，认为生态农业或可持续发展农业才是真正意义上的农业现代化，以区别于以往农业现代化等同于石油农业的倾向。

（4）20 世纪 90 年代初期至中期，随着社会主义市场经济体制的建立和不断完善，沿海发达地区的劳动力成本提高，农业劳动力由农村向城镇和由第一产业向第二、三产业转移，农业现代化的内涵被理解为商品化、技术化、产业化、社会化、生态化等多方面变革的集合体。这是从农业发展的基本要素、经营方式和组织制度变革的角度理解现代农业和农业现代化，比前两个阶段的理解更进了一步，但实际上是讲农业经济现代化，把农业当作一个部门或一个产业，孤立地从农业自身的发展出发对农业现代化进行分析和说明。

（5）20 世纪 90 年代后期加入 WTO 后，我国现代农业发展面临着全新的内外部环境和条件，农业现代化进入了一个新阶段。一是工业化、城镇化的深入推进，为繁荣农村二、三产业、加快富余劳动力转移、发展适度规模经营、同步实现农业现代化创造了条件。二是我国总体上进入了以工促农、以城带乡统筹城乡发展的新时期，强农富农政策体系不断完善，财政支农投入稳步增加，为农业现代化营造了良好的发展环境。三是国际贸易日趋活跃，农产品质量和价格的国际竞争也日益激烈，使我国现代农业发展面临空前机遇的同时，也承受着更大挑战。这一时期，学术界主要把农业现代化作为一个开放条件下的综合性系统工程来研究，从农业与农村以及其他经济社会方面的相互关系中综合分析农业发展问题，而不是简单地谈论农业自身的现代化。如有学者提出了研究农业现代化要以"农民大国"为背景（靳相木，1999），重视对农村文化的研究（孙金荣，2005），跳出农业、立足整体国民经济研究农业现代化（钱津，2010），适应经济全球化的要求，从世界经济的角度研究我国的农业现代化问题（吕天军，2000）。

综上所述，我国农业现代化的内涵可表述为：通过科学技术的渗透、工业部门的介入、现代要素的投入、市场机制的引入和服务体系的建立，用现代工业装备农业、现代科技改造农业、现代管理方法管理农业、健全的社会化服务体系服务农业，使农业在形态上成为具有当今世界先进水平的现代化农业，其基本目标是提高农业综合生产力，增加农民收入，消灭城乡差别，创造一个良好的生态环境，以实现可持续发展。

（二）农业现代化的基本特征

现代农业是继原始农业、传统农业之后的一个农业发展的新阶段。现代农业是在国民经济中具有较高水平的农业生产能力和较强竞争能力的现代农业产业，是不断地引进新的生产要素和先进经营管理方式，用现代科技、现代工业产品和现代组织制度和管理方法来装备、管理和经营的农业，是保护生态平衡和可持续发展的农业。它既包含有综合生产能力的创新，诸如有现代科技、现代装备、集约化、可持续发展等特征，又包含有现代农业制度的创新，诸如有现代管理、专业化、社会化、产业化、标准化等特征，是科学化、集约化、市场化、社会化、生态化的现代产业。

现代农业与传统农业相比，主要有以下几个基本特征：

1. 农业装备设施化

工业装备是现代农业的硬件支撑。随着现代工业的发展，农业生产各个环节和整个过程采用机械化作业，农业机械与计算机、卫星遥感等技术结合，新型材料、节水设备和自动化设备应用于农业生产，农田水利化、农地园艺化、农业设施化以及交通运输、能源传输、信息通讯等的网络化、现代化成为现代农业发展的基本趋势。

2. 科技支撑型农业

先进的科技是现代农业发展的关键要素。从 19 世纪中叶农业化学技术的发展，到 20 世纪中叶的"绿色革命"，之后生物技术和信息技术也逐步渗透到农业种质资源、动植物育种、作物栽培、畜禽饲养、土壤肥料、植物保护等各个领域，农业科研的领域和范围不断扩大，农业生产的深度和广度不断拓展，农业的可控程度大大提高，出现了"精确农业"等全新的农业发展模式。农业增产的 60%～80% 依靠科技进步来实现。

3. 经营管理现代化

广泛采用先进的经营方式，管理技术和管理手段，从农业生产的产前、产中、产后形成比较完整的紧密联系、有机衔接的产业链条，具有很高的组织化程度。有相对稳定、高效的农产品销售和加工转化渠道，有高效率的把分散的农民组织起来的组织体系，有高效率的现代农业管理体系。

4. 现代农业是以生产、生态、生息为目标的可持续产业

即在发展农业经济以实现经济增长的同时，又切实注意保护自然资源和生态环境，做到农业可持续发展，使经济增长与环境质量改善实现协调发展。近年来，世界各国在发展现代农业中，更加注重生态环境的治理与保护，重视土地、肥料、水资源、农药和动力等生产资源投入的节约和资源利用的高效化，在应用农业科技最新成果的基础上，探索出"有机农业""绿色农业"和"生态农业"的发展模式。

5. 现代农业是由政府依法加强支持保护的基础产业

马克思和恩格斯认为"食物的生产是直接生产者的生存和一切生产者的首要条件"。从近现代发展史看，农业不仅通过支持工业化为经济发展做出贡献，而且能够直接为经济发展做出多方面的贡献。因此，要从自然灾害防御支持、农产品市场价格支持、农业社会化服务体系建设支持等多方面对现代农业进行政策支持。

6. 现代农业的首要任务是保障农产品供给

这是由中国庞大的人口规模和稀缺的耕地和水资源所决定的。作为人口大国，若粮食等农产品大量依赖国外进口，将面临较大的市场风险和政治风险。因此，建设现代农业的首要目标是保障粮食等农产品的供给。

7. 高生产率和高效益的农业

现代农业要不断提高农业劳动生产率、土地生产率和农业综合生产能力。

现代农业要不断提高其经济效益、社会效益和生态效益。经济效益突出表现在劳动生产率、土地生产率、投入产出率和农民收入有较大幅度的提高，农业和农村经济实力显著增强；社会效益集中在农产品（食品）的安全化；生态效益集中体现农业自然资源和生态环境得到有效保护，农业生态系统良性循环、生态经济效益显著改善、农业具有较强的可持续发展能力。

（三）中国特色的农业现代化道路

中国特色的农业现代化道路，既要遵循世界农业现代化的一般规律，还要立足中国的国情、农情。其基本内涵是：以保障国家粮食安全和主要农产品有效供给、增加农民收入、提高农业国际竞争力、发挥农业区域比较优势、实现农业可持续发展作为我国农业现代化建设的主要目标，以化解我国农地和水资源、农业劳动力、农业资金、农业科技和农业组织等矛盾与制度约束为我国农业现代化建设的突破重点，建立现代农业发展机制，使政府、企业、农民、合作社等农业现代化建设主体的作用得到充分发挥；发展适宜于我国不同区域农业比较优势发挥的多元化现代农业形态，从我国实际出发，积极推进我国传统农业向现代农业的转变，全面提高土地产出率、资源利用率和劳动生产率，经过 30～50 年时间的努力，使我国基本实现农业现代化，进入世界农业强国的行列。

农业现代化的中国特色，主要体现在以下几个方面：

1. 建立在小规模经营基础之上的农业现代化

农户家庭承包是中国农业生产经营的基础性制度安排。如果说家庭经营是世界农业发展的普遍现象，农地承包及与此相关的小规模经营则是中国特色。人多地少的资源条件，加之长期以来农户数量日益增长，致使农户小规模经营状况一直延续，目前承包农户平均经营规模不到 0.5 公顷。近年来，专业大户、家庭农场等适度规模经营主体不断涌现，农户家庭经营本身也在发生积极的分化。据农业部统计，到 2012 年年底，全国经营规模在 50 亩①以上的专业大户有 287.5 万户，其中，87.7 万个家庭农场的平均经营规模达 200.2 亩。但是，从更广阔的范围看，即便是这些所谓适度规模经营主体，与欧美等农业现代化先行国家（地区）的农业经营主体相比仍属小规模，2.6 亿普通农户在可预见的将来仍是农业经营的基础。

2. 多元模式、多条路径的农业现代化

大部分国家农业现代化都有一个主导性的实现路径和模式，美国、日本、韩国、荷兰、以色列等国都形成了独具特色的农业现代化模式。而中国幅员辽

---

① 　15 亩＝1 公顷。

阔，地形地势复杂，气候、物种、资源等具有显著的多样性，差异性是中国农业生产最显著的特征之一。加之经济发展不平衡、农耕文化传统不同，造成中国不同区域之间农业发展模式的差异不逊于一些国家之间的差异，甚至在一个大的农业现代化模式之下又可细分为若干具体模式。在一些沿海发达地区，资本技术密集型农业已经发展到相当高的水平，其集约化程度可与发达国家媲美；但广大粮食主产区的情况则完全不同。在中国，有的地区侧重提高农业劳动生产率，有的地区侧重提高土地产出率，有的地区侧重追求农业的经济效率最大化，有的地区则更加注重发挥农业的生态环境功能。

3. 具有发展中大国特征的农业现代化

中国是一个比较特殊的发展中大国，农业具有明显的大国特征，即供求规模大、区域差异大、农业人口数量大（张红宇，2011），其中最核心的就是需求规模大。中国有世界最多的人口、最大规模的农产品消费。目前，全国粮、油、肉年消费总量分别达到5.5亿吨、2 400万吨、8 000万吨左右，并且还在快速增长。巨大的消费量，意味着立足国内生产基本自给的目标将始终居于农业现代化目标优先序之首，这也是中国特色农业现代化的超经济目标，不能仅仅用经济效益来做出具体某一产品的取舍。按照经典理论来衡量，中国在土地密集型的玉米、小麦等大宗农产品的生产上不具备比较优势，但显然不能由此得出应当放弃这些非优势产品生产的结论。

4. 推进"四化同步"背景下的农业现代化

工业化、城镇化、信息化和农业现代化是一个有机整体，具有互动耦合的特性。与先行国家相比，中国"四化"之间的匹配程度与耦合程度有很大差距。中国已经进入工业化中后期阶段，有能力为农业现代化提供技术装备支撑；城镇硬件建设突飞猛进，但城乡一体化的公共服务等软件建设滞后；土地城镇化水平快速提高，但人口城镇化步伐远远滞后；信息化与发达国家基本同步，为改造传统农业提供了有利条件。虽然中国农业现代化也取得了长足进展，但总体上农业基础仍然薄弱，是"四化"中一块明显的"短板"。"四化"之间不同步、匹配性差的特点，决定了中国农业现代化必须伴随着工农关系、城乡关系的深刻调整，必须搭上信息化的快车。

因此，中国特色农业现代化有其特殊的内涵：不仅关注技术进步，而且涉及组织创新；不仅表现为生产力发展，而且包含生产关系调整；不仅限于生产环节，而且延伸到产前产后；不仅要求提高全要素生产率，而且要求提升农业核心竞争力；不仅追求经济产出目标，而且强调农民收入稳定增长和生态环境持续稳定改善。中国特色农业现代化是一个综合性、全方位的系统工程。

三、农业现代化的评价标准

从本质上说，农业现代化就是把传统农业转变为现代农业的过程，所谓"化"，就是一个过程。对于这一点，人们的看法基本一致。问题在于，"化"到什么程度，才算农业现代化了？我国的农业现代化应当怎样标识？由于没有一套国际和国内公认的农业现代化标准，从 20 世纪 80 年代起，我国各地都在进行探索，力图建立既符合国际标准，又能反映本国和本地特色、切实可行的现代化指标体系。人们在采用什么指标、指标数目的多少、指标数值的确定等问题上，认识仍然存在很大的分歧。困惑在于，一方面，农业现代化的标准不能在不同国家或一个国家的不同地区五花八门，否则农业现代化的内涵和实践就会混乱不堪；另一方面，各地农业现代化也应当有自己的特色，而不仅仅是"复制"发达国家或地区的情形。

目前，国内学者对农业现代化标准的讨论主要集中在以下十个方面：

1. 农业经济结构现代化

主张尊重自然规律和市场规律，建立充分发挥各地资源、区位、经济、人文等综合优势的农业区域结构，形成具有市场竞争力和经济规模的农业支柱产业、品牌产品和特色农业产业带。

2. 农业基础设施现代化

主张全面整治和加强农业基础设施，建立适合当地实际、设施配套、功能齐全的机电排灌设施和农田水利工程体系，营造有效保持水土的绿化屏障，大大增强抗御旱、涝、风、冻等自然灾害的能力，形成稳产高产的农田和自然环境保障体系。

3. 农业生产手段现代化

生产条件和手段现代化是指将现代科学技术，尤其是生物科学技术、化学技术和工程科学技术等应用到农业生产中，实现农业生产方式、生产设备与基础设施等的现代化。农业生产条件和手段可以从水利化情况、耕地规模、用电水平、农机动力水平和有效化肥施用情况几个方面反映。

4. 农业科学技术现代化

主张科技进步成为农业生产发展的主要推动力，并具有不断吸纳应用先进科学技术的新机制，使科学技术在农业生产领域得到广泛应用，农业科研、教育、推广网络齐全，形成多层次、覆盖整个农村的农科教网络体系（梅方权，1999）。

5. 农业经营产业化

主张农产品生产、加工、流通诸环节实现有机结合，形成较为完整的产业链，以企业化经营为特征的专业大户、集体农场、联合体和贸工农一体化组织，成为农业生产的主体，在农产品加工、流通领域发挥主导作用，农业支柱产业和骨干农产品基本形成种养加、产供销、贸工农一体化的经营格局，农业生产者成为相对独立的商品生产者，并形成一定的经营规模。

6. 农业服务社会化

主张农业生产经营形成较为发达的社会分工协作关系，各个环节都有社会化服务组织提供专门的服务，多种所有制、多种形式的农业服务组织构成高效的农业社会服务网络体系。

7. 农业宏观调控信息化

主张现代信息技术成为农业宏观调控的重要手段，基本建立起农业地理信息系统、生产统计信息系统、农产品市场信息系统，政府依据全面可靠的信息反馈，运用财政、价格、信贷等杠杆对农业产销进行有效调控（顾益康，1999；上海率先基本实现都市型农业、农村现代化研究课题组，2001）。

8. 农业现代化归根到底是人的现代化

从个体的角度来看，农业现代化是农民素质的现代化，包括思想观念现代化和科学技术知识现代化，现代农业要求劳动者具有一定的专业知识，具有接受和应用现代农业技术的素质和技能，有较强的现代市场意识和管理才能，能熟练地使用农业先进机械和设备，提高劳动生产率。不仅如此，现代农民还要具备现代化的法律知识、道德修养等（张仲威，1994），而从宏观上讲，则涉及到整个社会文化的构建（简小鹰，1996）。

9. 农业资源环境现代化

在衡量农业现代化的标准中，尤其要重视这一项内容。这是因为：农业是一项极其依靠自然环境的产业，只有注重保持农业的生产环境，才能实现农业的稳定发展，才能实现各行业的可持续发展。具体地说，它包含下列内容：第一，水土、森林等自然资源的合理利用和保护水平，也就是说要充分考虑水、土地、森林等自然资源的持续利用状况，如土地的沙漠化、盐碱化、水土流失的程度，森林覆盖率的变化水平以及农业用水和农村居民饮水的质量。第二，自然灾害的预防和治理水平。这里包括旱、涝灾害以及农作物的病虫害的防治，可以用自然灾害成灾率来说明。

10. 农民生活消费现代化

主张在农民收入和消费水平不断提高的前提下，按照合理的膳食结构原则，确定具体食物和消费营养结构目标，通过相应的消费经济政策和行政干预，使农民的食物和营养结构趋于科学，增强农民体质，保障农民身体健康。

第二章　农业现代化的评价方法

　　建立一套科学的农业现代化的综合评价方法，并对各地区农业现代化发展的总体水平做出正确判断，是制定我国农业现代化发展政策的理论依据。近年来，已有很多学者对农业现代化的发展水平、发展阶段进行了定量测算，但基于对农业现代化概念的认识不同，人们用于评价农业现代化的指标体系和模型也不同，这显然影响到测评的准确性和合理性，影响到测评的质量和效果。

一、农业现代化主要评价方法

　　国外发达国家和地区已进入农业后现代化阶段，他们对农业关注的重点在持续农业、精确农业等，他们的研究注重具体地域实际，针对不同地区当前、近期和中期的发展目标，确定出不同的措施和重点，如技术资金来源、市场项目、产品产业等，以此推动农业社会化与信息化进程。国内还处于农业现代化的前期和中期阶段，学者们对农业现代化的评价主要集中在农业化发展水平、发展进程的测算。目前，我国农业现代化评价的主要方法主要有以下几种：

（一）模型法

　　该方法认为我国农业现代化的本质是农业科学技术现代化，因而以计算科技进步在现代农业发展中的作用来测评农业现代化进程。这种方法以资金（X）、劳力（L）、科技（S）等为参数，经过微分、线性变形、时间序列分析及多元回归，用道格拉斯生产函数分析资金、劳力、科技对农业生产的贡献，从而测定农业现代化水平。数学模型法的优点是计算结果简单，所求得参数是各要素对生产的贡献份额，但经济意义不明确，投入要素对农业生产贡献的程度未知。朱晓明（2013）利用联立方程组模型构建了我国农业现代化评价指标体系和评价标准，并对我国农业现代化所处的阶段以及何时进入农业现代化的中、后期进行了仿真模拟。易军、张春花（2005）利用数学模型对北方沿海地区的辽宁、河北、天津、山东三省一市的农业现代化进程进行了定量研究，并对北方沿海地区的农业现代化进程进行评价分析。单胜道、黄祖辉（2000）探讨了农业现代化模糊综合定级法的数学模型以及技术路线，并运用此法对浙江省新昌县农业现代化进行定级的实例研究。屈晓菁（2014）通过对湖南省农业现代化综合指数水平的主要影响因素——资本、劳动力及农村人口受教育水平建立 VAR 模型，并进行脉冲响应分析和方差分解分析，得出这些因素对湖南省农业现代化发展水平在短期和长期的影响。

（二）参数比较法

参数比较法多从比较社会学等学科的视角，通过可比性指标的比较来评价农业的发展进程，采用统计学中的相对数、平均数来解决多变量指数问题；并针对地域实情，参考历史数据及发达国家的实例，给出具体的测度结论。这种方法的优点是简单明了，适用于区域间的横向比较。如高明杰（2007）通过比较分析，找出中国农业在各个方面与发达国家的农业之间所存在的差距，做出了中国农业现代化水平落后于发达国家 80 年左右的判断。余子鹏（2015）从农业现代化的投入、产出和可持续性 3 个维度收集农业发展相关数据，对中国 31 个省（直辖市、自治区）的农业现代化水平进行了比较，得出东部地区农业投入和产出的现代化程度较高，西部地区农业发展可持续性较高的结论。李响等（2012）通过选取农业产出水平、农业机械化水平、农业科技进步贡献率、农业产业化发展、劳动者素质、农业可持续发展 6 个方面具有国际可比性的指标，比较分析江苏与美国、日本、法国等发达国家农业现代化发展水平的差距。

（三）多指标综合测定法

多指标综合测定法是目前在评价农业现代化的文献当中，使用最为广泛的一种方法。这种方法主要采用主成分分析法、聚类分析法、灰色关联分析法和综合指标体系法等把描述对象的多项指标加以汇集，经过数学处理后，从整体上确认研究对象的进程动态。其基本包括如下几个步骤：①建立农业现代化发展水平评价综合指标体系；②对指标值进行无量纲标准化处理；③用层次分析等方法确定指标权重；④利用数学模型测算出农业现代化发展水平。多指标综合测定法的优点是比较规范化，结果比较直观，有固定的计算格式，使用方便，经济意义明确，只要求有比较详细的统计资料即可。如周洁红（2003）选用农业生产发展水平、农业基础设施与投入、农业生产技术与教育、农业生产社会化与市场化程度、农村经济发展水平、农村工业化和城镇化发展水平、农业资源与环境等 7 个主体指标、36 个群体指标对农业现代化进行测评。杨万江（2001）通过构建现代化农业发展水平和农业保障两个子系统，选用农业生产条件、农业投入水平、农业生产水平、经济结构、农民收入及生活水平等 5 个一级子系统共 12 个指标，对农业现代化的整个系统进行测评。马秋芳（2008）通过构建 1 项综合指标、6 项主体指标、22 项群体指标，对安徽省的农业现代化进行了测算。谭爱花、李万明等（2011）构建了的 8 个二级指标和 30 个三级指标来反映我国农业现代化的综合水平。此外，王国敏（2011）等对西部地区农业现代化的发展阶段与总体水平进行测算时也采用了多指标综合分析方法。辛岭、王济民（2014）在分析评价我国 1980 个县域农业现代化发展水平时，也采用了多指标综合测定法。林正雨（2014）围绕农业投入、农业产出、农村社会发展和农业可持续发展 4 项准则指标和 12 项个体指标构建了四川省农业现代化发展水平评价指标体系，采用多指标综合评价模型进行研究。

（四）数据包络法

数据包络法是最近几年使用逐渐多起来的另一种农业现代化评价方法。数据包络法（Data Envelopment Analysis，DEA），产生于 20 世纪 70 年代末 80 年代初，是美国著名运筹学家 A. Chames 和 W. W. Cooper 等学者在"相对效率评价"概念基础上发展起来的一种新的系统分析方法。DEA 方法属于运筹学所研究的领域，它主要采用数学规划方法，利用观察到的有效样本数据，来衡量多投入和多产出的决策单元相对有效性的方法。DEA 方法的决策单元指的是可以通过一系列决策，投入一定数量的生产要素，并产出一定数量的产品的经济系统（或人）。DEA 不仅可以对同一类型的各决策单元的相对有效性进行评定、排序，而且还可以利用 DEA "投影原理"进一步分析各决策单元非DEA 有效的原因及其改进方向，从而为决策者提供重要的管理决策信息。DEA 方法具有以下优点：一是对处理多输入，特别是多输出的复杂系统问题的能力具有绝对优势；二是输入或输出指标可以与市场价格无关，并且能解决难以确定出适当权重的问题；三是该方法致力于每个决策单元的优化，而不是对整个集合的统计回归优化。在农业现代化评价中，DEA 方法的优点是不仅可用来计算同一评价对象的效率指数，并按照效率指数的大小，对评价对象作出排序，还可以对之进行资源配置和产出的定性分析。

DEA 方法评价主要步骤：①确定评价目的。DEA 方法的基本功能是评价，特别是进行同类本间的"相对优劣性"的评价。为了正确运用 DEA 方法，得到科学的评价结论和有用的决策信息，必须认真分析评价的具体目的。这是建立输入输出指标体系和选择 DEA 模型的主要依据。②选择决策单元。选择决策单元，确定参考集。从技术和经验上，DEA 对决策单元有如下要求，一是决策单元应该具有"同类型"特征，二是通常认为决策单元元素的个数不少于输入输出指标总数的 2 倍为宜。③建立输入输出指标体系。选择输入输出指标的首要原则是反映评价目的和评价内容；其次，从技术上应避免输入（输出）集内指标间的强线性关系；同时考虑指标的多样性和指标的可获得性等。

④选择 DEA 模型。DEA 模型有多种形式，要根据问题的实际背景和评价目的选择合适的 DEA 模型。⑤进行 DEA 评价分析。进行 DEA 评价分析包括数据的收集整理，模型求解以及进行 DEA 试探性分析，根据所得结论的科学性和合理性决定是否调整输入输出指标体系，重新选择模型。调整输入输出指标体系。⑥得出综合评价结论。

应用 DEA 方法进行农业现代化评价的研究有：郭冰阳（2006）运用数据包络分析法（DEA），以全国 31 个省（直辖市、自治区）为样本，对我国农业现代化进行了综合评价。赵双喜（2012）基于投入的不变规模报酬 CRS 模型，选取指标，对不同类型的县域进行了 DEA 效率测算。李鑫等（2014）采用 1997—2012 年西部 12 省（自治区）统计数据，基于 DEA 模型对西部农业现代化的绩效进行评价，为西部农业现代化持续发展提供参考。

（五）空间分析法

近年来，一些学者认为关于农业现代化的研究方法主要集中在数理统计传统的定量模型，还存在一定局限，主要表现在：关于我国农业现代化发展水平的趋同研究还处于缺失状态，以往的研究多是建立在区域之间相互独立的假设前提下，缺乏空间视角，难以揭示我国农业现代化水平差异的空间机制（周迪，2015），农业现代化空间同质化规律的分析对农业现代化发展优化路径具有实践参考意义。因此，有学者在这方面做了新的探索。如周迪（2015）引入熵权 TOPSIS 法测算出我国农业现代化水平，并结合探索性数据分析以及空间马尔科夫链方法分析我国 31 个省（直辖市、自治区）农业现代化水平的空间格局及区域趋同的演变特征。张荣天（2015）以长江三角洲为研究区，构建农业现代化的评价指标体系，采用熵值法测度 1998—2013 年农业现代化水平，运用变异系数 CV 及趋势面分析法等评价长三角农业现代化时序特征，并通过空间自相关分析模型的 Moran's I 指数 G^* 指数来探讨 1998—2013 年长三角农业现代化的空间分异及其演化的基本规律。

二、农业现代化指标体系的构建

（一）原始指标的选取

农业现代化的定量测评研究对当前我国农业发展具有重要的理论和实践意义。在多指标综合测定法中，农业现代化评价指标体系的设计、指标的选用与所研究的问题密切相关，是否建立了科学正确的指标体系，是能否客观准确评价给定问题的关键。

中国学者们在对现代化总体认识的基础上，根据世界现代化发展潮流，以及个人对现代化认识的深度和广度，试图完整、全面地归类中国农业现代化发展指标体系，力图使这种指标体系建立在更科学的基础上，他们或用定性的方法，或用定量的方法，在全国水平和地方水平两个层次上对指标进行评价，由此产生了不同的研究结果，从不同方面反映了国家和地方农业现代化实现水平，提供了宏观认识中国农业现代发展的基本认识。同时，也为科学评价中国农业现代化提出了更高的理论要求和方法要求。

综合他们的研究成果，中国农业现代化指标体系主要体现在以下三大类 8 项指标上。

第一类是社会经济结构指标，以反映农业现代化的起步条件及工农业和城乡协调发展状况，也是农业现代化的基本目标。社会经济结构指标 1 个，用农业劳动力占整个社会劳动力的比重体现。反映该指标的群体指标有 12 个：农业增加值占国内生产总值的比重，农村人均社会总产值，农村人均农业总产值，农民人均纯收入，农民消费水平，农民人均食物消费支出，城乡消费水平差别，恩格尔系数，农产品商品率，农村二、三产业发展水平，人均生活用电量，农村城市化水平等。

第二类指标是生产条件指标，以反映农业生产力和可持续发展水平。这类指标有 5 个，包括：①百公顷农机总动力，以反映机械化装备水平。体现该指标的群体指标有：机耕、机播率，百公顷用电量，机电灌溉率，农田机械作业率等。②农田有效灌溉面积比重，以反映一个地区农业生产水平的稳定发展程度。体现这一指标的群体指标有：节水灌溉面积占有效灌溉面积的比重，标准化农田比重，农田旱涝保收率等。③科技贡献率，反映技术进步水平。体现这一指标的群体指标有良种率，化肥利用率，复种指数，社会化服务覆盖率等。④森林覆盖率，以此反映生态环境的优劣和可持续发展的特征。体现这一指标的群体指标有：农田林网化水平、城镇村庄绿化水平、环境污染治理综合利用、水质、水土流失面积占国土面积比重、耕地污染面积比重、自然灾害成灾率等。⑤初中以上劳动力占农村总劳动力的比重，以此反映农民接受科学生产、管理技术的能力。体现这一指标的群体指标有：获"绿色证书"农业劳动力比重，高中教育普及率，九年义务教育普及率，专业协会会员比例，农业科技人员占农业劳动力的比重，乡镇一级农技服务站普及率，乡（镇）村两级农业服务人员占农业劳动力的比重。

第三类指标是效果指标，以反映农业现代化的成效。该指标有 2 个：①劳均农业增加值体现，这一指标的群体指标有：商品率，农民人均收入水平，每一劳动力生产的粮食等农产品数量，劳均耕地。考虑到我国的具体情况，劳动生产率可适当低于人少地多的发达国家。②每公顷粮食产量，以此反映土地产出率。这一指标的群体指标有：资源利用率等。

（二）原始指标的降维处理

当选取原始指标后会发现，选取的指标数量多，且彼此之间存在重复性，因此，有些学者会通过一定的方法对原始指标进行降维处理。

1. 相关系数法

目前，大多数研究者运用相关系数法、条件广义最小方差法从原始指标中筛选出若干个用以构建我国农业现代化评价指标体系的指标。虽然这些方法可以保证筛选出的指标相关性较低，但不能严格确定剔除多少指标后剩下的指标能全面反映出我国农业现代化的特性而相关性又最低，只能从定量的角度去分析。如朱晓明（2012）通过相关系数检验对其选取的 12 个指标进行了分析。

2. 因子分析法

我国农业现代化评价系统是一个开放的复杂系统，各评价指标之间必然也存在着一定的相关关系，因此我们可以用因子分析法对评价指标体系进行降维处理，即用较少的综合指标分别综合存在于各单独指标中的信息，而综合指标之间彼此不相关，即各综合指标代表的信息不重叠。因子分析是从研究相关矩阵内部的依赖关系出发，把一些具有复杂关系的变量归结为少数几个代表性综合因子的多变量综合分析方法。因子分析的基本思想是根据变量相关性大小把变量分组，使组内的变量之间相关性较高，但不同组的变量相关性较低。每组变量代表一个基本结构，这个基本结构称为公共因子。对于所研究的问题就可以试图用最少个数的不可测的公共因子的线性函数与特殊因子之和来描述原来观测的每一分量，也就是从一些关系错综复杂系统的经济现象中找出几个主要因子。每一个主要因子就代表反映经济变量间相互依赖的经济作用，抓住这些主要因子就可以对复杂的经济问题进行分析和解释。因子分析方法能把多个指标简化为少数指标，并且这些指标能够反映原始指标的绝大部分信息，具体而言，85％以上的原始信息均能用这些简化的少数指标来概括。如郭冰阳（2005）以全国 31 个省（直辖市、自治区）为样本，建立了能全面反映我国农业现代化特征的原始指标群，然后采用因子分析法对原始的 29 个指标进行了降维处理，最终选取了 7 个相关性低、代表性强的指标作为评价我国农业现代化的指标体系。林英华（2010）等选取单位耕地面积农机总动力等 10 个指标，采用因子分析法对聊城市的农业现代化水平进行了定量分析。

3. 聚类分析法

聚类分析法的基本思想是开始把每一个样品（评价对象）都看成一类，N 个样品看成 N 类，然后按一定的原则缩小一类，直到所有的样品都并成一类为止，这种聚类过程可用聚类图表示，由聚类图进行分类。具体方法有两种：距离法和相似系数法。如苏夏琼（2012）在研究广西农业发展水平时，先初步选取出 40 项二级指标，再用聚类分析法对指标进行筛选，最后构建一套有 8 项一级指标、31 个二级指标的评价指标体系。沈琦、胡资骏（2012）以辛岭、蒋和平《我国农业现代化发展水平评价指标体系的构建和测算》提出的指标体系为例，将原有 12 个评价指标聚类分析，分为 5 类。蒋晓琴（2014）选取农业可持续发展、农业投入水平、农业机械水平、农业收支状况、农业产出率五个主体指标，然后围绕主体指标利用聚类分析筛选出其子指标。

4. 灰色关联分析法

对于两个系统之间的因素，其随时间或不同对象而变化的关联性大小的量度，称为关联度。在系统发展过程中，若两个因素变化的趋势具有一致性，即同步变化程度较高，即可谓二者关联程度较高；反之，则较低。因此，灰色关联分析方法，是根据因素之间发展趋势的相似或相异程度，亦即"灰色关联度"，作为衡量因素间关联程度的一种方法。灰色系统理论提出了对各子系统进行灰色关联度分析的概念，意图通过一定的方法，去寻求系统中各子系统（或因素）之间的数值关系。在多指标综合评价中，评价目标往往具有灰色性，因而用灰色关联分析方法进行综合评价是适宜的。在农业现代化评价的众多指标中，灰色关联分析能使我们在众多的因素中，分辨出主要因素和次要因素，以及这些因素分别对总系统的发展影响的大小等。相关研究有赵景阳（2007）采用灰色系统模型对山东省农业现代化指数列进行灰色数列预测。白杨（2008）利用灰色关联分析方法对敦煌农业现代化进行分析，结果表明：影响敦煌市农村经济发展的首要因子是农业现代化水平，其次为人口素质和人口数量，第三为农作物播种面积、耕地面积。

三、指标权重的确定

多指标综合测定法中，权重系数的确定将直接影响综合评价的结果。评价指标权重的确定是多目标决策的一个重要环节。确定指标权重是综合评价分析的重要组成部分；指标权重一旦确定，也就知道影响系统综合质量关键因素之所在，可以为改进系统质量指明方向。

农业现代化指标权重的确定有很多方法，综合以来最常用的有以下几种：

（一）熵值法

熵原先是热力学中的一个名词。在信息论中，熵又被称为平均信息量，是信息无序程度或无效能状态的一个度量，可以用于度量已知数据所包含的有效信息量和确定权重，在应用统计、综合评价中得到了广泛的应用。按照信息论基本原理的解释，如果指标的信息熵越大，则说明该指标的无序程度越高，因此提供的信息量也就越大，在综合评价中所起作用理当越大，权重就应该越高。熵值法是一种客观赋权方法，根据指标间的联系程度和所提供的信息量来客观确定指标的权重，可避免人为主观因素，利用熵值法确定权重，能够消除人为因素的干扰，使评价结果更加科学合理。

相关研究中，卢方元、王茹（2013）根据《中国统计年鉴》（2011 年）以及中原经济区 28 个市所在省的 2011 年统计年鉴，得到 2010 年全国及中原经济区 28 个市的评价指标数值，使用熵值法计算各个主体指标和分指标权重。门可佩、唐沙沙（2010）利用熵值法对华东地区农业现代化水平进行了综合评价。林丽梅（2013）运用熵值法构建科学合理的农业现代化水平评价指标体系，对福建省 2011 年 67 县、市（市辖区）农业现代化发展水平进行评价。苏夏琼（2012）在研究广西农业发展水平时，用熵值法确定了各级指标的权重。

（二）德尔菲法

德尔菲法（Delphi Method），又称专家规定程序调查法。该方法主要是由调查者拟定调查表，按照既定程序，以函件的方式分别向专家组成员进行征询；而专家组成员又以匿名的方式（函件）提交意见。经过几次反复征询和反馈，专家组成员的意见逐步趋于集中，最后获得具有很高准确率的集体判断结果。

德尔菲法具有以下三个特点：①反馈性。反馈表现在多次作业、反复、综合、整理、归纳和修正，但不是漫无边际，而是有组织、有步骤地进行。②匿名性。由于专家是背靠背提出各自意见的，因而可免除心理干扰影响。③统计性。对各位专家的估计或预测进行统计，然后采用平均数或中位数统计出量化结果。杨秀艳（2004）选取了 20 位农业部门、政府部门、研究部门和高校专家，采用德尔菲法，并对结果进行一致性检验，最终得到 4 项主体指标、7 项分类指标和 20 项群体指标的权重。

（三）层次分析法

层次分析法，简称 AHP 法，是由美国著名运筹学专家、匹兹堡大学的托马斯·莎迪（T. L. Saaty）教授于 20 世纪 70 年代初提出的一种系统分析方法。其基本原理是将所研究的问题作为一个系统，对系统内的多项因素进行逐项分析，弄清各因素在系统中的地位和彼此之间的关系，建立各因素间相互关联的有序层次，然后由专家对不同层次的各因素进行比较，在此基础上定量地给出每项因素的相对重要性，并计算出每一层次所有因素的相对重要性权重。这种方法适用于结构较为复杂、决策准则较多且不易量化的问题。其思路简单明了，紧密地和人们的主观判断和推理联系起来，对人们的推理过程进行量化的描述，可以避免人们在结构复杂和方案较多时出现逻辑推理上的失误。具体步骤是：①建立递阶层次结构模型。递阶层次结构模型是把问题条理化、层次化，构造出一个有层次的结构模型，分为目标层、准则层和方案层。②构造判断矩阵。层次结构反映了因素之间的关系，但准则层中的各准则在目标衡量中所占的比重并不一定相同，需要对指标间两两重要性进行比较和分析判断。文中在构造两两比较判断矩阵时采用"1～9标度表"，在对指标的两两重要性进行比较判断时通过咨询课题组的专家确定出各级指标的相对重要性。判断标度方法（表2-1）。③计算权向量并做一致性检验。由判断矩阵计算被比较元素对于该准则的相对权重，并进行判断矩阵的一致性检验。若检验通过，特征向量（归一化后）即为权向量；若不通过，需要适当修正判断矩阵。④计算组合权向量并做组合一致性检验。计算最下层对目标的组合权向量，并根据公式做组合一致性检验，若检验通过，则可按照组合权向量表示的结果进行决策，否则需要重新考虑模型或重新构造那些一致性比率较大的判断矩阵。上述步骤经层次分析法软件 YAAHP 计算。

表 2-1　标度及含义

标度	含　义
1	表示两个因素相比，具有相同的重要性
3	表示两个因素相比，前者比后者稍重要
5	表示两个因素相比，前者比后者明显重要
7	表示两个因素相比，前者比后者强烈重要
9	表示两个因素相比，前者比后者极端重要
2，4，6，8	表示上述相邻判断的中间值
倒数	若因素 i 和 j 的重要性之比是 a，那么因素 j 和 i 的重要性之比是 $a_{ji}=1/a_{ij}$

在农业现代化评价中，AHP 是被使用最多的方法。如马秋芳（2008）用层次分析方法及其专用软件 YAAHP0.4.1 计算得到各指标权重，对数据进行标准化处理，并构建了农业现代化评价模型。谭爱花、李万明等（2011）利用层次分析法，确定了权重。杜国明等（2013）采用层次分析法作为评价黑龙江省农业现代化水平的主要方法。李黎明、袁兰（2004）运用层次分析法，建立了我国的农业现代化评价指标体系。

（四）变异系数法

变异系数法是直接利用各项指标所包含的信息，通过计算得到指标的权重。是一种客观赋权的方法。此方法的基本做法是：在评价指标体系中，指标取值差异越大的指标，也就是越难以实现的指标，这样的指标更能反映被评价单位的差距。当由于评价指标对于评价目标而言比较模糊时，采用变异系数法评价进行评定是比较合适的，适用于各个构成要素内部指标权数的确定，在很多实证研究中也多数采用这一方法。缺点在于对指标的具体经济意义重视不够，也会存在一定的误差。刘海清等人（2013）在确定指标权重时即采用了客观赋权法中的变异系数法。

（五）其他方法

主成分分析法是通过因子矩阵的旋转得到因子变量和原变量的关系，然后根据 m 个主成分的方差贡献率作为权重，给出一个综合评价值。其思想就是从简化方差和协方差的结构来考虑降维，即在一定的约束条件下，把代表各原始变量的各坐标通过旋转而得到一组具有某种良好方差性质的新变量，再从中选取前几个变量来代替原变量。而因子分析法是主成分分析法的推广，其基本思想是根据相关性大小对原有变量分组，使得同组变量相关性较高，不同组变量相关性较低，每组变量代表一个公共因子，对于所研究的问题通过最少个数的公共因子的线性组合来表示。相比主成分分析，其有利于明确各公因子的实际含义，同时可以考察每个因子数据的内部结构，并通过适用性检验来检测变量组的设定是否合理。主成分分析和因子分析法的局限性在于：这两种方法仅能得到有限的主成分或因子的权重，而无法获得各个独立指标的客观权重，而且当构成因子的指标之间相关度很低时，因子分析将不适用。

这几种方法都有一定的适用范围和局限性。层次分析法、德尔菲法等主观赋权法是应用最广泛的方法，这两种方法的优点是比较简便且具有一定的合理性，但因主观性较强而饱受诟病。因为基于专家打分的方法很有可能会形成某种精英共识导向，加剧权重的不平衡性。因此，客观赋权法被逐渐引入以克服这一缺点，如变异系数法、因子得分法、主成分分析法、离散系数赋权法、综合指数法等，它们直接利用各指标所包含的信息，通过计算得到指标的权重，不依赖于人的主观判断，因而客观性较强。它们的缺点是建立在动态数据的基础上，其权重需要考虑时间推移引起的波动性。近期研究中，主客观结合的方法更多地被采用。如王国敏等综合德尔菲法和层次分析法的优点，确定各层次指标的权重，他们首先根据专家意见相对于综合指标构造出主体指标的比较判别矩阵，然后相对于主体指标再构造出群体指标的比较判别矩阵，并对判别矩阵进行一致性检验，在此基础上计算各主体指标和群体指标的权重。蒋和平等选用专家调查法与系统综合目标分层加权相结合的方法来确定指标体系权重。武瑞娟（2006）在确定指标体系的权重时，将主观赋权法中的层次分析法和客观赋权法中的变异系数法结合运用。杨姗姗（2014）用层次分析法和变异系数法确定一级指标和二级指标的权重，分析各个因素对新疆农业现代化的影响。王严克（2011）通过层次分析法和德尔菲法确定一级指标的权重，通过变异系数法确定二级指标的权重。

四、目标值和标准值的确定

目标值或标准值的确定直接关乎对农业现代化水平测度的科学有效性，因为目前几乎所有这方面的研究都最终要通过现代化得分与目标值的对比来反映某地农业现代化的具体水平和差距。

总体看来，国外学者确定现代化研究指标值基于社会实践，国内学者对于中国现代化和农业现代化研究的指标值确定有三种方法：一是以发达国家为参照系，结合中国实际得出。谭爱花、李万明等（2011）在参考专家学者研究成果和结合我国农业特点的基础上确定了各个三级指标的目标值。二是通过标准值法（SODS）和6级分段附值（SODSF）计算方法得出。如徐贻军（2008）在对湖南省农业现代化评价中，就采用了该方法计算了评价指标的标准值。杨万江（2001）在《农业现代化测评》一书中基于6级分段附值的标准化处理方法获得中国农业现代化综合指标标准值。三是根据世界各国农业现代化发展水平，利用世界银行《世界发展报告》判断出不同收入国家各指标平均值，然后决定农业现代化特征指标的标准值成为一种确定指标值的常用方法。如蒋和平、黄德林（2006）根据《世界发展报告》1999—2004年的有关数据以及中国农业现代化发展现状，拟定了14项评价指标的标准值。目前，标准值的确定直接影响测算结果，众多的研究者们采取了比较模糊的做法而没有对这些值的确定做出明确说明。如何界定标准值，是中国农业现代化研究中的关键因素。

下面将介绍几种被参考最多的农业现代化的标准值：

1. 布莱克提出的10项标准

1966年美国普林斯顿大学西里尔·E. 布莱克提出了有关现代化的10项标准，分别从经济发展和社会流动水平的角度揭示了"前现代社会"向"高度现代化社会"的转变过程和机理，布莱克指标体系及标准见下表2-2。

表2-2　布莱克指标体系及标准

指　　标	低	高
（1）人均GNP（以1973年美元计算）	200~300	4 000~6 000
（2）能源消费（人均煤当量，千克）	10~100	5 000~10 000
（3）劳动力就业比例（%）		
农业	85~95	5~10
工业	5~10	30~40
服务业	5~10	40~60

（续）

指　标	低	高
（4）各部门占 GNP 比例（%）		
农业	40～60	5～10
工业	10～20	40～60
服务业	20～40	40～60
（5）终极用途占 GNP 比例（%）		
消费	80～85	55～60
资本形成	5～10	20～30
政府开支	5～10	25～30
（6）城市化（10 万人以上城市人口占总人口的比例）	0～10	50～70
（7）教育		
中小学（适龄组的入学比例）	20～50	90～100
高等教育（每百万居民中的学生数）	100～1 000	10 000～30 000
（8）健康状况		
新生儿死亡率（每千名出生儿童的死亡）	150～500	13～25
食物供应（人均每日卡）	1 500～2 000	3 000～3 500
医生（每百万居民的医生数）	10～100	1 000～2 400
（9）交流		
邮件（每人每年投寄国内信件）	1～10	100～350
电话（每千人计）	1～10	100～500
报纸（每千人发行量）	1～15	300～500
收音机（每千人台数）	10～20	300～1 200
电视机（每千人台数）	1～50	100～350
（10）收入分配（按收入的百分比）		
收入最低的 1/5 人口	8～10	4
收入最高的 1/5 人口	40～50	45
收入最高的 1% 人口	20～30	20

　　资料来源：布莱克，《比较现代化》，杨豫、陈祖洲译，上海译文出版社，1996 年。转引自中国科学院可持续发展研究组《中国可持续发展战略报告》，科学出版社，2001 年。

　　布莱克的 10 项标准，反映了学术研究对社会和时代的关心，反映了人们力求寻找一种比较简单明了的方法去测量社会发展水平的心理。但由于这些指标不够精确，可操作性不强，一般只是作为文献被引用，没有成为度量现代化进程的有效工具。

2. 英克尔斯提出的 11 项指标和标准

20 世纪 80 年代初，美国斯坦福大学教授英克尔斯在前人研究的基础上，根据世界银行关于世界发展的研究，并结合自己对 6 个发展中国家的研究，提出了他对现代化度量的 11 项指标和标准。作为一名社会学家，英克尔斯在对现代化内涵的理解上更多关注人的因素，他认为社会现代化和人的现代化是互动的，两者相互促进，因此在他的指标体系中，关于人的指标占居了大半。

英克尔斯评价标准的优点是简单、可测、数据容易获得，度量比较直白，因此受到许多统计工作者的青睐，并且迅速地被加以应用，尤其在我国目前向现代化迈进的时期，更被许多人奉为评估现代化的实用工具。

英克尔斯评价标准的缺点是：由于制定标准的时期较早，标准值偏低；11 项标准缺少生态、环保、基础设施、社会信息的指标；指标之间有交叉。

表 2-3　英克尔斯指标体系及标准

指　　标	标　　准	对比（美国水平）
（1）人均国民生产总值（GNP）	3 000 美元以上	3 243 美元（1964 年）
（2）农业产值占国内生产总值的比重	15% 以下	11%（1929 年）
（3）服务业产值占国内生产总值的比重	45% 以上	48%（1929 年）
（4）农业劳动力占总劳动力的比重	30% 以下	21%（1929 年）
（5）成人识字率	80% 以上	16%（1945 年）
（6）在校大学生占 20～24 岁人口的比重	10%～15%	—
（7）每名医生服务的人数	1 000 人以下	680 人（1960 年）
（8）婴儿死亡率	3% 以下	2.6%（1960 年）
（9）人口自然增长率	1% 以下	1%（1965 年）
（10）平均预期寿命	70 岁以上	70 岁（1960 年）
（11）城市人口占总人口的比例	50% 以上	66%（1960 年）

资料来源：孙立平，《社会现代化》，华夏出版社，1988 年。转引自中国现代化报告课题组，《中国现代化报告 2001》，北京大学出版社，2001 年。

3. 国内关于农业现代化标准相关指标的取值研究

2004 年，中国科学院中国现代化研究中心中国现代化战略研究课题组的《中国现代化报告 2004》提出了英克尔斯－同响评价模型，在该模型中，他们明确了评价指标、评价标准、数据来源以及评价方法。

表 2-4　综合现代化评价指标和参考值

评价指标	指标内容	2000 年参考值
（1）人均 GNP	2000 年价美元	27 680
（2）人均 PPP	按购买力平价 PPP 计算的人均 GNP，2000 年价美元	27 770
（3）产业结构指标	服务业增加值比重，%	68
（4）就业结构指标	服务业劳动力比重，%	70
（5）城镇人口比例	城镇人口/总人口，%	79
（6）医疗服务	医生个数/千人	3
（7）平均预期寿命	新生儿平均预期寿命，岁	78
（8）生态效益（能源使用效率）	GDP/千克标准油，2000 年价美元	4.9
（9）知识创新经费投入	R&D 经费/GNP，%	2.3
（10）知识创新专利产出	居民国内发明专利申请数/百万人	790
（11）大学普及率	在校大学生数占适龄人口比例，一般为 20～24 岁，%	60
（12）因特网普及率	因特网用户/万人	2 988

资料来源：中国现代化战略研究课题组，《中国现代化报告 2004》，北京大学出版社，2004 年。

4. 杨万江的评价指标体系

杨万江在《农业现代化测评》一书中基于 6 级分段附值的标准化处理方法获得中国农业现代化综合指标标准值。

表 2-5　按照标准方法确定的全国农业现代化标准值

指标	指标名称	单位	标准
1	一产从业人员均耕地资源	亩/人	30
2-1	耕地有效灌溉率（代替指标）	%	90
2-2	耕地旱涝保收率	%	80
3	耕地农机动力	千瓦/亩	1.2
4	一产从业人员劳均农机动力	千瓦/人	6
5	耕地农村用电量	千瓦时/亩	1 600
6	一产从业人员劳均用电量	千瓦时/人	5 000
7	土地综合产值水平	元/亩	1 300
8	粮食种植面积加权产量水平	千克/亩	600
9	一产从业人员人均农业增加值	元/人	9 000
10	一产从业人员人均粮食产量	千克/人	1 500
11	一产从业人员人均肉蛋鱼产量	千克/人	5 000
12	农业商品化程度	%	90

（续）

指标	指标名称	单位	标准
13	农业增加值比重	％	2
14	一产从业人员比重	％	5
15	城镇化水平	％	60
16-1	人均GDP	元/人	15 000
16-2	农民人均纯收入	元/人	13 000
17	恩格尔系数	％	35

资料来源：杨万江等，《农业现代化测评》，社会科学文献出版社，2001 年。

五、小结

目前，国内学者根据农业现代化建设的需要，研究出许多评价指标体系和方法，其中较为常见的是多指标综合测定分析方法。在这些研究中，由于对研究对象的理解不尽一致，对指标的选取范围和多少意见不一，对价值核算的适用范围认识不同，对指标体系的量化方法、权重确定方法见解不同，产生的结果也不尽相同。应当说，近年来国内学者在相关研究方面取得了大量成果，不仅推进了农业现代化的理论研究，而且对国家及地方政府制定和实施农业现代化战略起到了一定的作用。总体看来，国内相关研究仍然处于探索阶段，研究方法和指标体系选择存在以下几个方面的不足：

（一）指标体系设计的指导思想不够科学

1. 指标体系的实用性不强

这主要表现在：一是许多评估指标体系的设计大多停留在定性描述阶段，概念性的指标体系居多，量化程度较低，理论阐述居多，实证研究较少。二是研究人员过于追求指标体系的系统性，而没有考虑指标数据的可得性，因而在实际中无法操作。三是一些研究人员片面追求指标体系的全面性，企图使指标体系包含所有因素，结果导致重点不突出，造成评估结果失真。四是许多指标体系是针对某个特定地区设计的，缺乏通用的评估标准，很难应用于不同地区之间的对比研究，适用性不强。

2. 指标取舍具有较强的随意性和主观性

众所周知，国内有关农业现代化的综合评价指标体系都是由许多主体指标（又称为关键指标）所构成的。因此，选择主体指标已成为构建这种综合评价指标体系的重要任务。目前，国内一般采用由研究人员自定，或通过德尔菲法来完成主体指标的选择工作。这种方法存在着较大的主观随意性，带有较浓厚的个人的主观意识。尤其是某些研究人员受到个人知识、价值取向和某些偏好等多种主观因素影响，往往对一些看起来很重要的主体指标，但实际上并不是很重要的主体指标感兴趣，他们会选择这些指标作为主体指标。因此，由于不同课题组或专家群体选择的指标不同，最终计算出来的结果差异较大。

（二）权重的确定缺乏科学的方法

目前，在农业现代化的评价指标体系权重确定过程中，多数采用德尔菲法与层次分析法相结合的方法，即初始权重的确定采用德尔菲法，之后通过层次分析法对初始权重进行处理和检验，以生成各层指标的权重。采用德尔菲法确定权重的不利因素是：第一，确定权重的主观随意性太强，由于不同的专家具有不同的知识背景、价值观念和个人偏好，在确定主体指标的赋权时，往往带有较强的个人偏好，所得出的结果差异较大。第二，采用德尔菲法需要专家人数较多，人数至少在 15 位以上。加上在赋权的运行过程中，很难按规程进行操作，得出的赋权结果往往差异较大，难以得出准确的权重。

采用主成分分析法确定权重也存在一些不足之处：第一，主体指标中的同一指标在不同的样本集合中会存在不同的相对差距，而样本集合发生变化会带来指标的权重变化。第二，在一定确定的样本集合中，反映样本之间差距较大的那些指标并不一定代表就是人们认为在实际的社会经济生活中相对比较重要的那些指标。因此，如果采用这种方法来确定主体指标的权重，最终结果会是对农业现代化的测算，与实际情况产生较大的偏差，并不能真正反映农业现代化的实际情况。由此可见，农业现代化评价指标体系的"权重确定"将是农经界研究的一个难题。

（三）评价标准的确定

从已有的许多农业现代化评价体系看，对评价标准的确定缺乏统一的标准，主观随意性太强。有的研究人员确定评价标准声称是根据目前西方发达国家的指标水平确定的；有的称是结合我国国情，并借鉴国际的一些作法。因而，评价的标准多种多样。例如国家统计局统计科学研究所课题组声称实现全国农业现代化以 2050 年为预期年，设定跨入农业现代化门槛的指数为 100，根据确定的 30 项标准值。

农业部农业经济研究中心课题组在确定农业现代化的评价标准时，提出两种观点。第一种观点是：全国不制定农业现代化实现的统一目标和指标标准，各地根据实际情况，制定自己的具体推进实现农业现代化发展目标，其中重点明确近期和中期发展目标，实现了这些目标就是推进了这些地区农业现代化进程。第二种观点是：制定出实现全国农业现代化的近期、中期和远期目标和相对应的具体指标，而各个地区可以提出到哪一年实现这些目标。由此可见，该课题组尽管提出分阶段实现农业现代化的想法，但仍然存在评价标准是否科学和合乎实际的问题。

总之，建立起一套全面反映农业现代化发展水平评价的指标体系并非易事，指标体系的设立也很难做到完美无缺。第一，从指标体系描述的对象来看，农业现代化的建设过程是不同尺度的地域空间范围内社会、经济、自然等诸多因素相互作用、相互耦合的过程，这一过程具有复杂性、动态性、开放性、非线性等特征，从而使得对其定量描述与评估相当困难。第二，从指标体系的建立过程来看，不同的学者可能立足于各自不同的学科领域，具有不同的知识背景，考虑问题的侧重点也不大相同，由此所设立的指标体系也会各具特色。第三，资料来源的缺口与统计口径的不一致使得建立普遍适用的指标体系变得非常困难。

第三章　我国现代农业发展水平评价指标体系的构建与测算

现代农业是与传统农业有本质区别的产业。对现代农业水平的综合评价，应当把握现代农业的五个基本特征：一是农业市场化。不仅农产品高度商品化，而且农业生产的所有要素都能自由进入市场进行公平交易。二是农业高效化。既要在直接生产环节中实现资源转化的高效率，更要在整个生产经营周期实现较高的综合效益（经济效益、社会效益和生态效益的综合）。三是农业科学化。它要求以现代科学技术和现代化的装备设施使我国农业实现创新，并以具有科学管理理论与方法的人员来从事农业生产经营与管理。四是农业产品无害化。它要求按照国际通行的标准进行安全生产。五是农业发展可持续化。农业不仅要利用和消耗资源，而且要保护资源，优化资源配置，使土地、水和劳动力等再生资源能够永续利用。

一、现代农业发展水平评价指标体系编制的方法

（一）现代农业发展水平评价的指标选择

为了全面、科学、合理地反映现代农业水平综合发展的情况，应该采用系统性原理来确定指标的构成。如果将现代农业视为一个系统，那么可以将现代农业的综合水平分解为最基本的三个子系统和多项具体指标。根据系统性原理的要求，体现系统不同层次性特点所选择的具体指标应有准确的定位。这样，既便于建立完整的评价指标体系，又不至于出现混乱和重复。考虑到现代农业水平评价的客观性和全面性，我们认为，选择的评价指标主要包括：

（1）反映现代农业投入水平方面的指标组。 在该指标子系统中主要表现为土地、资金、动力、化肥、科技以及劳动力等农业生产资源的投入水平。

（2）反映现代农业产出水平方面的指标组。 在该指标系统中主要表现为劳动生产率、土地生产率、农民人均纯收入、农产品商品率、农产品加工率等产出水平的指标。

（3）反映现代农业农村社会发展水平的指标组。 在该指标子系统中主要表现为城镇化水平、农村劳动力就业率和每万人拥有专业协会数三个发展水平指标。

（4）反映现代农业可持续发展水平的指标组。 在该指标子系统中主要表现为森林覆盖率和农业成灾率两个指标。

从上述认识出发，我们检索查阅了大量统计指标，通过层层筛选，得到反映现代农业综合水平的主体指标和 18 个个体指标。

（二）现代农业发展水平评价指标体系的构建

作为指标体系，首先要分层确定现代农业发展水平的目标系统（综合水平）、子系统（主体指标组）和个体指标；其次还需要将其纳入一个统一的体系之中，以便进行统一性考察。为此，我们结合统计学与数量经济学方法，构建了"发展水平分层加权指标体系"用于评估现代农业的发展水平。同时，我们还根据不同层次的要求，在多次模拟和广泛征求意见的基础上确定了各个层次和个体指标的权重。下面是我们建立的中国现代农业发展水平综合评价指标体系（图 3-1）。

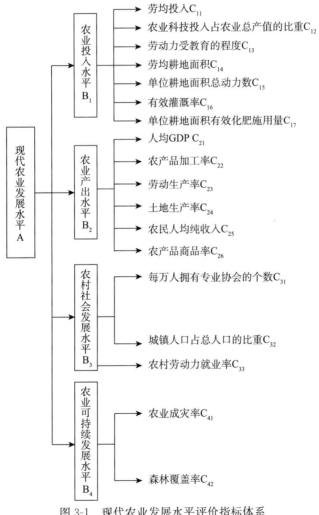

图 3-1　现代农业发展水平评价指标体系

（三）现代农业发展水平评价指标体系说明

1. 劳均农业投入水平

充足稳定的资金投入是现代农业发展的前提和基础。该指标主要反映政府和各个生产者对农业投入资金的状况。其指标的计算公式为：

劳均农业投入（元/人）＝（政府投资＋生产者投资）/一产从业人员人数

其中，政府投资包括农业基本建设投资和农林牧副渔新增投资。

2. 农业科技投入水平

科学技术的支撑是现代农业发展的动力，该指标主要反映科技投入对发展现代农业的促进作用。其指标的计算公式为：

农业科技投入占农业总产值的比重（％）＝农业科技投入/农业总产值×100％

3. 劳动力受教育水平

劳动者的知识结构和知识的高低水平直接关系到现代农业的持续发展，该指标主要反映初中以上文化程度的劳动者在乡村劳动力中的比重。其指标的计算公式为：

农村劳动力初中以上文化程度比重（％）＝农村劳动力初中以上文化程度/乡村劳动力数×100％

4. 劳均耕地面积

耕地是农业生产的限制性要素。人均耕地占有量往往对农业生产规模有重大的影响和作用。因此，这是一项不可或缺的资源条件指标。其计算公式为：

人均耕地面积（公顷/人）＝耕地总面积（万公顷）/农业人口总数（万人）

5. 农机总动力

现代农业要求用现代工业设备装备农业，提高机械化水平，降低农民劳动强度，提高农业劳动效率。每公顷农机动力集中反映农业生产经营中采用机械的强度，可反映出现代农业的特征。其计算公式为：

每公顷农机动力（千瓦/公顷）＝农业机械总动力/播种总面积

6. 有效灌溉率

这是一项反映农田水利化水平和水资源有效利用水平的指标，它对种植业生产水平的稳步发展有重要作用。其计算公式为：

有效灌溉面积比率（％）＝有效灌溉面积/耕地总面积×100％

7. 单位耕地面积有效化肥施用量

这是一项反映现代农业生产要素利用水平的指标，它对农业的产出有重要的影响作用。其指标的计算公式为：

$$单位耕地面积有效化肥施用量（千克/公顷）=化肥有效成分总量（千克）/耕地面积（公顷）$$

8. 人均 GDP

人均 GDP 主要反映一产从业人员所生产的农业 GDP 的情况，其指标的计算公式为：

$$人均 GDP（元/人）=农业 GDP/一产从业人员的人数$$

9. 劳动生产率

高水平的劳动生产率是现代农业的最重要的特征，该指标主要反映现代农业的生产水平。其指标的计算公式为：

$$劳动生产率（元/人）=农业总产值/一产从业人员的人数$$

10. 土地生产率

高水平的土地生产率是现代农业追求的目标，该指标反映现代农业的综合生产水平。其指标的计算公式为：

$$土地生产率（元/公顷）=农业总产值/耕地面积$$

11. 农民人均纯收入

现代农业的主要特征之一是农民生活富裕，有较强的扩大再生产能力。农民人均纯收入是指农民全年总收入扣除相应的各项费用性支出后，最终归农民所有的可支配性收入。这是一项较具综合性的指标，通过它可以观察农民扩大再生产和改善生活的能力。其计算公式为：

$$农民人均纯收入（元/人）=农民纯收入总额/农业人口总数$$

（纯收入=总收入—家庭经营性支出—生产性固定资产折旧—农业税—杂费—承包费—集体提留与摊派费用）

12. 农产品加工率

产品加工率的高低直接反映现代农业的发达程度，该指标主要反映农产品加工业的产值在农业总产值中的比重。其指标的计算公式为：

$$农产品加工率（\%）=食品加工业的产值/农业总产值×100\%$$

13. 农产品商品率

现代农业是市场化、商品化的农业，该指标主要反映农产品的商品化程度。其指标的计算公式为：

$$农产品商品率(\%)=农林牧渔业出售产品的收入/农林牧渔总产值×100\%$$

14. 城镇人口比重

城镇人口比重反映现代农村发展水平的综合程度，其指标的计算公式为：

$$城镇人口占总人口比重（\%）=（全国人口—乡村人口）/乡村人口×100\%（单位：亿人）$$

15. 农村劳动力就业率

该指标是一个逆指标，农村劳动力就业率越低说明有更多的劳动力转移到非农产业。其指标的计算公式为：

农村劳动力就业率（％）＝乡村劳动力/社会就业人数×100％（单位：万人）

16. 万人拥有专业协会的个数

高度的组织化是现代农业的重要特征，该指标主要反映农民进行农业生产的组织化程度。其指标的计算公式为：

每万人拥有专业
协会的个数 ＝专业协会的总数（个）/一产从业人员的人数（万人）

17. 农业成灾率

该指标主要反映现代农业的可持续发展水平，自然灾害成灾率表明灾害发生的频率和防灾、抗灾及减灾的能力，对现代农业的生产有直接的影响作用。其指标的计算公式为：

农业成灾率(％)＝农业成灾的面积(万公顷)/农业受灾总面积(万公顷)×100％

18. 森林覆盖率

该指标反映现代农业可持续发展的生态环境，森林覆盖率越高越有利于水土保持和环境改善。其指标计算公式为：

森林覆盖率（％）＝森林面积（公顷）/国土资源总面积（公顷）×100％

二、现代农业发展水平的评价方法及评价模型

（一）现代农业发展水平的评价方法

现代农业综合水平评价的客观性与公平性在很大程度上取决于评价方法的科学性。因此，选取科学、客观的评价方法至关重要。在本研究中采用了下述两种方法：

1. 专家评价法

请专家根据经验确定各级指标的权重和各基础指标的标准值，以及优化方向，然后进行归一化处理，加权累加，从而计算出各级指标的量化值。这种方法虽然难免会有一定的主观随意性，但是，若能收集到大多数专家的意见，经过正确的统计处理，就会降低主观随意性的干扰。所以，它是目前社会科学研究常用的评价方法之一。

2. 层次分析法

层次分析法（即AHP法）是把复杂问题分为若干有序的层次，然后根据对一定客观现实的判断，就每一层次各元素的相对重要性给出定量数值，构造判断矩阵，通过求解判断矩阵的最大特征根所对应的标准化特征向量，计算出

每一层次元素相对重要性的权重值，进而利用加权算术平均法算出最终结果。这种方法将归纳法和演绎法结合成一个完整的逻辑体系，克服了专家评价法的主观随意性，是比较先进并广泛运用的一种方法。

（二）现代农业发展水平的评价模型

在已设计出的现代农业综合水平评价指标体系和对各项指标进行层次分析的基础上，我们构建了现代农业综合水平评价模型组。该评价模型组合包括现代农业综合水平测评总模型（AT）及其分模型（含一级子系统模型和各项个体指标）。属于一级子系统模型的有农业投入子系统模型 B_1、农业产出子系统模型 B_2、农村社会发展子系统模型 B_3 和农业可持续发展水平子系统 B_4。现代化农业综合水平评估模型组的构成和数学表达式如下：

1. 现代农业综合水平评价总模型（AT）

考虑到现代农业的系统结构，我们构建的总模型包括四个一级子系统模型，其数学表达式如下：

$$AT_t = \sum_{i=1}^{4} W_i B_i = W_1 B_1 + W_2 B_2 + W_3 B_3 + W_4 B_4$$

式中，B_i 为一级子系统指数；W_i 为各级子系统权重；T_t 为评价区域，t 为时期。

2. 农业投入一级子系统测评模型（B_1）

现代农业的投入对生产力水平和经济效益水平有相当大的作用和影响，是现代农业进行生产的基础和前提。在这一级投入的子系统中主要从资金、技术、土地、智力、机械设备以及农业水资源的供应 7 个方面来反映。农业投入子系统测评模型可表示为以下公式：

$$B_1 = \sum_{i=1}^{7} W_{1i} C_{1i} = W_{11} C_{11} + W_{12} C_{12} + W_{13} C_{13} + W_{14} C_{14} + W_{15} C_{15} + W_{16} C_{16} + W_{17} C_{17}$$

3. 农业产出一级子系统测评模型（B_2）

现代农业的产出主要通过人均 GDP、劳动生产率、土地生产率、农民人均收入、农产品加工率和农产品商品率 6 个方面来反映，所以农业产出子系统的测评可用下式表示：

$$B_2 = \sum_{i=1}^{6} W_{2i} C_{2i} = W_{21} C_{21} + W_{22} C_{22} + W_{23} C_{23} + W_{24} C_{24} + W_{25} C_{25} + W_{26} C_{26}$$

4. 农村社会发展一级子系统测评模型（B_3）

现代农业的发展不仅表现在高的农业产出，同时也会促进农村城镇化程度、农村非农劳动力就业率和农民组织化程度的不断提高，因此，农村社会发展一级系统测评模型可表示如下：

$$B_3 = \sum_{i=1}^{3} W_{3i} C_{3i} = W_{31} C_{31} + W_{32} C_{32} + W_{33} C_{33}$$

5. 农业可持续发展一级子系统测评模型（B_4）

现代农业的发展是建立在生态环境不断改善的基础上。农业可持续发展水平包括农业成灾率和森林覆盖率两个方面，因此，农业可持续发展一级子系统测评模型可表示如下：

$$B_4 = \sum_{i=1}^{2} W_{4i} C_{4i} = W_{41} C_{41} + W_{42} C_{42}$$

三、现代农业发展水平的衡量标准及阶段划分

正确划分现代农业发展的阶段需要根据一定的衡量标准作为依据。针对目前理论研究和实证研究中普遍缺乏对现代农业发展阶段衡量标准的划分，在借鉴农业现代化评价标准研究方法的基础上，以联合国粮农组织研究报告为参考，以我国东部发达省份农业的现状为实际参考依据，确定了以下衡量标准，如表 3-1 所示。

表 3-1 现代农业发展水平综合评价指标体系系列标准

	指标名称	权重	单位	现代农业起步阶段	现代农业发展阶段	现代农业成熟阶段
投入水平	1. 劳均农业资金投入（基本建设、国家、集体、个人固定投资）	5.73	元/人	<5 000	5 000～7 500	>7 500
	2. 农业科技投入占农业总产值的比重	6.91	%	<0.8%	0.8%～1.2%	1.4%～2.4%
	3. 农业劳动力受教育水平（初中以上）	4.69	%	<30%	30%～50%	50%～80%
	4. 劳均耕地面积	3.31	公顷/人		0.33	
	5. 单位耕地面积总动力数	3.94	千瓦/公顷	<9	9～18	18～36
	6. 有效灌溉率	2.93	%	<69%	69%～85%	>85%
	7. 单位耕地面积有效化肥施用量	1.57	吨/公顷	<0.5	0.5～0.75	>0.75
产出水平	1. 人均 GDP	7.88	万元/人	<1.2	1.2～2.5	>2.5
	2. 劳动生产率	10.03	元/人	<9 100	9 100～13 500	>13 500
	3. 土地生产率	9.04	元/公顷	<37 500	37 500～52 500	>52 500
	4. 农民人均纯收入	9.57	元/人	<4 800	4 800～9 600	>9 600
	5. 农产品加工率	6	%	<60%	40%～60%	>60%
	6. 农产品综合商品率	5	%	<40%	40%～60%	>60%

（续）

指标名称	权重	单位	现代农业起步阶段	现代农业发展阶段	现代农业成熟阶段
农村社会发展水平　1. 城镇人口占总人口比重	6.34	%	<44%	44%～80%	>80%
2. 农村劳动力就业率	6.23	%	>45%	45%～20%	<20%
3. 万人专业协会的个数	4		<25	25～35	>35
农业可持续发展　1. 农业成灾率	3.2	%	>30%	30%～20%	<20%
2. 森林覆盖率	3.63	%	<25%	25%～35%	>35%

根据以上标准，现代农业的发展可以分为起步、发展和成熟三个阶段。

现代农业起步阶段：$AT<20$

现代农业发展阶段：$20\leqslant AT<50$

现代农业成熟阶段：$AT\geqslant50$

在现代农业的起步阶段根据发展程度的不同，把起步阶段又划分为三个阶段：

现代农业起步第一阶段：$AT<10$

现代农业起步第二阶段：$10\leqslant AT<15$

现代农业起步第三阶段：$15\leqslant AT<20$

四、对我国现阶段现代农业发展水平的评价和分析

（一）数据来源

为了正确分析与评价中国现代农业的发展水平，我们利用《中国统计年鉴》（1990—2003 年）、《中国农村统计年鉴》（1990—2003 年）、《中国食品工业年鉴》（1990—2003 年）、《中国农业统计资料》（1990—2003 年）上的统计数据作为评价的基础数据。

（二）评价结果

1. 现代农业的综合发展指数

（1）全国现代农业的发展水平整体上处于上升趋势（表 3-2、图 3-2）。

表 3-2　1990—2003 年中国现代农业发展水平指数

1990	1991	1992	1993	1994	1995	1996	1997	1998	1999	2000	2001	2002	2003
8.70	9.55	9.04	8.56	9.20	9.54	11.02	11.08	12.16	11.38	10.87	10.62	10.11	11.53

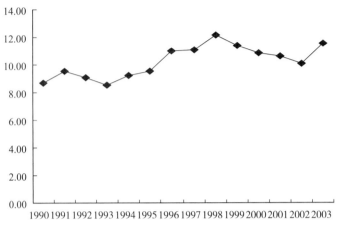

图 3-2　现代农业发展水平指数变化

从表 3-2 和图 3-2 可以看出，1990—2003 年全国现代农业平均发展指数变化的趋势整体是上升的，但是其不同年份的综合指数都小于 20，说明我国现代农业从整体上看仍处于起步时期的第二个阶段。在 1998 年现代农业综合水平达到 12.16，为历史的最高水平，此后的连续四年综合水平处于下降。1990—2003 年的 14 年期间，我国现代农业的综合水平提高了 32 个百分点。

（2）东中西部地区现代农业发展水平的差距明显（表 3-3、图 3-3）。

表 3-3　1990—2003 年东中西部现代农业发展水平综合指数

地区	1990	1991	1992	1993	1994	1995	1996	1997	1998	1999	2000	2001	2002	2003
东部	14.14	15.25	14.67	14.17	15.35	15.56	17.24	16.62	17.65	17.21	16.99	16.79	16.09	17.82
中部	7.45	8.57	8.22	7.62	7.96	8.72	10.83	10.52	11.73	10.67	9.85	9.58	9.01	10.8
西部	5.10	5.52	5.08	4.59	5.00	5.13	5.98	6.88	7.91	7.05	6.54	6.26	5.94	7.26
全国	7.55	8.33	7.68	7.76	7.08	8.60	9.93	9.94	10.47	10.25	9.98	9.36	8.42	9.62

从表 3-3 和图 3-3 看出，2003 年东部地区现代农业发展水平综合平均指数已经达到 17.82，而中部和西部分别只有 10.8 和 7.26，东部是中部的 1.65 倍，是西部的 2.47 倍。从表中可以看出，中部和西部现代农业的发展水平还没有达到东部地区 20 世纪 90 年代初的水平。东部地区在 1990—1993 年之间现代农业的发展处于起步阶段的第二个阶段，从 1994 年开始进入现代农业起

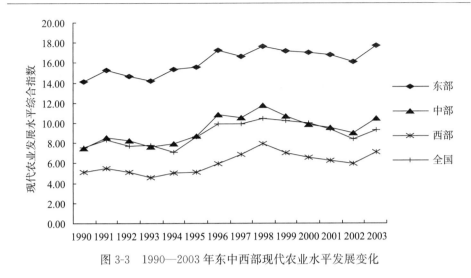

图 3-3 1990—2003 年东中西部现代农业水平发展变化

步的第二个阶段,在 1999—2002 年间现代农业的发展水平平均下降 8％左右。中部地区曾经在 1996—1999 年之间现代农业发展进入起步阶段的第二个阶段,但是 2000—2002 年三年之间现代农业的发展又回落到起步的第一个阶段,平均下降 23％左右。西部地区从 1990—2003 年的 14 年间,现代农业发展一直处于起步阶段的第一阶段,与中部地区相同,在 1999—2002 年间发展的水平平均下降 24％左右。由于中部、西部地区现代农业发展水平的下降,同时期全国发展水平下降 19.5％左右。

2. 现代农业投入水平指数(表 3-4、图 3-4)

表 3-4 1990—2003 年东中西部地区现代农业投入指数

地区	1990	1991	1992	1993	1994	1995	1996	1997	1998	1999	2000	2001	2002	2003
东部	14.46	14.48	13.62	13.72	13.13	13.31	17.72	16.05	16.76	16.75	15.96	15.80	15.96	15.51
中部	9.58	10.02	9.33	9.16	8.08	8.58	12.00	12.27	12.47	13.15	12.21	12.29	12.50	12.51
西部	6.75	6.68	6.10	6.16	5.20	5.83	8.08	9.21	9.58	9.79	9.14	8.95	9.32	9.07
全国	8.87	7.86	8.24	8.32	7.44	7.70	11.04	11.48	11.73	12.09	11.69	11.22	11.45	10.26

可以看出:1990—2003 年全国发展现代农业的投入水平是逐渐在提高,但是也呈现出阶段性特征。从 1990—1994 年,整体投入水平是下降的,其中全国的投入水平下降了 16％,东中西部地区分别下降 9％、15％和 22％。由于西部地区农业投入的急剧下降严重影响了西部现代农业的发展。从 1995—2002 年,全国现代农业的投入水平有较大的提高,但是不同地区的投入基本上处于比较稳定的水平。

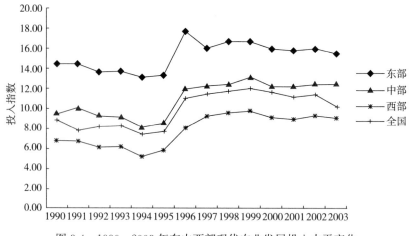

图 3-4　1990—2003 年东中西部现代农业发展投入水平变化

3. 现代农业产出水平指数（表 3-5、图 3-5）

表 3-5　1990—2003 年东中西部地区现代农业产出水平指数

地区	1990	1991	1992	1993	1994	1995	1996	1997	1998	1999	2000	2001	2002	2003
东部	18.43	20.83	20.23	18.91	21.85	22.10	22.55	22.57	23.41	23.28	23.31	23.16	21.61	25.39
中部	7.80	9.79	9.63	8.11	9.93	11.00	13.03	12.50	13.28	11.92	10.98	10.49	9.12	12.11
西部	4.77	6.14	5.70	4.28	6.06	5.71	5.89	7.14	7.45	6.99	6.37	5.92	5.28	7.92
全国	8.45	10.52	9.61	9.37	8.75	11.74	12.06	11.97	11.49	11.92	11.70	10.83	8.79	11.59

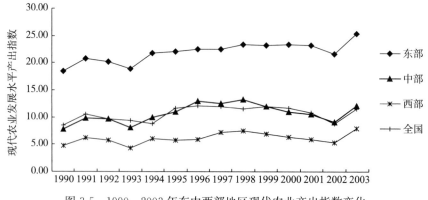

图 3-5　1990—2003 年东中西部地区现代农业产出指数变化

　　从现代农业产出指数的变化趋势来看，1990—2003 年的现代农业产出水平整体是呈上升的趋势，但是增长的幅度不大。全国 1990—2003 年现代农业平均产出指数为 10.63；西部地区现代农业平均产出指数为 6.12，只达到全国水平的 57％左右；中部地区现代农业平均产出指数为 10.69，与全国水平相当；东部地区现代农业平均产出指数为 21.97，是全国的 2.06 倍、西部的 3.58 倍。从表中可以看出，中西部地区现代农业产出水平还远低于东部地区 20 世纪 90 年代初期的水平。

4. 农村社会发展水平指数

表 3-6　1990—2003 年农村社会发展水平指数

地区	1990	1991	1992	1993	1994	1995	1996	1997	1998	1999	2000	2001	2002	2003
东部	6.46	6.75	6.69	6.69	7.51	7.55	7.40	7.53	10.45	7.41	7.77	7.54	7.24	8.12
中部	3.84	4.49	4.61	4.45	4.74	4.87	5.11	4.89	10.64	5.08	4.82	4.46	4.20	5.19
西部	3.92	2.81	2.80	2.75	2.96	3.18	2.90	3.13	9.07	3.20	3.15	2.94	2.98	3.80
全国	4.63	3.80	3.85	4.00	4.06	4.30	4.42	4.70	9.52	4.93	5.05	4.58	4.03	4.10

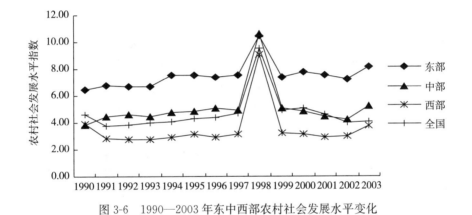

图 3-6　1990—2003 年东中西部农村社会发展水平变化

从表 3-6 和图 3-6 可以看出，农村社会发展水平整体上是平稳发展的 （1998 年除外）。其中，全国农村社会平均发展指数为 4.71，东中西部分别为 7.51、5.10、3.54，东部比全国高出 59%，比中部高出 47%，是西部的 2.12 倍。

5. 现代农业可持续发展水平指数

表 3-7　1990－2003 年东中西部可持续发展水平指数

地区	1990	1991	1992	1993	1994	1995	1996	1997	1998	1999	2000	2001	2002	2003
东部	3.35	3.47	2.92	3.74	3.42	3.74	4.07	3.10	3.35	3.77	3.54	3.01	2.73	2.88
中部	3.22	3.21	2.57	4.21	2.60	3.77	4.23	2.65	2.80	3.57	2.98	2.61	2.59	2.72
西部	2.35	2.19	1.59	2.99	2.10	2.56	3.15	2.44	1.99	2.92	2.75	2.81	0.95	0.94
全国	2.56	2.46	1.75	3.38	2.05	3.00	3.56	2.05	2.08	3.11	2.45	2.31	1.82	1.96

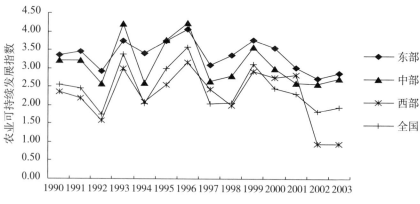

图 3-7　1990—2003 年东中西部地区农业可持续发展指数变化

可以看出，东中西部可持续发展水平的差距不大。全国 1990—2003 年可持续发展指数的平均水平为 2.47，东中西部地区分别为 3.36、3.12、2.27。这说明我国在发展现代农业的过程中，农业可持续发展水平是比较低的，不利于现代农业的持续发展，应该加强对生态环境的保护和自然灾害的防御能力。

6. 全国各省现代农业发展所处的阶段

从表 3-8 中可以看出，2003 年北京和上海已经处于现代农业发展阶段，其余省分别处在现代农业起步时期的不同阶段。

表 3-8　2003 年全国各省（市）现代农业综合发展水平指数

地区	投入指数	产出指数	社会发展指数	持续发展指数	现代农业发展指数	现代农业发展阶段
全国	10.26	11.59	4.10	1.96	9.28	起步第一阶段
北京	20.57	40.10	16.17	2.79	27.00	发展阶段
天津	17.24	27.09	11.23	1.21	19.34	起步第三阶段
河北	15.22	18.56	6.68	1.94	14.36	起步第二阶段
山西	12.40	11.36	6.40	2.41	10.24	起步第二阶段
内蒙古	11.86	9.76	6.41	1.27	9.26	起步第一阶段
辽宁	12.26	16.09	8.38	1.72	12.49	起步第二阶段
吉林	11.42	13.44	6.18	3.82	10.93	起步第二阶段
黑龙江	11.97	12.45	8.52	3.08	10.93	起步第二阶段
上海	17.26	39.62	13.54	3.43	25.38	发展阶段
江苏	15.36	24.59	7.26	1.30	17.08	起步第三阶段
浙江	17.02	25.37	5.80	4.08	18.03	起步第三阶段
安徽	12.60	8.43	3.31	2.00	8.57	起步第一阶段

（续）

地区	投入指数	产出指数	社会发展指数	持续发展指数	现代农业发展指数	现代农业发展阶段
福建	14.32	21.48	4.17	5.14	15.28	起步第三阶段
江西	12.36	9.00	4.22	3.75	9.02	起步第一阶段
山东	14.67	24.19	6.55	2.16	16.66	起步第三阶段
河南	13.16	8.22	1.85	1.90	8.46	起步第一阶段
湖北	11.66	14.36	5.55	2.46	11.21	起步第二阶段
湖南	11.85	13.20	4.05	3.10	10.61	起步第二阶段
广东	13.34	22.25	4.12	4.52	15.24	起步第三阶段
广西	10.63	12.90	3.81	2.09	9.95	起步第一阶段
海南	13.11	13.15	4.00	2.40	10.95	起步第二阶段
重庆	4.36	9.55	4.02	0.00	6.21	起步第一阶段
四川	10.29	9.02	3.04	1.33	7.95	起步第一阶段
贵州	7.83	3.98	1.60	1.27	4.71	起步第一阶段
云南	7.77	3.27	0.39	1.97	4.27	起步第一阶段
西藏	7.35	2.41	0.97	1.33	3.78	起步第一阶段
陕西	10.16	10.38	6.88	1.64	9.06	起步第一阶段
甘肃	8.81	9.62	5.84	0.24	8.01	起步第一阶段
青海	8.53	1.49	3.70	0.00	4.02	起步第一阶段
宁夏	11.22	7.94	3.40	0.10	7.73	起步第一阶段
新疆	10.06	14.74	5.56	0.04	10.62	起步第二阶段

五、对策和建议

（一）增加对现代农业的投入

1. 加大对现代农业基础设施的投入力度

持续不断的农业投入是现代农业发展的保障，也是现代农业增加产出的前提。政府和各级部门应该进一步加大对农业基础设施建设的资金支持力度，保证现代农业的发展有稳定的环境支撑。一是要继续加强对大江大河的治理，改善农业生产的环境条件；二是要加强对农业专项建设资金使用的监督、审查，保证资金能做到专款专用；三是可以利用世界银行或其他国际金融组织的低息贷款来开展国际合作，增加对农业基础设施的投入。

2. 加大对农业科技的投入

先进科学技术的应用是现代农业发展的核心，也是发达国家实施现代农业成功的经验总结。加大对农业科技的投入水平同样是我国现代农业发展最为重要的努力方向。一是要继续贯彻中央关于科技兴农的方针，加快国家农业科技创新体系的建设。农业部从 2004 年开始推行的种业体系、农业科技创新与应用体系、动植物保护体系、农产品质量安全体系、农业信息和农产品市场体系、农业资源与生态环境保护体系和农业社会化服务与管理体系等七大体系的建设对现代农业的发展具有重要的意义。二是创新农业科技投入方式。改变过去主要依靠政府投入为主的传统科技投入模式，引入市场竞争机制，按照"谁投资、谁受益"的原则，积极鼓励企业、民间组织、海外投资者以及研究机构和高等院校增加对农业的投入。三是创新农业科技成果转化机制，大力发展有利于现代农业的各种中介服务体系。除传统的农业科技推广体系需要改革完善之外，要积极发展以专业协会、各类技术服务中心、农业园区和龙头企业等新兴服务体系的建设。

3. 加大对农村教育的投入

现代农业的发展需要较高素质的劳动者来管理经营农业，需要劳动者能迅速根据市场需求调整生产结构，因此，现代农业的发展实际上也是农民素质不断提高的结果。加大对农村教育的投入，一是要继续普及九年制义务教育，鼓励农村学龄儿童到学校接受教育；二是利用各地的农校、职业技术学院，培训农民相关的专业技能，比如，现代的栽培知识、市场营销、现代科学养殖等知识；三是以农业产业化为依托，采用产业化的运作方式对产业链上的农民进行培训；四是可利用各种专业协会和中介组织来引导农民进行学习提高。

（二）不断提高现代农业的产出水平

1. 提高土地生产率

土地生产率的提高对我国发展现代农业具有重要的意义。土地生产率的提高不仅是单位土地面积上实物产量的提高，更重要的是品质、市场竞争力的提高。因此，提高土地生产率，一是要加快新技术、新品种的大面积推广普及，及时淘汰市场不欢迎的传统品种；二是要加快对农产品质量安全检测标准体系的建设、绿色无公害农产品生产标准的推广；三是提高对农民产前、产中和产后系列化服务体系的建设。

2. 提高农产品加工率

实现农产品二次增值是提高农民收入的主要途径，也是提升农产品竞争力的有效手段。发展现代农业，提高农产品加工率有巨大的发展空间。一是国家应该进一步制定和完善农产品加工企业行业标准，尽快建立与国际市场相一致的农产品加工标准体系；二是各级政府部门应该制定相应的优惠政策，从税收、信贷等方面给予优惠，促进本地区农产品加工业的发展；三是现有的农产品加工企业要不断创新管理的体制，改进加工工艺，提高加工水平，尽快成为上规模、上档次的具有市场竞争力的现代化加工企业。

3. 提高农民的商品化组织程度

现代农业的发展是与现代发达的组织化程度相适应的。农民组织化程度的高低直接关系到现代农业参与市场竞争的强弱。提高农民组织化程度，一是要继续不断发展和完善农业产业化经营。农业产业化经营是我国在提高农民组织化程度上的一个制度创新。实践证明，走农业产业化经营的道路，有利于我国在家庭联产承包基本制度的框架下不断推进农业规模化经营和集约化经营的发展，而这正是现代农业所要求的。在农业产业化经营中，一方面应该加大对龙头企业的支持力度，鼓励更多的工商企业投资农业；另一方面龙头企业自身要进一步解决好与农民和中介组织之间的利益关系，建立良性互动的利益连接机制。二是要大力发展各种类型的中介组织，包括各类专业技术协会、技术服务中心、农业科技园区和龙头企业等形式出现的新兴服务体系，以及进入我国的国外农业企业和行业协会。三是加快原有的传统农业技术推广服务体系的改革，促进各农业研究机构、农业院校把先进、实用的农业科学技术尽快转化到农业生产中，不断提高农业生产的水平。

（三）促进农村社会发展

1. 加快农村小城镇建设，提高农村城镇化水平

党的十六大提出五个统筹，即统筹城乡发展、统筹区域发展、统筹经济社会发展、统筹人与自然和谐发展和统筹国内外发展和对外开放。在这五个统筹中，中央从更高的视野来规划农业，调整农业发展战略，这也是现代农业发展的必然选择。统筹城乡发展之一就是要加快农村小城镇的建设，以小城镇建设来推进农民物质文化生活的不断提高，居住环境的不断改善；通过建设小城镇来转移农村部分剩余劳动力，逐步缩小城乡差距，通过小城镇建设促进农村社会发展水平的提高。

2. 转移农村剩余劳动力，提高农村劳动力的就业率

转移农村剩余劳动力一直是理论界和实践工作者不断在探索和努力解决的问题，我们认为：农村剩余劳动力的转移是一个长期的过程，不可能在短时间内解决，因此，目前最重要的是做好以下工作：一是降低农民进城打工的门槛，建立保护农民利益的各种政策法规，切实让农民享有和城市人口同等的待遇；二是要在农村鼓励农民从事农业产前、产后的服务，这一方面可以让农民

留在自己熟悉的行业中发挥优势，另一方面有利于让农民从一体化服务中来提高就业率。

（四）走农业可持续发展的道路

农业可持续发展是世界发达国家农业发展的方向，也是我国现代农业稳定发展的现实选择。走现代农业的可持续发展道路，一是要继续推进退耕还林还草工程建设，巩固现有退耕还林工程的建设成果；二是要加强农业自然灾害预防体系和预警机制建设，尽量把自然灾害的发生率和成灾率控制在最低的限度；三是加强对工商企业排污的监督和控制，促进和保障农业生态环境的恢复和发展。

第四章　中国农业现代化发展阶段的评价

为了更加准确把握我国农业现代化发展水平，很有必要对我国农业现代化发展阶段评价。鉴于农业现代化发展阶段属于动态过程，因此在评价方法上采用动态评价法，即在一定的时段内，选取特定的数据，采用农业现代化发展阶段的特征指标，借鉴世界银行对农业现代化发展阶段评价数据，对中国农业现代化发展的 5 个阶段进行赋值。根据对 14 个特征指标值进行定量测算，对2003 年我国农业现代化发展阶段的总体水平进行评价，从而对我国农业现代化发展阶段做出判断。

一、农业现代化发展阶段的评价方法

（一）特征指标的选择及确定

评价中国农业现代化发展阶段需要设定特征性指标值，中国农业现代化发展阶段特征指标由 14 项指标组成。根据《世界发展报告》《中国统计年鉴》和《中国农村统计年鉴》1970 年、1980 年、1990 年、2000 年、2003 年、2004 年中的有关数据以及中国农业现代化发展现状，我们拟定了上述指标的 14 项标准值，如表 4-1 所示。

表 4-1　特征指标标准值

特征指标	指标解释	特征指标标准值
1. 劳均农业投入额（元/人）	反映农业现代化的投入水平	30 000.00
2. 农业科技投入占农业总产值比重（%）	反映农业现代化的科技水平	10.00
3. 农村劳动力初中以上文化程度比重（%）	反映农村劳动力文化水平	90.00
4. 劳均耕地面积（公顷/人）	反映农业现代化的规模水平	30.00
5. 单位耕地面积劳均农机总动力（千瓦/公顷）	反映农业现代化的机械化水平	30.00
6. 有效灌溉率（%）	反映农业现代化的水利化程度	90.00
7. 每单位耕地面积有效化肥施用量（千克/公顷）	反映农业现代化的化学化水平	365.00
8. 人均GDP（元/人）	反映城乡经济发展的总体水平	28 311.30*
9. 劳动生产率（元/人）	反映农业现代化单位劳动力产出水平	18 000.00
10. 土地生产率（元/公顷）	反映农业现代化的单位土地产出水平	6 500.00

（续）

特征指标	指标解释	特征指标标准值
11. 农民人均纯收入（元/人）	反映农民的经济收入水平	13 000.00
12. 城镇人口占总人口比重（%）	反映农村城镇化的水平	75.00
13. 农业从业人员比重（%）	反映从事农业的就业人数占全部就业人数的比重	5.00
14. 森林覆盖率（%）	反映农业的生态环境优劣水平	40.00

注：* 为 1980 年美国人均 GDP。

资料来源：中国农业科学院农业经济与发展研究所现代农业研究室测算。

（二）特征指标标准化计算

首先对特征指标进行标准化：

正向指标：$M_{ik} = Ind_{ik} / SInd_{ik} \times 100\%$

式中，M_{ik} 为第 k 次农业现代化指标 i 的实现程度；Ind_{ik} 为指标 i 的实现程度；$SInd_{ik}$ 为 i 指标标准值。

逆向指标：$MI_{ik} = 1/ (Ind_{ik}/SInd_{ik}) \times 100\%$

然后进行计算：

农业现代化实现程度（MI^k），计算公式：

$$MI^k = \sum_{i=1}^{n} MI_i^k / n$$

当 $k=1$ 时，$n=7$；$k=2$ 时，$n=9$。由于计算时有的指标缺项，所以 $n \leqslant 7$ 或 $n \leqslant 9$。

（三）农业现代化发展阶段值的确定

中国农业现代化发展阶段评价分为 5 个阶段，包括初始期、起步期、发展期、成熟期、实现过渡期。5 个阶段赋值见表 4-2 所示。

表 4-2　农业现代化发展阶段值确定

指　标	5. 实现过渡期	4. 成熟期	3. 发展期	2. 起步期	1. 初始期
1. 劳均农业投入额	≥100	60～100	30～60	10～30	<10
阶段赋值	5	4	3	2	1
2. 农业科技投入占农业总产值比重	≥70	50～70	20～50	5～20	<5
阶段赋值	5	4	3	2	1
3. 农村劳动力初中以上文化程度比重	≥90	70～90	50～70	20～50	<20
阶段赋值	5	4	3	2	1

（续）

指 标	5. 实现过渡期	4. 成熟期	3. 发展期	2. 起步期	1. 初始期
4. 劳均耕地面积	≥100	75～100	45～75	10～45	<10
阶段赋值	5	4	3	2	1
5. 单位耕地面积劳均农机总动力	≥80	60～80	40～60	5～40	<5
阶段赋值	5	4	3	2	1
6. 有效灌溉率	≥100	75～100	50～75	20～50	<20
阶段赋值	5	4	3	2	1
7. 每单位耕地面积有效化肥施用量	≥100	75～100	50～75	20～50	<20
阶段赋值	5	4	3	2	1
8. 人均 GDP	≥100	60～100	30～60	10～30	<10
阶段赋值	5	4	3	2	1
9. 劳动生产率	≥100	60～100	30～60	10～30	<10
阶段赋值	5	4	3	2	1
10. 土地生产率	≥100	60～100	30～60	10～30	<10
阶段赋值	5	4	3	2	1
11. 农民人均纯收入	≥100	60～100	30～60	10～30	<10
阶段赋值	5	4	3	2	1
12. 城镇人口占总人口比重	≥90	60～90	30～60	10～30	<10
阶段赋值	5	4	3	2	1
13. 农业从业人员比重	<10	10～30	30～50	50～80	<80
阶段赋值	5	4	3	2	1
14. 森林覆盖率	≥70	50～70	30～50	10～30	<10
阶段赋值	5	4	3	2	1

资料来源：中国农业科学院农业经济与发展研究所现代农业研究室测算。

二、农业现代化发展阶段的评价和分析

（一）我国农业现代化阶段评价标准化值

用标准值对 14 项特征指标值进行标准化，得出我国 2003 年农业现代化建设发展的阶段指标值，如表 4-3 所示。

表 4-3　我国农业现代化阶段评价标准化值

地区	1	2	3	4	5	6	7	8	9	10	11	12	13	14	总分
北京	85.29	6.80	99.31	1.30	46.94	76.49	150.98	113.24	73.72	85.39	43.09	100.32	64.18	42.68	70.69
天津	44.37	5.45	81.09	1.93	42.18	82.75	102.57	93.72	59.55	46.38	35.12	81.73	25.50	16.27	51.33
河北	14.58	5.25	81.83	1.30	39.83	75.31	119.45	37.13	31.88	36.87	21.95	27.31	10.15	41.47	38.88
山西	5.62	5.25	80.64	2.14	15.40	29.17	59.04	26.26	21.30	14.95	17.69	39.38	11.29	27.61	25.41
内蒙古	6.84	6.09	70.62	4.25	7.69	40.75	36.45	31.70	34.01	11.99	17.44	57.24	9.16	25.90	25.72
辽宁	15.36	6.29	81.78	1.95	12.62	41.26	75.74	50.36	39.66	30.52	22.57	59.68	13.36	64.18	36.81
吉林	6.78	5.40	73.12	3.53	7.40	30.99	60.45	32.98	46.49	19.78	19.46	62.35	9.97	77.42	32.58
黑龙江	5.17	5.76	77.03	4.70	5.16	20.11	29.52	41.03	33.76	10.78	19.30	67.08	9.80	79.95	29.22
上海	115.82	6.91	83.07	1.26	13.47	102.64	156.09	165.02	73.98	88.10	51.18	105.60	52.33	9.27	73.20
江苏	32.83	5.45	75.91	1.31	20.60	87.06	187.03	59.37	43.61	50.04	32.61	39.54	14.44	9.47	47.09
浙江	58.81	6.80	66.58	0.77	33.49	76.82	121.95	71.16	45.19	41.45	27.57	27.57	16.88	108.53	52.11
安徽	4.31	6.16	68.46	1.02	20.52	63.39	133.82	22.80	18.31	26.83	16.37	26.36	9.11	50.24	33.41
福建	12.21	7.51	69.57	0.61	23.22	76.43	241.19	52.91	34.77	85.40	28.72	31.05	11.78	134.13	57.82
江西	7.00	6.94	66.36	0.97	14.17	72.49	105.90	23.59	21.56	33.41	18.90	31.63	9.97	118.61	37.96
山东	17.14	5.23	79.26	1.11	36.60	69.67	156.11	48.25	39.02	52.66	24.23	30.40	10.65	26.41	42.62
河南	6.08	5.26	79.99	0.79	29.21	67.10	161.53	26.74	18.97	35.84	17.20	23.87	8.31	27.02	36.28
湖北	7.49	5.37	72.74	1.37	11.74	48.13	156.97	31.83	35.61	38.86	19.74	45.40	11.09	55.18	38.68
湖南	6.00	6.17	72.51	0.63	23.17	77.54	134.54	32.93	29.43	43.09	19.48	24.75	8.72	82.04	38.90
广东	14.45	6.08	75.39	0.65	19.50	47.81	178.81	60.80	30.34	69.62	31.19	29.83	13.21	105.14	48.77
广西	2.96	6.07	69.98	0.93	13.04	38.86	116.04	21.08	17.87	28.87	16.11	21.09	8.36	77.42	31.33
海南	7.27	9.06	76.06	1.17	10.03	26.76	126.25	29.37	40.29	51.86	19.91	49.21	8.40	89.04	38.91
重庆	5.44		58.93	0.96	9.88	30.75	83.56	25.46	18.38	28.76	17.04	29.54	10.16	0.00	22.78
四川	7.13	7.43	59.44	0.84	10.31	45.50	93.40	22.67	18.42	32.91	17.15	28.02	9.17	49.60	28.71
贵州	2.08	5.43	46.88	1.15	5.56	16.61	44.94	12.73	11.53	15.08	12.04	23.02	7.98	47.60	18.04
云南	3.31	6.23	43.91	1.21	8.31	26.14	57.22	20.00	14.10	17.53	13.05	26.35	6.87	73.31	22.68
西藏	2.24	6.92	4.84	1.42	16.66	47.92	24.11	24.27	16.51	17.43	13.01	24.17	7.68	49.60	18.34
陕西	5.22	5.23	72.87	1.42	9.65	33.32	92.19	22.89	18.64	19.71	12.89	33.21	9.59	61.10	28.42
甘肃	3.59	5.07	58.76	2.03	8.93	23.58	40.68	17.74	19.90	12.87	12.87	28.05	8.47	9.84	18.16
青海	7.16	5.94	38.54	1.35	17.55	36.37	33.80	25.70	12.01	13.39	13.80	46.58	9.24	0.90	18.74
宁夏	13.88	6.02	59.07	2.53	14.14	40.09	60.67	23.63	19.97	11.82	15.72	39.68	9.65	4.66	22.97
新疆	10.27	4.64	55.48	3.39	8.03	83.91	61.58	34.26	67.52	29.89	16.20	67.30	9.08	2.26	32.42
全国合计	17.31	5.88	67.74	1.61	17.90	52.77	103.31	41.79	31.73	36.40	21.85	42.82	10.48	52.23	35.99

注：表中 1. 劳均农业投入额；2. 农业科技投入占农业总产值比重；3. 农村劳动力初中以上文化程度比重；4. 劳均耕地面积；5. 单位耕地面积劳均农机总动力；6. 有效灌溉率；7. 每单位耕地面积有效化肥施用量（千克/公顷）；8. 人均 GDP；9. 劳动生产率；10. 土地生产率；11. 农民人均纯收入；12. 城镇人口占总人口比重；13. 农业从业人员比重；14. 森林覆盖率。

资料来源：中国农业科学院农业经济与发展研究所现代农业研究室测算。

（二）我国农业现代化发展阶段评价

14 项特征指标标准化值与阶段值进行比较测算，得出我国 2003 年农业现代化建设发展水平总体处于发展期，但是全国各地区的农业现代化建设发展水平是不一样的，其中，上海、北京农业现代化发展水平处于最高阶段—成熟期，其分值分别为 73.2 和 70.7；天津、浙江、广东、福建、河北、辽宁、江苏、山东、湖北、湖南、海南、江西、吉林、新疆、河南、广西、安徽处于农业现代化发展的发展期，其分值分别为 51.3、52.1、48.7、57.8、38.8、36.8、47、42.6、38.6、38.9、38.9、37.9、32.5、32.4、36.2、31.3、33.4；黑龙江、内蒙古、四川、山西、陕西、宁夏、云南、重庆、西藏、甘肃、青海、贵州处于农业现代化发展的起步期，其分值分别为 29.2、25.7、28.7、25.4、28.4、22.9、22.6、22.7、18.3、18.1、18.7、18。

（三）区域农业现代化发展阶段的总体评价

1. 东部地区

2003 年，东部地区农业现代化总体水平为发展期，除上海、北京为成熟期，黑龙江为起步期外，大部分省份包括天津、浙江、广东、福建、辽宁、江苏、河北、山东、海南、吉林的农业现代化发展处于发展期。

2. 中部地区

2003 年，中部地区 6 省市农业现代化总体水平为发展期，其中，湖北、湖南、河南、安徽、江西农业现代化水平为发展期，只有山西农业现代化水平为起步期。

3. 西部地区

西部地区 2003 年农业现代化发展水平总体处于起步期，除新疆、广西为发展期外，其他 10 个省区包括内蒙古、四川、陕西、宁夏、云南、重庆、西藏、甘肃、青海、贵州农业现代化发展水平处于起步期。由此可见，西部地区农业现代化发展水平较低。

三、政策建议

农业现代化需要社会各个方面的参与，由于我国农业现代化建设发展的阶段总体上处于发展期，政府在这个时期应发挥重要的作用。这是由农业产业的特点和政府的自身职能决定的，这也是世界各国特别是西方发达国家在实现农业现代化过程中带有共性的经验和做法。

首先，推进农业现代化需要大量的公共服务，主要体现为基础设施的建设和公共政策的支持等，尤其对于处于农业现代化起步期的西部地区来说，这一切主要是靠政府。农业现代化不是传统农业自我演变的过程，而是政府按照农业现代化的发展规律，充分发挥市场机制的作用，组织农民和企业等市场主体，采取强有力的政策引导和支持的自觉推动的过程。可以这么说，无论发达国家还是发展中国家，只要搞农业现代化，政府都是无可替代的组织者和推动者。

中共中央、国务院《关于推进社会主义新农村建设的若干意见》指出，各级政府"要明确自身在新农村建设中的职责和任务，特别是宏观管理、基础产业和公共服务部门在制定发展规划、安排建设投资和事业经费时要充分考虑统筹城乡发展的要求，更多地向农村倾斜"。胡锦涛同志在关于建设新农村讲话中指出，"农业和农村基础设施薄弱，已成为我国农村生产力进一步提高的主要障碍。要把加强农村基础设施建设、提高农业物质装备水平、改善农村生产生活条件作为加快农村生产力发展的重要着力点。"这些论述和举措都适应了农业现代化发展对政府职能提出的要求。

其次，政府要增加对农业科技发展的公共投资，促进农业科技进步，振兴农业科技事业，促进农业科技创新体系基本形成。农业现代化说到底是农业科技化，没有现代科技成果的不断开发和应用，就谈不上农业现代化。只有依靠科技进步，才能实现高产、优质、高效，才能提高劳动生产率和资源利用率，才能提高市场竞争力。因此，要加大对农业科研的投入。近年来，虽然政府在农业上的投入逐年增加，但总体上对农业的投入远远少于农业所做出的贡献，使农民不仅要做农村经济组织的创新者和国家工业化的奉献者，而且要做农业现代化的主体建设者和所需科研资金的主要积累者，这在世界各国农业现代化进程中是少有的。要改变这种状况，必须增加财政在农业科研中的投入，只有这样，加强农业科技创新、建立新型农业科技推广体系才有后劲。政府加大对农业现代化科技方面的投入无论是对于处于发展期的东部地区，还是对于处于起步期的中部地区和西部地区都是适用的。

第三，农业现代化需要社会各个方面的参与，尤其是资本方面的投入。虽然政府对于农业现代化的投入是必不可少的，但是，政府的财力毕竟是有限的，尤其对于我国农业现代化总体处于发展期来说，需要大量的资本投入。所以，要鼓励金融资本、民间资本、工商资本、外资资本对农业现代化的投入，建立多元化的融资机制，打破农业发展的资金制约瓶颈，为改造传统农业，激发农业活力提供强有力的资金保障。

第四，加强农民素质教育。农业的主体是农民，农业的现代化需要一批高素质的现代化农民。只有拥有一批掌握现代化科学技术的高素质农民，才可能顺利实现农业的现代化。现阶段我国农民素质较低，这成为制约农业现代化发展的重要因素。利用国家政策扶持，发挥农民的主动性和积极性，提高农民素质，是实现农业现代化的关键。尤其对于中部地区和西部地区来说，农业现代化发展水平处于起步期，农民素质较低，所以，政府在这方面应通过多种渠道来提高农民的素质，以使农业现代化更快地向发展期过渡。如开展农村合作医疗，倡导科学的生活方式，促进农民身体素质的提高；加强农村义务教育，提高农民文化素质；发展农民职业教育及中高等农业教育，促进"农科教"紧密结合，提高农民的科技素质；加强农村精神文明建设，培养有理想、有道德、有文化、有纪律的社会主义新农民等。

第五章 我国基本实现农业现代化评价指标体系的构建及发展水平预测

农业现代化是现代化进程中的重点和难点问题，为了贯彻落实党的十七大提出的走中国特色农业现代化道路，推进我国现代农业建设的宏伟目标，需要有一套科学衡量基本实现农业现代化的指标体系和衡量标准。对于中国实现农业现代化评价指标体系和衡量标准的确定，应当本着科学性、数据可获性和可比性等基本原则，借鉴发达国家基本实现农业现代化的评价指标和衡量标准，结合中国具体国情来制定，本章对此进行了探讨。

一、农业现代化发展水平评价指标的选取

为了全面、科学、合理地反映中国农业现代化水平，有必要设置一套简便易行、科学合理的农业现代化评价的指标体系，并确立相适应的衡量标准。我们借鉴国内一些学者的研究，参考了世界银行、联合国粮农组织、欧盟、美国等一些国家和地区评价农业现代化的指标和衡量标准，设计了农业现代化的评价指标和衡量标准。

（一）评价指标选取

首先，将实现我国农业现代化阶段性标准划分为起步阶段标准、基本发展阶段标准和基本实现农业现代化标准。其次，分别从相关综合、生产条件、生产效果、生态环境四大方面着手，将农业现代化评价指标确定为十项。

1. 相关综合指标

①社会人均国内生产总值。这个数值越大，在一定程度上表明对农业的反哺能力和国家社会经济发展实力越强，这个指标数值越大也表明了一国经济实力越强、社会购买力越强，相应地对农产品需求量也更多，因而农民增收的可能性就越大。②农民人均纯收入。实现农业现代化的核心目标是提高农民人均纯收入，该指标值越高，表明农民对农业生产的投入能力越强，农民自身对农业机械的采用、新技术新产品的推广以及对农业持续投入的保障能力就越强，农民生活也就越富裕。③农村劳动力就业率。对于一个国家来说，这一指标值越低，表明从事农业的人数较少，从事第二和第三产业的人数越多，该国非农产业越发达，意味着其他产业尤其是工业反哺农业的能力就越强。

2. 生产条件指标

①农业劳动力受教育水平（初中以上比重）。这是衡量农业劳动者素质的指标，这一指标值越高，意味着劳动者的整体素质越高。②农业综合机械化率。实现农业现代化最基本的条件就是要提高农业机械的使用率，该指标越高，对劳动力的替代作用越明显，越能加快农业劳动力的转移速度。③农业科技进步贡献率。该指标越高，反映出科技成果对农业生产的促进作用越大，实现农业现代化，就是要大力发挥农业科技在农业生产中的重要作用，提高农业生产的科技含量。

3. 生产效果指标

①土地生产率。该指标值越高，表明单位土地的农业产出越多，在我国土地资源稀缺并日益减少的条件下，这个指标显得尤为重要。②劳动生产率。该指标值越高，表明每个农业生产者创造的农业产值就越多，提高劳动生产率对我国实现农业现代化有着重要意义。③农产品加工产值与农业总产值比重。这一指标值越大，表明农产品的深加工程度越高，创造的产值越多，对于发展农业现代化有着重要意义。

4. 生态环境指标

森林覆盖率。我国自然资源禀赋情况各异，衡量指标相对复杂，因此，从全国范围来看，选取森林覆盖率来反映生态环境优劣，具有较好的代表性。该指标值越高，意味着一个地区生态环境越好。

（二）评价指标计算公式

（1）社会人均国内生产总值＝国内生产总值/国内人口总数

（2）农民人均纯收入＝农民纯收入/农村人口数

（3）农村劳动力就业率＝乡村劳动力/全社会就业人数×100％

（4）农业劳动力受教育水平＝初中以上劳动力数/农业劳动力总数×100％

（5）农业综合机械化率＝（机耕率＋机播率＋机收率）/3×100％

　　机耕率＝机耕面积/耕地面积×100％

　　机播率＝机播面积/播种面积×100％

　　机收率＝机收面积/收获面积×100％

（6）农业科技进步贡献率＝农业科技进步率/农业总产值增长率

　　农业科技进步率＝农业总产值增长率－因新增投入量产生的总产值增长率

（7）土地生产率＝农业总产值/耕地面积

（8）劳动生产率＝农业总产值/第一产业从业人员的人数

（9）农产品加工产值与农业总产值比重＝农产品加工值/农业总产值×100％

　　农产品加工值＝农副食品加工业总产值＋食品制造总产值＋饮料制造

业总产值＋烟草制造业总产值＋纺织业总产值＋纺织服装鞋帽制造业总产值＋皮革毛皮羽毛（绒）及其制品总产值＋木材加工及木竹藤棕草制品业总产值＋家具制造业总产值＋造纸及纸制品业总产值＋橡胶制品业总产值

（10）森林覆盖率＝森林面积/国土资源总面积×100％

二、农业现代化衡量标准的制定

结合发达国家实现农业现代化的标准，基于中国特殊的国情，设置中国实现农业现代化的阶段性衡量标准值（表5-1）。

1. 社会人均国内生产总值

国外的一些学者认为发达国家（如美国和欧盟一些国家）将基本实现农业现代化的社会人均国内生产总值定为8 000美元，这一指标值对发展中国家来说是偏高的。结合中国的国情，我们认为实现5 500～6 000美元的人均国内生产总值比较适合中国国情，按照美元兑人民币约1：7的汇率计算，折合人民币28 500～42 000元。因此，将中国实现农业现代化的社会人均国内生产总值的起步阶段标准、初步发展阶段标准和基本实现阶段标准分别设定为10 000元、20 000元和40 000元。

表5-1　中国实现农业现代化的参考指标体系及参考值

指标名称	单位	2007年全国平均*	起步阶段标准	初步发展阶段标准	基本实现标准
1. 社会人均国内生产总值	元/人	18 934	10 000	20 000	40 000
2. 农民人均纯收入	元/人	4 140.36	3 000	6 000	12 000
3. 农村劳动力占社会就业比重	％	40.8	50	25	15
4. 农业劳动力受教育水平（初中以上比重）	％	67.90	60	70	90
5. 农业综合机械化率	％	38	40	55	80
6. 农业科技进步贡献率	％	48	40	50	65
7. 土地生产率	元/公顷	40 163.17	30 000	45 000	65 000
8. 劳动生产率	元/人	15 549.22	10 000	20 000	40 000
9. 农产品加工产值与农业总产值之比	—	1.71：1	1.45：1	2.20：1	3.00：1
10. 森林覆盖率	％	18.21	15	25	35

注：1～3为相关综合指标；4～6为生产条件指标；7～9为生产效果指标；10为生态环境指标。

* 已出版统计年鉴最新为2008年版，所报告的是2007年数据，因此采用2007年全国平均水平。

2. 农民人均纯收入

参考世界银行和联合国粮农组织对农民收入的评价标准，借鉴农业部农村经济研究中心的研究成果，结合中国农民近 60 年来的实际收入变动情况，将我国实现农业现代化的农民人均纯收入阶段性标准分别设定为：起步阶段标准为 3 000元/人；初步发展阶段标准为 6 000 元/人；基本实现阶段标准为12 000元/人。

3. 农村劳动力就业占社会就业比重

2007 年，农业部农村经济研究中心将三阶段标准分别制定为 50％、20％和 10％。通过对我国近些年农村劳动力的实际变化分析，我们认为，随着我国农村城镇化进程的加快，我国农村劳动力的转移也随之变化，但农村劳动力转移的速度受各种因素的制约，尤其是近年来受国际金融危机的影响和冲击，我国农村劳动力还出现向农村回流的现象。因此，我国的劳动力转移速度远没有达到人们期望的那样快，基于各种复杂因素的影响，我们对这一标准值进行了调整，将三阶段标准分别设定为 50％、25％ 和 15％，调整后的数值可能更加符合中国劳动力转移的实际情况。

4. 农业劳动力受教育水平

农业劳动力受教育水平是衡量农民素质的一个很重要指标。近年来，国内一些学者对中国教育事业的发展能力估计不足，往往设置的数值偏低。由于现阶段我国非常重视农村教育的发展，大力增加对农村教育的投入，使得农民受教育水平大幅度提高。因此，基于我国农村当前的教育现状，我们将实现农业现代化的农民受教育水平的三阶段指标分别设定为：60％、70％ 和 90％，起步阶段到初步发展阶段按 10％的速度递增，初步发展阶段到基本实现阶段的发展速度较前者翻番，为 20％，这样的标准值更符合中国农民的受教育发展情况。

5. 农业综合机械化率

近年来，国家实施了农业机械补贴政策，以及农民人均收入水平的不断提高，对农业的投入水平不断增强，农业机械化的普及率大幅提高。基于这些现状，参考柯炳生 2000 年的研究成果，对农业综合机械化率的衡量值进行相应调整，适度提高该标准值，将三阶段标准分别设定为 40％、55％ 和 80％。

6. 农业科技进步贡献率

尽管国内有些学者认为该指标不适宜作为衡量农业现代化的指标，但我们认为农业科技进步在推进农业现代化进程中起着至关重要的作用，应当把它作为衡量农业现代化的重要指标之一。因此，参考发达国家的标准和一些学者的研究成果，同时根据我国近年来农业科技的研发、创新和推广情况，将实现农业现代化的农业科技进步贡献率在起步阶段、初步发展阶段和基本实现阶段的标准分别设定为 40％、50％ 和 65％。

7. 土地生产率

土地生产率是衡量农业现代化生产效果的重要指标。在本课题研究中，我们对这一指标进行了调整和补充，参考发达国家实现农业现代化土地生产率的参考值，根据我国土地生产率的年度变化规律，将该指标在实现农业现代化过程中起步阶段标准、初步发展阶段标准以及基本实现阶段标准分别设定为：30 000元/公顷、45 000元/公顷和65 000元/公顷。

8. 劳动生产率

同土地生产率一样，劳动生产率也是衡量农业现代化生产效果的一个有效指标。参考世界银行和联合国粮农组织对发达国家实现农业现代化的评价指标，我们将这一指标作为评价生产效果的重要指标进行了选取。并将实现农业现代化的起步阶段、初步发展阶段和基本实现阶段标准分别指定为10 000元/人、20 000元/人、40 000元/人。

9. 农产品加工产值与农业总产值比重

农业部农村经济研究中心选取农产品加工产值与农业增加值的比重作为实现农业现代化的衡量指标。通过比较和借鉴国内其他学者的研究，以及从世界范围内指标的通用性和可比性角度考虑，我们认为把农产品加工产值与农业总产值的比重作为实现我国农业现代化的衡量指标更为合理。将实现农业现代化的起步阶段、初步发展阶段和基本实现阶段标准分别指定为1.45∶1、2.20∶1、3.00∶1。

10. 森林覆盖率

近年来，我国政府十分重视生态环境建设，积极实施退耕还林工程，生态环境建设取得一些成效。在借鉴农业部农村经济研究中心2001年制定的中国农业现代化的参考指标体系及其标志值的基础上，我们对这个指标的设定做了调整，将起步阶段、基本发展阶段和基本实现农业现代化阶段的森林覆盖率分别设定为15%、25%和35%。

三、农业现代化评价指标值的预测

为了了解我国农业现代化未来的发展水平，在本研究中，我们首先通过经济计量模型及以往研究经验对农业现代化的评价指标值进行预测，预测期限为2015年和2020年，各指标的预测值是其在自然增长状态下的预测值。

本研究所选取的10个评价指标中，有8个指标的统计数据（1995—2006年）可以直接或通过计算从统计年鉴中获得，它们是：社会人均国内生产总值、农民人均纯收入、农村劳动力就业率、农业劳动力受教育水平（初中以上）、土地生产率、劳动生产率、农产品加工产值与农业总产值之比、森林覆盖率。因此，可以通过计量经济模型对这些指标在 2015 和 2020 年的数值进行预测。另外两个评价指标农业综合机械化率和农业科技进步贡献率，不能直接从国家正式出版发行的统计年鉴中获得其 1995—2006 的时间序列数据。因此，我们需要根据权威部门报告的部分年度数据，借鉴已有研究成果对这两个指标值进行合理预测。

（一）通过经济计量模型预测

运用《中国统计年鉴》（1995—2006 年）数据，通过经济计量模型和Stata分析软件，拟合出我国基本实现农业现代化评价指标中的 8 个指标在 2015 年和 2020 年的数值（表 5-2）。

1. 模型设定和数据来源

采用 ARIMA 差分自回归移动平均模型，对于具有较多连贯年份数据的指标，可采取 ARIMA 模型进行预测。ARIMA（Autoregressive Integrated Moving Average）模型全称为差分自回归移动平均模型，其基本思想是：将预测对象随时间推移而形成的数据序列视为一个随机序列，用特定的数学模型来近似描述该序列。这个模型一旦被识别后就可以从时间序列的过去值及现在值来预测未来值。同时，这一模型不仅考察预测变量的过去值与当前值，还可将过去值拟合产生的误差也作为重要因素纳入模型，提高了模型的精确度。ARIMA 模型在经济预测过程中既考虑了经济现象在时间序列上的依存性，又考虑了随机波动的干扰性，对于经济运行短期趋势的预测准确率较高，是近年来应用比较广泛的预测方法之一。

单整自回归移动平均模型（ARIMA）实质上是自回归移动平均模型（ARMA）的扩展。由于 ARMA 模型构建要求时间序列满足平稳性，但在实际中，时间序列多具有某种趋势或循环特征，并不满足平稳性要求，因此不能直接使用模型。但如果非平稳序列 y_t，经过 d 阶逐期差分后平稳（d 阶单整），则可利用 ARMA（p, q）模型对该平稳序列建模，然后再经逆变换得到原序列。上述过程就是 ARIMA 的建模方法。理论上，模型的数学描述为：

$$\Delta^d y_t = \theta_0 + \sum_{i=1}^{p} \varphi_i \Delta^d y_{t-1} + \varepsilon_t + \sum_{j=1}^{q} \theta_j \varepsilon_{t-j}$$

式中：$\Delta^d y_t$ 表示 y_t 经次差分转换之后的序列。是 t 时刻的随机误差，是相互独立的白噪声序列，且服从均值为 0，方差 σ^2 的正态分布。Φ_i（i=1, 2, …, p）和 θ_j（j=1, 2, …, q）模型的待估计参数，p 和 q 模型的阶。上述模型记为 ARIMA（p, d, q）。从上式可知，如果 $\Delta^d y_t$ 是一个 ARMA（p, q）过程，那么 y_t 是一个 ARIMA（p, d, q）过程。

ARIMA 建模与预测包含 4 个步骤：①序列平稳化处理。如果序列是非平稳的，可以通过差分变化使其满足平稳性条件。②模型识别。主要通过自相关系数和偏自相关系数来确定模型的阶数和参数估计和模型诊断。③估计模型的参数，并检验包括参数的显著性检验和残差的随机性检验，然后判断所建模型是否可取。④利用所选取合适参数的模型进行预测。

2. 模型预测结果

通过 Stata 软件拟合出每个指标自身或者其对数的 ARIMA 模型拟合曲线，确定各指标序列或差分序列平稳后，主要通过自相关系数和偏自相关系数来确定模型的阶数，并进行参数估计和模型诊断。通过显著性检验和残差的随机性检验后，判断所建模型是否可取，利用所选取合适参数的模型进行预测。随后根据预测年份值（X），递推其在 2015 年和 2020 年的预测值（Y）。

（1）指标 1。 社会人均国内生产总值。在 1995—2007 年的对数数据可以拟合成 ARIMA（1，1，0）：

$$\Delta\ln\_GDP_t = 0.12 + 0.66\Delta\ln\_GDP_{t-1} + \varepsilon_t$$
$$(7.27)^{***} \quad (4.25)^{***} \quad (6.16)^{***}$$

Wald chi2（1）＝18.02　　Prob＞chi2＝0.000

进而递推该评价指标在 2015 年和 2020 年数值分别为 50 687 元/人和 83 693 元/人。

（2）指标 2。 农民人均纯收入[①]的对数数据可以拟合成 ARIMA（2，1，1）：

$$\Delta\ln\_Income_t = 0.94 + 1.72\Delta\ln\_Income_{t-1} - 0.91\Delta\ln\_Income_{t-2} + \varepsilon_t - 1.0\varepsilon_{t-1}$$
$$(19.12)^{***} \quad (19.52)^{***} \quad (-11.82)^{***} \quad\quad (0.999) \quad\quad (.)$$

Wald chi2（2）＝393.86　　　　　Prob＞chi2＝0.0000

进而递推该评价指标在 2015 年和 2020 年数值分别为 10712 元/人和 14 534元/人。

（3）指标 3。 农村劳动力就业率增长的对数一阶差分数据可以拟合成 AR（2），MA（2）模型：

$$\Delta\ln\_Lpercent_t = -0.02 + 1.22\Delta\ln\_Lpercent_{t-2} + \varepsilon_t - 1.27\varepsilon_{t-2}$$
$$(19.32)^{***} \quad\quad (3.31)^{***} \quad\quad (-3.84)^{***} \quad (4.63)^{***}$$

Wald chi2（2）＝215.43　　　　　Prob＞chi2＝0.0000

从而递推该指标在 2015 年和 2020 年数值分别为 47.89％和 37.03％。

（4）指标 4。 农业劳动力受教育水平（初中以上比重）的对数数据可以拟合成 ARIMA（1，1，0）：

$$\Delta\ln\_Edu_t = 0.02 + 0.42\Delta\ln\_Edu_{t-1} + \varepsilon_t$$
$$(2.08)^{**} \quad (1.54) \quad (2.83)^{***}$$

Wald chi2（1）＝2.38　　Prob＞chi2＝0.1227

---

① 农民人均纯收入数值使用 1997—2008 年的统计数据。

$Y = 25.87 + 1.53X$，该指标在 2015 年和 2020 年预测值分别为 77.27%
和 86.83%。

(5) 指标 5。农业综合机械化率的对数数据可以拟合成 ARIMA (1，1，0)：

$\Delta \ln \_ Machine_t = 0.04 + 0.62 \Delta \ln \_ Machine_{t-1} + \varepsilon_t$

　　　　　　　　(2.84)***　　(3.07)***　　(6.67)***

Wald chi2 (1) = 9.45　　　　　　Prob > chi2 = 0.0021

经过递推，得出 2015 年数值为 62.31%，2020 年为 75.36%。

(6) 指标 6。农业科技进步贡献率的对数数据可以拟合成 ARIMA (1，1，0)：

$\Delta \ln \_ tech_t = 0.02 + 0.30 \Delta \ln \_ tech_{t-1} + \varepsilon_t$

　　　　　　(9.45)**　(1.25)　　　(5.61)***

Wald chi2 (1) = 1.57　　　Prob > chi2 = 0.2108

经过递推，得出 2015 年数值为 56.10%，2020 年为 61.15%。

(7) 指标 7。土地生产率对数数据可以拟合成 ARIMA (1，1，0)：

$\Delta \ln \_ Land_t = 0.54 + 0.52 \Delta \ln \_ Land_{t-1} + \varepsilon_t$

　　　　　　(0.15)***　(0.03)***　　(0.00)***

Wald chi2 (1) = 14.64　　　　　Prob > chi2 = 0.0001

经过递推，得出 2015 年数值为 42 684 元/公顷，2020 年为 52 974 元/
公顷。

(8) 指标 8。劳动生产率对数数据可以拟合成 ARIMA (1，1，0)：

$\Delta \ln \_ Labor_t = 0.06 + 0.50 \Delta \ln \_ Labor_{t-1} + \varepsilon_t$

　　　　　　(3.90)***　(2.03)**　　(5.82)***

Wald chi2 (1) = 4.12　　　Prob > chi2 = 0.0432

经过递推，得出 2015 年数值为 28 002 元/人，2020 年为 46 696 元/人。

(9) 指标 9。农产品加工产值与农业总产值之比[①]的年度对数数据可以拟
合成 ARIMA (2，1，1)：

$\Delta \ln \_ Rate_t = 0.10 + 0.72 \Delta \ln \_ Rate_{t-1} - 0.24 \Delta \ln \_ Rate_{t-2} + \varepsilon_t - 1.0 \varepsilon_{t-1}$

　　　　　　(2.85)***　　(2.06)**　　(−0.22)*　　　(0.00)***　　(.)

Wald chi2 (2) = 23.99　　　　　　　　Prob > chi2 = 0.1093

经过递推，得出 2015 年数值为 2.23：1，2020 年为 3.00：1。

---

① 由于农产品加工产值是由 11 个细分指标加总而成的数据，而《中国统计年鉴》中对这些细分
指标的分类从 1986 年开始进行了调整，因此，为了数据的统一性，指标 9 农产品加工产值与农业总产
值之比的增长曲线的拟合运用 1986—2007 年的数据。

（10）指标 10。森林覆盖率，可以通过 1980—2007 年数据对数数据可以拟合成 ARIMA（0，1，2）：

$$\Delta \ln\_Forest_t = 0.02 + \varepsilon_t - 0.45\varepsilon_{t-1}$$
$$\quad (2.79)^{***} \quad (6.23)^{***} \quad (-1.65)^{*}$$

Wald chi2（2）=2.71   Prob > chi2= 0.0998

从而递推该指标在 2015 和 2020 年数值分别为 22.09% 和 25.45%。

表 5-2　农业现代化衡量指标预测

指标名称	单位	2015	2020	起步阶段标准	初步发展阶段标准	基本实现标准
1. 社会人均国内生产总值	元/人	50 687	83 693	10 000	20 000	40 000
2. 农民人均纯收入	元/人	10 712	14 534	3 000	6 000	12 000
3. 农村劳动力就业率	%	47.89	37.03	50	25	15
4. 农业劳动力受教育水平（初中以上比重）	%	77.27	86.83	60	70	90
5. 农业综合机械化率	%	62.31	75.36	40	55	80
6. 农业科技进步贡献率	%	56.10	61.15	40	50	65
7. 土地生产率	元/公顷	42 684	52 974	30 000	45 000	65 000
8. 劳动生产率	元/人	28 002	46 696	10 000	20 000	40 000
9. 农产品加工产值与农业总产值之比	—	2.23∶1	3.00∶1	1.45∶1	2.20∶1	3.00∶1
10. 森林覆盖率	%	22.09	25.45	15	25	35

四、中国农业现代化发展水平分析

将各评价指标的预测值和评价指标的衡量值进行比较，可以反映出中国农业现代化建设的基本进程，并可以得出到 2015 年和 2020 年时，基本实现农业现代化的各评价指标所处的发展阶段，即处于起步阶段、初步发展阶段，还是处于基本实现阶段。通过比较发现，到 2015 年和 2020 年，我国农业现代化评价指标的目标实现程度是不同的（表 5-3）。

（1）对于社会人均国内生产总值而言，2015 年及 2020 年的数值均表明了其处于基本实现阶段。

（2）对于农民人均纯收入这一指标，到 2015 年及 2020 年均处于初步发展阶段，但 2020 年农民人均纯收入步入基本实现阶段。

（3）农业就业占社会就业比重在 2015 年和 2020 年均处于实现农业现代化

的起步阶段，发展相对滞后。

（4）对于农业劳动力受教育水平来说，2015 年的预测值表明处于初步发展阶段水平，2020 年预测值为 86.63%，已经很接近基本实现标准的衡量值（90%），但是尚有一定的距离。

表 5-3　农业现代化的实现程度

指标名称	单位	2015	2020
1. 社会人均国内生产总值	元/人	基本实现标准	基本实现标准
2. 农民人均纯收入	元/人	初步发展阶段标准	基本实现标准
3. 农村劳动力就业率	%	起步阶段标准	起步阶段标准
4. 农业劳动力受教育水平（初中以上比重）	%	初步发展阶段标准	初步发展阶段标准
5. 农业综合机械化率	%	初步发展阶段标准	初步发展阶段标准
6. 农业科技进步贡献率	%	初步发展阶段标准	初步发展阶段标准
7. 土地生产率	元/公顷	起步阶段标准	初步发展阶段标准
8. 劳动生产率	元/人	初步发展阶段标准	基本实现标准
9. 农产品加工产值与农业总产值之比	—	初步发展阶段标准	基本实现标准
10. 森林覆盖率	%	起步阶段标准	初步发展阶段标准

（5）从农业机械化率指标来看，2015 年预测值处于初步发展阶段标准，到 2020 年预测值依然是初步发展阶段标准。

（6）农业科技进步贡献率在 2015 年和 2020 年的预测值均可以实现初步发展阶段标准。

（7）土地生产率在 2015 年预测值处于起步阶段，到 2020 年处于初步发展阶段，尚未达到基本实现标准阶段。

（8）劳动生产率到 2015 年预测值处于初步发展阶段标准，2020 年的预测值表明该指标处于基本实现阶段。

（9）农产品加工产值与农业总产值之比，2015 年预测值处于初步发展阶段，2020 年的预测值表明该指标处于基本实现阶段。

（10）森林覆盖率在 2015 年处于起步阶段，2020 年预测值处于初步发展阶段，距离基本实现阶段的 35% 有很大差距。

五、结论

通过经济计量模型的递推，对实现农业现代化的 10 个重要指标进行了预测，并将 2015 年和 2020 年的预测值分别与预测指标的衡量值相比，得出如下结论：

（1）到 2015 年，人均国民生产总值处于基本实现阶段；农民人均纯收入、农业劳动力受教育水平（初中以上比重）、农业综合机械化率、农业科技进步贡献率、劳动生产率、农产品加工产值与农业总产值之比处于初步发展阶段；农村劳动就业率、土地生产率和森林覆盖率处于起步阶段。

（2）到 2020 年，社会人均国内生产总值、农民人均纯收入、劳动生产率和农产品加工产值之比与农业总产值处于基本实现阶段；农业劳动力受教育水平、农业综合机械化率、农业科技进步贡献率、土地生产率和森林覆盖率处于初步发展阶段；农业就业占社会就业比重处在起步阶段水平。

由此可以看出，在实现农业现代化进程，各指标到 2020 年都与基本实现农业现代化有很大的距离，尤其是我国的农业就业占社会就业比重的 2020 年预测值与基本实现目标值的差距最大。因此，我国要积极采取各种有效措施来加强各指标建设的力度，尤其是要提高农村劳动力转移速度，减少第一产业从业人口比重。

第六章 我国现代农业建设发展水平评价指标体系构建和趋势预测

我国现代农业的标准定义是：在国民经济中具有较高水平的农业生产能力和较强竞争能力的现代产业，是不断地引进新的生产要素和先进经营管理方式，用现代科技、现代工业产品、现代组织制度和管理方法来经营的，科学化、集约化、市场化、社会化、生态化的农业，是保护生态平衡和可持续发展的农业。它既包含有综合生产能力的创新，诸如有现代科技、现代装备、集约化、可持续发展等特征，又包含有现代农业制度的创新，诸如有现代管理、专业化、社会化、产业化、标准化等特征，是科学化、集约化、市场化、社会化、生态化的现代产业。

专家学者认为，实践中，发展中国现代农业必须贯彻以下六项基本原则。一是中国农业现代化必须在家庭联产承包经营之下走产业化创新模式，农业产业化经营的实质就是科、工、贸、农，以及产、供、销一体化的农业经营模式。二是中国农业现代化必须走有中国特色的科技创新模式。三是中国农业现代化应走有中国特色的城乡一体化创新模式。四是中国农业现代化必须走有中国特色的生态农业创新模式。五是中国农业现代化必须走有中国特色的区域经济发展创新模式。六是中国农业现代化必须走有中国特色的农业生产和农村生活服务体系社会化创新模式。

基于上述中国现代农业的基本认识，我国现代农业基本定义和基本原则可以用科学化、集约化、市场化与国际化、社会化、生态化这五个方面的内容来概括。通过量化这五个方面的内容，可以较为形象和完整地评价和预测我国现代农业建设的发展水平、动态特征、阶段成果、未来发展趋势。根据这样的判断，我们建立了现代农业的评价指标体系。

一、现代农业建设发展水平的评价指标体系构建

（一）现代农业建设水平评价指标体系

现代农业建设水平评价指标体系分为目标层和准则层两大类。目标层测度现代农业发展水平，准则层分为测度现代农业发展的一级指标和二级指标体系。

一级指标体系设五组指标，分别体现现代农业的科学化、集约化、市场化与国际化、社会化、生态化。

二级指标体系设 24 项指标，包括：①一产产值占 GDP 比重；②二产产值占 GDP 比重；③三产产值占 GDP 比重；④种植业占农业产值比重；⑤养殖业占农业产值比重；⑥水产业占农业产值比重；⑦林业占农业产值比重；⑧单位耕地面积劳均农机总动力；⑨每单位耕地面积有效化肥施用量；⑩每单位耕地面积用电量；这 10 个指标代表科学化指标。⑪乡镇企业、私营企业、个体工商业就业人均农业产值；⑫乡镇企业、私营企业就业人均农业产值；⑬劳均耕地面积；⑭土地生产率；⑮劳动生产率；这 5 个指标代表集约化指标。⑯农产品综合商品率；⑰农产品出口率；⑱农业补贴率；这 3 个指标代表市场化与国际化指标。⑲劳均农业投入额；⑳农业科技投入占农业总产值比重；㉑劳均社会总产值比重；㉒城镇人口占总人口比重；㉓农村劳动力初中以上文化程度比重；这 5 个指标代表社会化指标。㉔农业成灾率，代表生态化指标（表 6-1）。

表 6-1　现代农业评价指标体系

目标层	一级指标	二级指标	指标性质
现代农业 建设水平	科学化	1. 一产产值占 GDP 比重	逆
		2. 二产产值占 GDP 比重	正
		3. 三产产值占 GDP 比重	正
		4. 种植业占农业产值比重	正
		5. 养殖业占农业产值比重	正
		6. 水产业占农业产值比重	正
		7. 林业占农业产值比重	正
		8. 单位耕地面积劳均农机总动力	正
		9. 每单位耕地面积有效化肥施用量	正
		10. 每单位耕地面积用电量	正
	集约化	11. 农村工商业、企业就业人均农业产值	正
		12. 农村企业就业人均农业产值	正
		13. 劳均耕地面积	正
		14. 土地生产率	正
		15. 劳动生产率	正
	市场化与 国际化	16. 农产品综合商品率	正
		17. 农产品出口率	正
		18. 农业补贴率	正
	社会化	19. 劳均农业投入额	正
		20. 农业科技投入占农业总产值比重	正
		21. 劳均社会总产值比重	正
		22. 城镇人口占总人口比重	正
		23. 农村劳动力初中以上文化程度比重	正
	生态化	24. 农业成灾率	逆

（二）现代农业建设水平评价指标含义

1. 科学化指标

根据现代农业科学化指标特征，选用 10 项指标。具体解释如下：

第一产业产值占 GDP 的比重（％）＝第一产业产值/GDP×100％

第二产业产值占 GDP 的比重（％）＝第二产业产值/GDP×100％

第三产业产值占 GDP 的比重（％）＝第三产业产值/GDP×100％

种植业产值占农业产值比重（％）＝种植业产值/农业产值×100％

养殖业产值占农业产值比重（％）＝养殖业产值/农业产值×100％

水产业产值占农业产值比重（％）＝水产产值/农业产值×100％

林业产值占农业产值比重（％）＝林业产值/农业产值×100％

单位耕地农机总动力（千瓦/公顷）＝农机总动力/耕地总面积，代表机械化。

单位耕地面积有效化肥施用量（千克/公顷）＝有效化肥施用量/耕地面积，代表化学化。

单位耕地面积用电量（千瓦时/公顷）＝农村用电量/耕地面积，代表电气化。

2. 集约化指标

农村工商业企业就业人均农业产值＝农业产值/农村工商业企业就业人员

农村工商业企业就业人均农业产值＝农林牧渔总产值/农村工商业企业就业人员

劳均耕地面积（公顷/人）＝耕地面积/一产业从业人员总数

土地生产率（元/公顷）＝农林牧渔总产值/耕地面积×100％

劳动生产率（元/人）＝农业总产值/一产从业人员总数

3. 市场化与国际化指标

农产品出口率（％）＝农产品出口额/农业产值×100％

农产品综合商品率（％）＝出售农产品价值/农业产值×100％

农业补贴率（％）＝农业价格补贴/农业产值×100％

4. 社会化评价指标

劳均农业资金投入额（元/人）＝农业基本建设投资（农林牧副渔）和固定投资/一产从业人员数

农业科技投入占农林牧渔总产值比重（％）＝农业科技投入/农林牧渔总产值×100％

劳均社会总产值比重＝农村社会总产值/乡村就业人口×100％

城镇人口占总人口比重（％）＝城镇人口/总人口×100％

农业劳动力初中以上文化程度比重＝初中以上文化水平农业劳动力/农业从业人员总数×100％

5. 生态化评价指标

农业成灾率（％）＝农业成灾面积/受灾面积×100％

二、我国现代农业建设的发展水平评价及其发展趋势预测

（一）我国现代农业建设的发展水平评价

1. 数据来源

本研究数据主要来源于《中国统计年鉴》（1980—2007 年）、《中国农村统计年鉴》（1980—2007 年）、《中国住户统计年鉴》（1980—2007 年）、《中国统计年鉴 50 年》《中国农村统计年鉴 50 年》《中国农业统计年鉴》（1980—2007 年）。

2. 评价指标体系的标准化

本研究采用直线型标准化比值法对指标进行无量纲化。其计算公式为：

$$P_i = \begin{cases} (C_i - C_{\min})/(C_{\max} - C_{\min}) & \text{（为正作用指标标准化）} \\ (C_{\max} - C_i)/(C_{\max} - C_{\min}) & \text{（为负作用指标标准化）} \end{cases}$$

式中：C_i 为被评价指标数据值；$C_{\min}$ 为某项指标评价的数据最小值；$C_{\max}$ 为某项指标评价的数据最大值；P_i 为被评价方案指标得分值（即评定系数）。

3. 指标体系权重的确定

层次分析法的基本原理和过程。层次分析法（Analytic Hierarchy Process，AHP）是美国运筹学家 T. L. 萨蒂等人在 20 世纪 70 年代创立的一种多准则决策方法，它把复杂的决策问题表示成一个有序的递阶层次结构，利用人们的判断对决策方案的优劣或影响因素的重要程度进行判断排序，其处理问题的基本步骤如下：

（1）建立层次结构模型。 把与复杂问题有关的各个因素按照不同属性自上而下分解为若干层次，同一层次的诸因素从属于上一层因素或对上一层因素有影响，同时又支配下一层因素或受下层因素的作用。最上层为目标层，一般只有一个元素，中间层为准则层、子准则层，最下层为方案层。

（2）构造比较判断矩阵。 根据层次结构，对上一层元素而言，在其下一层次中所有与它关联的元素之间两两比较其重要性关系，比较结果按 1～9 的比较尺度定量表示标出，构造比较矩阵，直到最下层，设下同性质的比较因素为 C_i 与 C_j，则 1～9 比较尺度含义如表 6-2 所示。

表6-2　1～9比较尺度含义

标度内容	含　　义
1	C_i 与 C_j 影响相同
3	C_i 比 C_j 影响稍强
5	C_i 比 C_j 影响强
7	C_i 比 C_j 影响明显强
9	C_i 比 C_j 影响绝对强
2、4、6、8	C_i 与 C_j 影响之比在上述两相邻等级之间
1　1/2　1/9	C_j 与 C_i 影响之比为上述 C_{ij} 的相反数

（3）计算权向量。 求比较判断矩阵的最大特征根 k，及其对应的特征向量，将特征向量归一化后即为某一层有关元素对上一层相关元素的权重值。其计算方法一般采用数值迭代法，如幂法。

（4）一致性检验。

$$CI = \lambda_{max} - n/n - 1$$

随机一致性指标 RI 为同阶矩阵的一致性指标的随机均值，其数值取值见表6-3。

表6-3　RI 取值

N	1	2	3	4	5	6	7	8	9	10	11
RI	0	0	0.58	0.9	1.12	1.24	1.32	1.41	1.45	1.49	1.51

注：N 为矩阵阶数。

一致性比率 CR 为一致性指标 CI 与同阶的随机一致性指标 RI 之比值，当 $CR=CI/RI<0.1$ 时称判断矩阵通过了一致性检验，否则应对判断矩阵加以调整。

（5）用层次分析法计算权重。 层次分析法通过建立指标体系的递阶层次矩阵，来建立两两判断矩阵，然后进行层次单排序、层次总排序，最终决定各因素的主次。其方法为：

第一，请专家对指标体系指标间重要度进行排序。

第二，构造指标比较判断矩阵，对同级指标两两比较，构造各层次判断矩阵。

第三，计算判断矩阵每一行元素的乘积 P_i：

$$P_i = \prod_{j=1}^{n} b_{ij} \qquad (i=1, 2, \cdots\cdots, n)$$

第四，计算 P_i 的 n 次方根 D_i：

$$D_i = \sqrt[n]{P_i} \qquad (i=1, 2, \cdots\cdots, n)$$

第五，权重计算。对向量 D_i 归一化，即可得到其权重值：

$$M_i = \frac{D_i}{\sum\limits_{i=1}^{n} D_i} \qquad (i=1, 2, \cdots\cdots, n)$$

第六，一致性检验，判断矩阵的偏差一致性指标 CI，$CI = \lambda_{max} - n/n - 1$，式中：$\lambda_{max}$ 为判断矩阵的最大特征根。随机一致性比率 CR，$CR = CI/RI$，式中：RI 为平均随机一致性指标，可查有关表得出。$CR < 0.1$ 时，认为判断矩阵具有满意的一致性，否则应对判断矩阵进行调整。

表 6-4　现代农业综合评价指标体系

目标层	一级指标	权重	二级指标	权重	特性
现代农业建设水平	科学化	23	1. 一产产值占 GDP 比重	1	逆
			2. 二产产值占 GDP 比重	2	正
			3. 三产产值占 GDP 比重	2	正
			4. 种植业占农业产值比重	1	正
			5. 养殖业占农业产值比重	3	正
			6. 水产业占农业产值比重	2	正
			7. 林业占农业产值比重	2	正
			8. 单位耕地面积劳均农机总动力	4	正
			9. 每单位耕地面积有效化肥施用量	2	正
			10. 每单位耕地面积用电量	4	正
	集约化	21	11. 农村工商业、企业就业人均农业产值	2.5	正
			12. 农村企业就业人均农业产值	2.5	正
			13. 劳均耕地面积	6	正
			14. 土地生产率	5	正
			15. 劳动生产率	5	正
	市场化与国际化	19	16. 农产品综合商品率	7	正
			17. 农产品出口率	6	正
			18. 农业补贴率	6	正
	社会化	22	19. 劳均农业投入额	6	正
			20. 农业科技投入占农业总产值比重	6	正
			21. 劳均社会总产值比重	2	正
			22. 城镇人口占总人口比重	4	正
			23. 农村劳动力初中以上文化程度比重	4	正
	生态化	15	24. 农业成灾率	15	逆

4. 现代农业发展水平的评价模型

建立综合评价模型组：该模型组包括总模型及其分模型。目标模型如下：

$$AM_t = \sum_{i=1}^{n}(W_1 J_t) + \sum_{i=1}^{m}(W_2 S_t)$$

式中：t 为时期；i 为类指标号；J 和 S 分别表示子系统；W 表示各子系统的权重。子模型：

$$J_t = \sum_{i=1}^{1n}(W_{11} Z_{ai}) + \sum_{i=1}^{2n}(W_{12} Z_{bi}) + \sum_{i=1}^{3n}(W_{13} Z_{ci})$$

式中：W 为各二级子系统的权重；Z_{ai} 为第一个二级子系统变量的标准化值集合；Z_{bi} 为第二个二级子系统变量的标准化值集合；Z_{ci} 为第三个二级子系统变量的标准化值集合。

现代农业综合指数评价的目标模型：

$$AMI = \sum_{i=1}^{10} Y_i \times W_i$$

准则层各子系统综合指数评价模型：

$$AMI(A) = \sum_{i=1}^{5} Y_i \times W_i$$

$$AMI(B) = \sum_{i=1}^{3} Y_i \times W_i$$

$$AMI(C) = \sum_{i=1}^{5} Y_i \times W_i$$

$$AMI(D) = \sum_{i=1}^{1} Y_i \times W_i$$

式中，AMI 代表现代农业总体实现程度，A、B、C、D 分别代表现代农业准则层（一级指标体系）实现程度，W_i 为指标权重。

5. 中国现代农业发展的总体水平

经测算，中国现代农业的综合发展指数，1980 年是 28.08，1985 年是 29.09，1990 年是 29.99，1995 年是 30.84，2000 年是 33.08，2006 年是 31.79。从总体上看，我国现代农业发展水平呈上升趋势。

表 6-5　现代农业综合发展水平

年份	现代农业指数
1980	28.08
1981	26.01
1982	25.89
1983	27.11

（续）

年份	现代农业指数
1984	28.69
1985	29.09
1986	31.69
1987	30.75
1988	28.55
1989	29.93
1990	29.99
1991	30.35
1992	27.45
1993	31.02
1994	27.02
1995	30.84
1996	31.46
1997	32.42
1998	31.78
1999	35.10
2000	33.08
2001	31.37
2002	31.80
2003	32.04
2004	30.93
2005	31.05
2006	31.79

从指数增长率分析，从 20 世纪 80 年代至今，中国现代农业总体发展水平不高。1980—2006 年，中国现代农业发展水平只增加了 13.23%，年增长率只有 0.48%，如图 6-1 所示。

中国现代农业发展道路曲折，1980—2006 年的 27 年中，总体发展呈波浪式推进，推进速度缓慢，其中，1986 年前后建设水平一度得到提高，随即呈现缓慢发展态势，并且一度下降得很快。直到 2000 年前后，现代农业建设才又出现一股高潮，随后又步入缓慢发展阶段。究其原因，与中国农业发展的外部政策环境密切相关。20 世纪 70 年代末期，党的十一届三中全会召开，确定了农村实行家庭联产承包制，中国农村实行了土地经营体制改革，家庭联产承

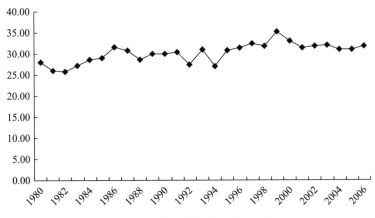

图 6-1　现代农业发展的总体水平

包制极大地调动了农民生产的积极性，农业生产水平不断提高。然而，这一时期的生产力解放，其基础不是建立在坚实的现代科学技术改造传统农业的基础上，而是建立在经营者劳动热情的释放，主观因素起了决定性的作用，而现代农业建设很大程度上还取决于客观因素，如经营规模的适度扩大，现代科学技术对于传统农业的改造，这是不以人的意志为转移的，而是建设现代农业必备的条件。所以，在整个 20 世纪 90 年代，我国现代农业建设的基础条件一直进行着缓慢艰难的变化，反映在现代农业发展水平上就呈现出曲曲折折，极度不均衡的状态。这也证明现代农业的科学化、集约化、市场化与国际化因素越来越成为中国现代农业建设的基础条件。

6. 中国现代农业发展的分类特征

农业现代化发展分类结构主要由科学化、集约化、市场化与国际化、社会化、生态化发展水平组成。在这五项分类中，集约化指数最高，农村社会化发展指数次之，市场化与国际化、科学化、生态化建设速度最慢。

表 6-6　中国现代农业分类特征

年份	科学化	集约化	市场化与国际化	社会化	生态化
1980	6.58	2.60	6.80	7.51	4.59
1981	6.52	2.47	5.23	6.56	5.22
1982	6.58	2.46	5.10	6.39	5.37
1983	6.41	2.70	6.94	6.11	4.95
1984	6.27	2.69	7.69	6.95	5.09
1985	5.92	2.47	8.65	7.62	4.43
1986	6.52	2.61	10.12	7.72	4.71

（续）

年份	科学化	集约化	市场化与国际化	社会化	生态化
1987	6.50	2.74	9.35	7.37	4.79
1988	5.99	2.87	8.32	6.84	4.53
1989	6.79	3.00	8.33	7.26	4.55
1990	6.24	2.67	9.09	6.54	5.44
1991	6.05	2.98	9.80	6.37	5.14
1992	6.13	2.20	9.34	5.87	3.91
1993	5.93	2.21	9.90	6.00	6.97
1994	5.92	2.77	8.64	5.23	4.45
1995	5.94	2.79	9.64	5.50	6.96
1996	5.99	2.64	8.95	8.01	5.86
1997	6.56	2.65	9.84	8.97	4.40
1998	6.62	2.70	9.14	8.83	4.49
1999	6.86	3.17	9.60	9.05	6.41
2000	7.16	2.82	9.08	8.84	5.18
2001	6.84	3.03	9.03	8.92	3.55
2002	6.99	2.95	9.49	8.50	3.87
2003	6.41	4.02	10.03	7.34	4.24
2004	7.15	3.02	7.09	9.03	4.64
2005	6.81	3.93	7.11	9.28	3.91
2006	7.01	3.66	7.75	9.02	4.35

从指数增长速度上看，现代农业发展水平的五大分类指数值中，集约化增长速度最快，2006年比1980年增长40.73%，年增长速度为1.32%。社会化值增长速度次之，2006年比1980年增长20.14%，年增长速度为0.71%。市场化与国际化增长14.02%，年增长速度为0.51%。科学化增长6.43%，年增长速度为0.24%。生态化负增长5.10%，年均负增长0.20%。

（1）科学化动态发展特征。 1980—2006年，主导中国现代农业发展因素之一的科学化因素增长6.43%，年增长速度为0.24%。其中，增长较为迅速的是1980—1990年和1998—2006年，1980—1990年科学化因素增长3.17%，年均增长0.35%；1998—2006年科学化因素速度增长5.49%，年均增长1.07%。而1990—1998年这一区间是下降的，原因在于，由于农产品生产的数量相对饱和，品种少，质量差，消费市场疲软，农民收入得不到有效提升，科学技术应用处于低潮。

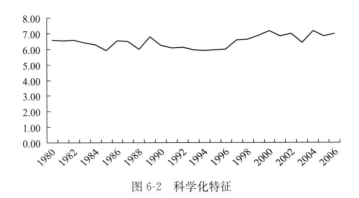

图 6-2　科学化特征

（2）集约化动态发展特征。 1980—2006 年，主导中国现代农业发展因素之一的集约化因素增长速度最快，2006 年比 1980 年增长 40.73%，年增长速度为 1.32%。其中，增长较为迅速的是 1980—1989 年和 2002—2006 年，1980—1989 年，集约化因素增长 15.45%，年均增长 1.61%；2002—2006 年，集约化因素增长 24.21%，年均增长 6.49%。而 1989—2002 年这一区间是下降的，原因在于，由于农产品生产的数量相对饱和，品种少，质量差，消费市场疲软，农民收入得不到有效提升，集约化进程受到阻碍。

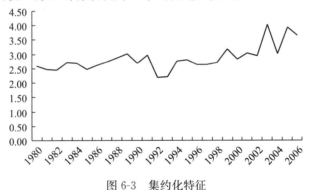

图 6-3　集约化特征

（3）市场化与国际化动态发展特征。 1980—2006 年，主导中国现代农业发展因素之一的市场化与国际化增长 14.02%，年增长速度为 0.51%，其中，增长较为迅速的是 1980—2004 年，市场化与国际化因素增长 4.32%，年均增长 0.17%。而 2004 年以后是下降的，原因在于，2004 年以后，特别是近年来，针对农产品质量问题，国际市场上对中国农产品出口设置多重障碍，影响出口，这种状况在 2005 年以后得到改善。

（4）社会化动态发展特征。 1980—2006 年，主导中国现代农业发展因素之一的社会化值增长速度仅次于集约化增长速度，2006 年比 1980 年增长 20.14%，年增长速度为 0.71%。其中，增长较为迅速的是 1980—1986 年和 1996—2006 年。

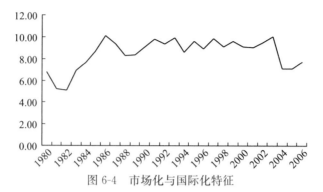

图 6-4　市场化与国际化特征

1980—1986 年，社会化因素增长 2.93％，年均增长 0.48％；1996—2006 年，社会化因素速度增长 12.54％，年均增长 1.19％。而 1986—1996 年这一区间是下降的，原因在于，80 年代的家庭联产承包责任制在这段时期内受到农产品市场疲软的挑战，"农民增收，农村发展，农业经济增长"的"三农"问题异常突出，规模经营，用现代科学技术改造传统农业的现代农业因素得以重新认知。

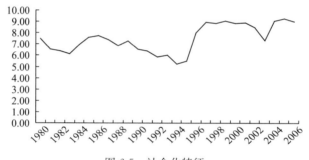

图 6-5　社会化特征

（5）生态化动态发展特征。 1980—2006 年，主导中国现代农业发展因素之一的生态化负增长 5.10％，年均负增长 0.20％。这表明，在现代农业建设中，资源与环境付出的代价很大，生态环境问题逐渐成为中国现代农业建设过程中的突出问题。

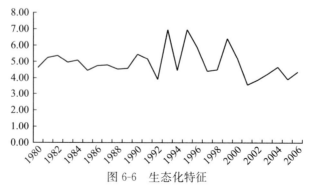

图 6-6　生态化特征

（二）我国现代农业发展趋势预测

采用中国现代农业发展水平定量评价的研究结果，利用外推法预测中国现代农业实现水平，这样可以预测中国现代农业实现的年限。从总体上看，中国现代农业实现水平预测，只是根据现代农业发展近十年的平均增长率进行外推，这种方法，在理论上是成立的，但在实践中，却有待于进一步检验。

1. 建立模型的思路

按照简单外推原理，假定现代农业序列 y_t 在每个时期上的增长量是常量，拟合的趋势线为：$y_t = c_1 + c_2 t$，其中，t 是时间，y_t 是 y 在 t 期的值。通常 t 在基期（第一个观察值）选择为 1 且每增加一个时期增加 1。假定序列 y_t，以同样百分比的增长速度增长可能比以同样的增长量增长更现实些。这个假定隐含着的变化规律为指数增长曲线：$y_t = f(t) = Ae^{rt}$，这里 A 和 r 可通过 $y(t)$ 和 y_t 之间的相关性最大化来确定。$T+1$ 期的预测值可由下式给出：$\hat{y}_{T+1} = Ae^{r(T+1)}$，$T+L$ 期的预测由下式给出：$\hat{y}_{T+L} = Ae^{r(T+L)}$，参数 A 和 r 通过对方程两边取对数并拟合对数线性回归方程。$\log y_t = c_1 + c_2 t$ 来估计，其中 $c_1 = \log A$，$c_2 = r$。

2. 模型框架

根据上述分析，模型的公式如下：

$$y_t = c_1 + c_2 t$$
$$y_t = f(t) = Ae^{rt}$$

3. 模型假定

本模型主要的假设是：第一，现代农业增长速度有一定的规律；第二，超常规发展基本不存在。

4. 数据来源

预测所使用的数据主要来自本课题研究的现代农业测算结果。

5. 测算方法

测算出 1980—2006 年中国现代农业发展综合指数的年均增长率，以 2006 年中国现代农业发展为基期，推算 2020 年中国现代农业发展水平。

6. 中国现代农业建设与发展水平预测

根据上述方法预测，到 21 世纪 50 年代，中国现代农业实现水平可以达到 68.2%（图 6-7、表 6-7）。

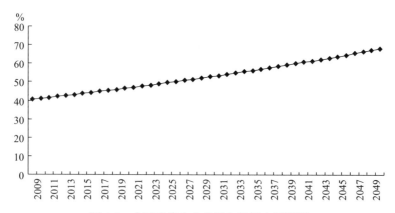

图 6-7　中国现代农业建设与发展水平预测

表 6-7　中国现代农业建设与发展水平预测值

年份	发展水平预测值（%）
2009	40.51
2010	41.02
2011	41.54
2012	42.07
2013	42.61
2014	43.15
2015	43.70
2016	44.25
2017	44.82
2018	45.39
2019	45.97
2020	46.55
2021	47.14
2022	47.74
2023	48.35
2024	48.96
2025	49.59
2026	50.22
2027	50.86
2028	51.50

（续）

年份	发展水平预测值（％）
2029	52.16
2030	52.82
2031	53.49
2032	54.17
2033	54.86
2034	55.56
2035	56.27
2036	56.98
2037	57.71
2038	58.44
2039	59.19
2040	59.94
2041	60.70
2042	61.47
2043	62.26
2044	63.05
2045	63.85
2046	64.66
2047	65.49
2048	66.32
2049	67.16
2050	68.02

三、我国现代农业建设的区域发展水平及其趋势预测

（一）区域现代农业发展水平

从发展水平上看，如表 6-8 所示，上海、北京、广东、安徽、天津、福建、黑龙江、辽宁、吉林现代农业发展水平位于全国前十名。山西、云南、河南、新疆、陕西、宁夏、贵州、甘肃、青海、重庆位于后十名。

表 6-8　现代农业发展的区域发展的总体水平

省份	平均
上海	56.08
北京	47.28
广东	45.17
安徽	44.63
天津	44.48
福建	43.27
黑龙江	39.84
辽宁	36.44
吉林	34.62
江苏	34.20
江西	33.61
湖北	32.79
山东	32.64
西藏	32.24
海南	31.95
广西	31.24
湖南	30.62
河北	30.60
四川	29.79
内蒙古	29.31
浙江	28.69
山西	28.60
云南	28.56
河南	27.35
新疆	26.77
陕西	26.77
宁夏	26.59
贵州	24.60
甘肃	22.88
青海	22.51
重庆	20.46

从指数增长率看，1980—2006 年，宁夏、青海、安徽、新疆、陕西、山西、甘肃、河北、江西、河南十省区现代农业发展水平增长速度最高，分别是 63.19 ％、45.56 ％、42.96 ％、41.57 ％、40.30 ％、37.19 ％、36.88 ％、33.73 ％、33.46 ％、31.99％。年增长速度分别为 1.90％、1.45％、1.38％、1.35％、1.31％、1.22％、1.21％、1.12％、1.12％、1.07％，见表 6-9 所示。

表 6-9　现代农业发展的区域指数增长率

省份	平均增长速度（％）	年均增长速度（％）
宁夏	63.19	1.90
青海	45.56	1.45
安徽	42.96	1.38
新疆	41.57	1.35
陕西	40.30	1.31
山西	37.19	1.22
甘肃	36.88	1.21
河北	33.73	1.12
江西	33.46	1.12
河南	31.99	1.07
山东	27.50	0.94
云南	25.65	0.88
重庆	21.81	2.22
贵州	20.36	0.72
内蒙古	19.15	0.68
浙江	18.82	0.67
江苏	18.35	0.65
西藏	13.80	0.50
四川	12.80	0.46
吉林	12.56	0.46
湖南	9.88	0.36
海南	8.69	0.44
黑龙江	8.14	0.30
上海	7.21	0.27
福建	7.12	0.26
北京	5.00	0.19
辽宁	3.21	0.12
广西	2.13	0.08
天津	0.83	0.03
湖北	−4.06	−0.16
广东	−10.53	−0.43

　　从发展动态特征上看，1980 年，上海、广东、北京、天津、福建、黑龙江、吉林、安徽、辽宁、湖北的现代农业发展水平处于前十名。2006 年，上海、安徽、北京、福建、广东、天津、吉林、黑龙江、江西、辽宁的现代农业发展水平处于前十名。上海、安徽、北京、福建、广东、天津、吉林、黑龙江、辽宁现代农业建设发展的速度较为稳定，见表 6-10 所示。

表 6-10　区域现代农业发展动态特征

1980		1985		1990		1995		2000		2006	
上海	54.30	上海	62.51	上海	59.46	上海	47.76	广东	53.88	上海	58.22
广东	47.71	北京	47.27	北京	49.44	北京	47.51	上海	50.81	安徽	50.76
北京	45.78	天津	46.92	安徽	46.00	安徽	46.60	安徽	50.42	北京	48.07
天津	42.16	安徽	42.69	福建	45.56	天津	45.86	北京	49.33	福建	43.74
福建	40.83	广东	41.19	黑龙江	44.60	福建	43.80	天津	47.18	广东	42.69
黑龙江	37.75	黑龙江	39.86	天津	42.97	黑龙江	41.37	福建	46.14	天津	42.51
吉林	36.42	福建	37.27	广东	41.74	广东	41.02	黑龙江	40.73	吉林	41.00
安徽	35.50	辽宁	35.91	辽宁	37.52	江苏	38.06	辽宁	37.23	黑龙江	40.82
辽宁	35.40	吉林	35.87	吉林	34.98	辽宁	35.61	湖北	36.88	江西	39.63
湖北	34.84	湖北	33.08	江苏	34.14	江西	34.88	山东	36.27	辽宁	36.53
广西	33.43	湖南	32.03	海南	34.14	山东	33.50	江苏	35.43	江苏	36.47
江苏	30.81	江西	31.85	江西	33.12	西藏	33.21	广西	33.99	山东	36.43
西藏	30.52	西藏	31.14	湖北	30.99	河北	32.37	四川	33.98	西藏	34.73
江西	29.69	广西	30.93	湖南	30.21	吉林	32.03	江西	33.92	海南	34.63
湖南	28.81	江苏	30.63	山东	30.13	湖北	31.81	湖南	33.14	广西	34.14
内蒙古	28.62	河北	30.40	西藏	30.06	广西	31.00	河北	33.11	内蒙古	34.10
山东	28.57	山东	29.94	山西	29.64	湖南	30.05	山西	32.85	河北	34.09
浙江	28.20	新疆	27.87	宁夏	29.44	河南	29.25	吉林	32.77	云南	33.72
四川	27.61	云南	27.45	新疆	29.00	浙江	28.81	内蒙古	32.69	浙江	33.51
云南	26.84	四川	27.00	内蒙古	28.92	内蒙古	28.62	云南	32.14	宁夏	33.46
贵州	25.80	山西	26.73	四川	28.86	山西	28.37	海南	31.24	湖北	33.43
河北	25.49	河南	26.65	广西	28.71	云南	27.73	新疆	30.99	河南	32.38
河南	24.54	浙江	26.17	浙江	28.44	陕西	27.40	宁夏	30.66	湖南	31.65
山西	22.98	内蒙古	26.17	云南	28.31	海南	27.35	河南	30.51	陕西	31.53
陕西	22.48	陕西	23.50	陕西	27.11	四川	26.17	西藏	30.22	山西	31.53
新疆	21.62	贵州	23.47	河北	27.10	宁夏	26.08	陕西	29.16	四川	31.15
宁夏	20.50	甘肃	22.71	河南	25.70	甘肃	24.89	甘肃	28.39	贵州	31.05
甘肃	19.43	宁夏	22.03	青海	23.61	新疆	23.57	浙江	28.39	新疆	30.61
青海	16.99	青海	21.72	贵州	21.60	贵州	22.71	贵州	27.19	甘肃	26.59
海南	—	海南	—	甘肃	19.38	青海	21.83	青海	24.46	青海	24.74
重庆	—	重庆	—	重庆	—	重庆	—	重庆	23.20	重庆	24.12

（二）区域现代农业发展的分类特征

现代农业发展分类结构主要由科学化、集约化、市场化与国际化、社会化、生态化组成见表6-11所示。在这五项分类中，社会化水平指数最高，生态化发展水平指数最低。

表6-11　区域现代农业分类特征

省份	科学化	集约化	市场化与国际化	社会化	生态化
上海	12.86	6.57	11.05	19.94	5.33
北京	12.39	8.38	3.66	17.01	5.50
天津	10.85	5.43	8.85	15.35	3.68
安徽	9.73	5.50	9.48	8.82	10.92
广东	8.35	5.85	12.71	8.61	9.61
福建	7.84	5.90	9.62	8.01	11.77
河北	7.67	2.82	7.77	7.79	4.40
山东	7.59	3.78	8.51	8.06	4.57
辽宁	7.19	4.79	6.98	10.41	6.88
江苏	7.06	4.85	8.89	9.41	3.80
青海	6.61	2.68	5.24	5.45	2.25
山西	6.50	2.23	7.51	8.45	3.65
湖北	6.41	3.72	7.95	6.17	8.41
宁夏	6.06	3.11	8.33	6.77	2.12
广西	5.97	2.58	9.26	5.93	7.46
江西	5.92	3.46	7.54	6.61	9.93
河南	5.90	2.47	7.71	6.78	4.37
西藏	5.88	14.29	3.62	3.33	7.03
黑龙江	5.87	7.27	7.22	10.02	9.20
湖南	5.82	3.95	6.69	7.52	6.46
浙江	5.81	2.59	7.71	6.82	5.62
内蒙古	5.65	5.70	6.32	7.63	3.82
甘肃	5.59	1.85	5.85	6.63	2.71
四川	5.56	2.33	8.04	7.19	6.54
云南	5.54	1.90	8.17	4.83	8.02
陕西	5.41	1.84	6.00	6.59	6.70
吉林	5.37	5.21	6.84	8.85	8.19
新疆	5.09	6.44	3.91	8.39	2.67
贵州	4.85	1.72	7.67	4.88	5.41
海南	2.69	3.93	2.66	6.88	10.04
重庆	0.33	0.87	8.85	1.14	5.35

1. 现代农业的科学化区域发展水平、动态变化及差异特征

从发展水平上看（表6-12），上海、北京、天津、安徽、广东、福建、河北、山东、辽宁、江苏位于全国前十名。指数分别为12.86、12.39、10.85、9.73、8.35、7.84、7.67、7.59、7.19、7.06。

表 6-12　区域现代农业科学化发展水平排序

省份	科学化
上海	12.86
北京	12.39
天津	10.85
安徽	9.73
广东	8.35
福建	7.84
河北	7.67
山东	7.59
辽宁	7.19
江苏	7.06
青海	6.61
山西	6.50
湖北	6.41
宁夏	6.06
广西	5.97
江西	5.92
河南	5.90
西藏	5.88
黑龙江	5.87
湖南	5.82
浙江	5.81
内蒙古	5.65
甘肃	5.59
四川	5.56
云南	5.54
陕西	5.41
吉林	5.37
新疆	5.09
贵州	4.85
海南	2.69
重庆	0.33

从指数增长速度上看（表6-13）：农业投入指数增长速度前十名的省份分别是安徽、江西、山东、河北、河南、海南、西藏、江苏、天津、浙江。增长水平分别是 46.25％、39.01％、38.07％、34.64％、32.97％、32.22％、31.06％、30.01％、19.70％、19.41％。

表 6-13 科学化水平指数增长率

省份	增长率（％）	年增长率（％）
安徽	46.25	1.47
江西	39.01	1.27
山东	38.07	1.25
河北	34.64	1.15
河南	32.97	1.10
海南	32.22	1.48
西藏	31.06	1.05
江苏	30.01	1.01
天津	19.70	0.69
浙江	19.41	0.68
湖北	17.60	0.63
广东	9.39	0.35
宁夏	8.61	0.32
重庆	8.21	0.88
青海	6.77	0.25
四川	0.15	0.01
云南	−1.48	−0.06
辽宁	−2.56	−0.10
北京	−2.58	−0.10
贵州	−3.51	−0.14
山西	−4.57	−0.18
福建	−5.77	−0.23
黑龙江	−6.18	−0.24
内蒙古	−9.86	−0.40
吉林	−10.06	−0.41
甘肃	−11.85	−0.48
陕西	−12.25	−0.50
上海	−13.86	−0.57
广西	−14.47	−0.60
新疆	−16.26	−0.68
湖南	−25.29	−1.12

从动态发展看，1980 年，上海、北京、天津、福建、广东、安徽、辽宁、湖南、河北、山东现代农业科学化水平位居前十名。2006 年，北京、上海、安徽、天津、河北、广东、山东、福建、江苏、江西现代农业科学化水平进入前十名，见表 6-14 所示。

表 6-14　区域现代农业科学化水平区域动态发展

1980		1985		1990		1995		2000		2006	
上海	13.01	上海	15.41	上海	14.42	上海	12.04	北京	12.32	北京	12.29
北京	12.62	北京	12.99	北京	13.20	北京	11.69	天津	12.08	上海	11.21
天津	9.00	天津	10.69	天津	11.78	天津	11.19	安徽	11.95	安徽	12.00
福建	8.91	安徽	6.92	安徽	8.90	安徽	9.93	上海	11.65	天津	10.77
广东	8.76	青海	6.75	福建	7.75	广东	7.92	广东	9.92	河北	9.61
安徽	8.75	山西	6.61	辽宁	7.60	山东	7.34	河北	9.67	广东	9.58
辽宁	7.60	河北	6.43	江苏	7.47	福建	7.21	山东	9.27	山东	9.44
湖南	7.39	辽宁	6.42	山东	7.34	河北	7.02	福建	8.26	福建	8.39
河北	7.14	甘肃	6.36	广东	7.18	江苏	6.91	江苏	7.68	江苏	8.35
山东	6.83	黑龙江	6.22	河北	6.78	辽宁	6.84	河南	7.43	江西	7.70
山西	6.79	宁夏	6.19	青海	6.54	青海	6.38	山西	7.41	湖北	7.61
广西	6.67	福建	6.15	山西	6.12	山西	6.14	辽宁	7.26	西藏	7.41
湖北	6.47	内蒙古	6.03	宁夏	5.78	广西	5.74	湖北	7.19	辽宁	7.41
青海	6.43	江苏	5.95	广西	5.61	湖北	5.67	浙江	6.91	河南	7.37
江苏	6.42	广东	5.94	西藏	5.54	宁夏	5.56	青海	6.84	浙江	6.88
内蒙古	6.37	云南	5.78	黑龙江	5.45	河南	5.33	宁夏	6.67	青海	6.86
吉林	6.13	山东	5.77	四川	5.40	西藏	5.32	广西	6.41	山西	6.48
黑龙江	6.07	湖北	5.77	浙江	5.29	江西	5.30	江西	6.36	宁夏	6.30
陕西	6.06	广西	5.68	甘肃	5.28	黑龙江	5.23	湖南	6.34	云南	5.87
甘肃	5.97	陕西	5.64	江西	5.25	浙江	5.22	黑龙江	6.31	内蒙古	5.75
云南	5.96	西藏	5.50	吉林	5.11	四川	5.18	云南	6.07	广西	5.71
宁夏	5.80	江西	5.49	河南	5.11	甘肃	5.17	陕西	5.99	黑龙江	5.69
浙江	5.77	湖南	5.44	内蒙古	5.08	湖南	5.08	甘肃	5.99	四川	5.54
西藏	5.66	四川	5.44	陕西	5.04	云南	5.03	四川	5.97	湖南	5.52
贵州	5.62	吉林	5.36	湖南	4.97	吉林	4.96	西藏	5.86	吉林	5.52
新疆	5.56	新疆	5.26	湖北	4.94	内蒙古	4.92	新疆	5.79	贵州	5.42
河南	5.54	贵州	5.26	新疆	4.94	陕西	4.84	内蒙古	5.79	陕西	5.32
江西	5.54	河南	5.23	云南	4.85	新疆	4.49	吉林	5.64	甘肃	5.26
四川	5.53	浙江	4.82	海南	4.67	海南	4.36	贵州	5.24	海南	5.11
海南	-1.58	海南	-2.70	贵州	4.49	贵州	4.13	海南	5.10	新疆	4.65
重庆	-1.58	重庆	-2.70	重庆	-2.43	重庆	-2.40	重庆	4.62	重庆	4.50

2. 现代农业的集约化区域发展水平、动态变化及差异特征

从发展水平上看，北京、黑龙江、上海、新疆、福建、广东、内蒙古、安徽、天津、吉林集约化水平位于全国前十名，见表 6-15 所示。

表 6-15　区域现代农业集约化水平排序

省份	平均
北京	8.38
黑龙江	7.27
上海	6.57
新疆	6.44
福建	5.90
广东	5.85
内蒙古	5.70
安徽	5.50
天津	5.43
吉林	5.21
江苏	4.85
辽宁	4.79
湖南	3.95
海南	3.93
山东	3.78
湖北	3.72
江西	3.46
宁夏	3.11
河北	2.82
青海	2.68
浙江	2.59
广西	2.58
河南	2.47
四川	2.33
山西	2.23
云南	1.90
甘肃	1.85
陕西	1.84
贵州	1.72
重庆	0.87
西藏	14.29

从发展（指数）增长率上看（表 6-16），北京、福建、天津、内蒙古、新疆、甘肃、河北、山东、辽宁、上海位居前十名，重庆、安徽、广东、云南、江西、青海、浙江、贵州、湖南、西藏位居后十位，发展水平与增长速度存在差异。

表 6-16　区域现代农业集约化水平指数增长率

省份	增长率（％）	年增长率（％）
北京	237.67	4.79
福建	165.88	3.83
天津	162.30	3.78
内蒙古	153.58	3.64
新疆	130.71	3.27
甘肃	124.41	3.16
河北	116.01	3.01
山东	94.88	2.60
辽宁	86.53	2.43
上海	85.63	2.41
吉林	81.03	2.31
江苏	78.51	2.25
河南	62.80	1.89
广西	57.09	1.75
山西	54.77	1.69
黑龙江	52.64	1.64
四川	51.25	1.60
宁夏	48.82	1.54
湖北	48.09	1.52
海南	46.26	2.02
陕西	38.42	1.26
重庆	28.94	2.86
安徽	22.54	0.78
广东	21.71	0.76
云南	18.16	0.64
江西	5.53	0.21
青海	−0.09	0.00
浙江	−3.73	−0.15
贵州	−12.01	−0.49
湖南	−14.28	−0.59
西藏	−59.35	−3.40

从动态发展看，1980 年，黑龙江、浙江、上海、广东、吉林、湖南、新疆、江苏、江西、辽宁现代农业集约化水平位居前十名。2008 年，北京、上海、黑龙江、海南、新疆、内蒙古、天津、吉林、福建、辽宁现代农业集约化水平进入前十名，见表 6-17 所示。

表 6-17　区域现代农业集约化水平区域动态发展

1980		1985		1990		1995		2000		2008	
黑龙江	6.12	北京	6.25	北京	8.66	北京	9.37	北京	8.95	北京	11.51
浙江	5.58	上海	6.15	黑龙江	7.86	黑龙江	8.06	福建	8.14	上海	9.47
上海	5.1	黑龙江	6.14	新疆	7.44	福建	7.36	上海	7.16	黑龙江	9.34
广东	4.64	浙江	5.65	广东	6.37	广东	6.48	新疆	7.06	海南	9.04
吉林	4.28	广东	5.26	内蒙古	6.26	新疆	5.95	内蒙古	7.04	新疆	8.88
湖南	4.18	新疆	4.29	上海	6.17	浙江	5.82	吉林	6.58	内蒙古	8.36
新疆	3.85	江苏	4.29	海南	6.11	天津	5.73	天津	6.51	天津	8.12
江苏	3.67	内蒙古	4.17	福建	5.4	上海	5.5	黑龙江	6.36	吉林	7.75
江西	3.54	吉林	3.94	浙江	5.04	内蒙古	5.43	浙江	5.64	福建	7.5
辽宁	3.54	湖南	3.85	天津	4.47	辽宁	4.93	广东	5.6	辽宁	6.6
北京	3.41	天津	3.61	吉林	4.47	江苏	4.91	辽宁	5.43	江苏	6.55
内蒙古	3.3	湖北	3.57	辽宁	4.41	吉林	4.16	江苏	5.09	广东	5.65
湖北	3.15	山东	3.44	湖北	4.3	湖北	3.87	海南	4.36	山东	5.53
天津	3.1	江西	3.18	青海	4.17	湖南	3.64	湖北	3.91	浙江	5.38
山东	2.84	福建	3.13	江苏	4.12	山东	3.54	山东	3.69	河北	4.83
福建	2.82	辽宁	3.12	湖南	3.97	海南	3.54	江西	3.55	湖北	4.66
宁夏	2.8	宁夏	2.82	江西	3.86	江西	3.15	河北	3.4	宁夏	4.16
青海	2.68	安徽	2.74	宁夏	3.43	河北	2.93	宁夏	3.38	河南	3.91
广西	2.42	青海	2.52	云南	3.36	宁夏	2.83	湖南	2.92	广西	3.79
安徽	2.4	河南	2.19	山东	3.3	青海	2.78	甘肃	2.68	江西	3.74
河南	2.4	山西	2.06	广西	3.12	广西	2.71	四川	2.56	湖南	3.58
四川	2.35	河北	2.05	安徽	2.71	安徽	2.55	安徽	2.47	四川	3.56
河北	2.24	四川	1.93	贵州	2.46	山西	2.37	山西	2.46	安徽	2.94
云南	1.94	广西	1.93	山西	2.24	河南	2.32	广西	2.34	甘肃	2.92
陕西	1.75	陕西	1.64	河南	2.16	四川	2.02	河南	2.26	青海	2.68
贵州	1.68	云南	1.63	河北	2.03	陕西	1.69	青海	1.93	山西	2.6
山西	1.68	贵州	1.6	四川	2.02	贵州	1.56	陕西	1.9	陕西	2.43
甘肃	1.3	甘肃	1.3	陕西	1.87	云南	1.41	云南	1.7	云南	2.3
海南	—	海南	—	甘肃	1.58	甘肃	0.95	重庆	1.51	重庆	2.07
重庆	—	重庆	—	重庆	—	重庆	—	贵州	1.2	贵州	1.48
西藏	18.04	西藏	17.9	西藏	17.21	西藏	16.02	西藏	8.65	西藏	7.33

3. 市场化与国际化区域发展水平、动态变化及差异特征

从发展水平上看（表6-18），广东、上海、福建、安徽、广西、江苏、重庆、天津、山东、宁夏为前十名，吉林、湖南、内蒙古、陕西、甘肃、青海、新疆、北京、西藏、海南为后十名。

表 6-18　区域现代农业市场化与国际化发展水平排序

省份	平均值
广东	12.71
上海	11.05
福建	9.62
安徽	9.48
广西	9.26
江苏	8.89
重庆	8.85
天津	8.85
山东	8.51
宁夏	8.33
云南	8.17
四川	8.04
湖北	7.95
河北	7.77
河南	7.71
浙江	7.71
贵州	7.67
江西	7.54
山西	7.51
黑龙江	7.22
辽宁	6.98
吉林	6.84
湖南	6.69
内蒙古	6.32
陕西	6.00
甘肃	5.85
青海	5.24
新疆	3.91
北京	3.66
西藏	3.62
海南	2.66

从指数增长率方面看（表 6-19），浙江、新疆、黑龙江、山西、宁夏、甘肃、陕西、湖北、江西、云南发展水平增长率位于前十名。

表 6-19　区域现代农业市场化与国际化发展水平指数增长率

省份	增长率（%）	年增长率（%）
浙江	376.24	8.20
新疆	185.83	4.12
黑龙江	148.36	3.56
山西	147.40	3.55
宁夏	126.13	3.19
甘肃	100.34	2.71
陕西	71.47	2.10
湖北	52.72	1.64
江西	44.24	1.42
云南	39.54	1.29
辽宁	28.18	0.96
重庆	26.75	2.67
贵州	18.12	0.64
吉林	15.73	0.56
山东	14.20	0.51
河北	11.75	0.43
河南	4.50	0.17
内蒙古	1.88	0.07
西藏	0.00	0.00
安徽	−8.55	−0.34
江苏	−15.86	−0.66
四川	−17.46	−0.74
湖南	−18.50	−0.78
福建	−19.53	−0.83
广东	−20.23	−0.87
广西	−20.35	−0.87
天津	−21.97	−0.95
海南	−23.64	−1.41
上海	−24.13	−1.06
北京	−61.79	−3.63

从动态发展看，1980 年，上海、广东、广西、天津、安徽、四川、江苏、贵州、湖南、福建位居前十名。2006 年，浙江、宁夏、贵州、山西、云南、重庆、广东、上海、甘肃、安徽位居前十名，见表 6-20 所示。

表 6-20　区域现代农业市场化与国际化发展水平的地区差异

1980		1985		1990		1995		2000		2006	
上海	11.86	上海	15.73	福建	13.09	江苏	11.22	广东	16.45	浙江	10.58
广东	11.71	天津	12.47	上海	13.09	浙江	11.05	重庆	10.89	宁夏	10.22
广西	9.98	广东	11.75	浙江	12.64	福建	10.74	浙江	10.57	贵州	10.09
天津	9.34	广西	10.49	广东	11.81	宁夏	10.61	宁夏	10.52	山西	10.04
安徽	9.13	河北	10.28	吉林	10.30	江西	9.98	黑龙江	10.07	云南	9.62
四川	9.10	福建	10.20	广西	9.65	河南	9.93	福建	9.71	重庆	9.55
江苏	8.88	浙江	10.20	宁夏	9.23	云南	9.60	山西	9.66	广东	9.34
贵州	8.55	江苏	9.49	江苏	9.14	广东	9.49	广西	9.58	上海	9.00
湖南	8.12	湖南	8.83	黑龙江	9.02	天津	9.37	四川	9.45	甘肃	8.64
福建	7.82	吉林	8.70	湖南	8.84	上海	9.24	上海	9.00	安徽	8.35
河南	6.91	辽宁	8.64	河北	8.79	湖南	9.00	天津	8.90	黑龙江	8.12
云南	6.89	河南	8.38	安徽	8.79	山东	8.85	青海	8.88	江西	8.00
山东	6.82	山东	8.36	辽宁	8.17	广西	8.75	山东	8.75	广西	7.95
内蒙古	6.41	安徽	8.27	山东	8.16	安徽	8.38	江苏	8.71	山东	7.79
河北	5.63	江西	8.18	天津	8.00	河北	8.36	云南	8.59	青海	7.52
江西	5.54	云南	7.83	山西	7.83	黑龙江	7.86	湖南	7.93	四川	7.51
吉林	5.25	四川	7.48	四川	7.76	陕西	7.39	甘肃	7.74	江苏	7.47
北京	5.12	贵州	7.40	河南	7.67	湖北	7.33	内蒙古	7.53	陕西	7.47
辽宁	4.90	湖北	7.20	江西	7.48	贵州	7.22	河南	7.29	天津	7.29
湖北	4.72	黑龙江	6.73	湖北	7.00	山西	7.05	江西	7.23	河南	7.22
宁夏	4.52	宁夏	6.44	云南	6.99	辽宁	7.05	湖北	7.09	湖北	7.20
陕西	4.35	山西	6.15	贵州	6.27	甘肃	6.65	安徽	7.08	湖南	6.62
甘肃	4.31	北京	5.99	陕西	5.85	内蒙古	6.54	贵州	7.02	内蒙古	6.53
山西	4.06	内蒙古	5.55	新疆	5.62	吉林	6.40	陕西	6.48	西藏	6.42
黑龙江	3.27	陕西	5.47	内蒙古	5.33	青海	5.88	辽宁	6.41	福建	6.29
新疆	1.87	新疆	5.13	北京	4.88	四川	5.22	吉林	6.02	河北	6.29
浙江	1.36	甘肃	4.51	青海	4.40	西藏	3.62	河北	5.98	辽宁	6.28
青海	0.14	青海	4.01	甘肃	3.87	新疆	1.92	新疆	4.26	吉林	6.07
海南	—	海南	—	海南	3.84	北京	1.57	西藏	1.97	新疆	5.34
重庆	—	重庆	—	重庆	—	海南	—	北京	1.93	海南	2.84

4. 社会化区域发展水平、动态变化及差异特征

从发展水平上看（表 6-21），上海、北京、天津、辽宁、黑龙江、江苏、吉林、安徽、广东、山西位于全国前十名，甘肃、江西、陕西、湖北、广西、青海、贵州、云南、西藏、重庆位于后十名。

表 6-21　区域现代农业社会化发展水平排序

省份	平均
上海	19.94
北京	17.01
天津	15.35
辽宁	10.41
黑龙江	10.02
江苏	9.41
吉林	8.85
安徽	8.82
广东	8.61
山西	8.45
新疆	8.39
山东	8.06
福建	8.01
河北	7.79
内蒙古	7.63
湖南	7.52
四川	7.19
海南	6.88
浙江	6.82
河南	6.78
宁夏	6.77
甘肃	6.63
江西	6.61
陕西	6.59
湖北	6.17
广西	5.93
青海	5.45
贵州	4.88
云南	4.83
西藏	3.33
重庆	1.14

从动态发展看，1980 年，北京、上海、天津、黑龙江、广东、辽宁、吉林、内蒙古、福建、江苏位于前十位，2006 年，上海、北京、天津、浙江、新疆、江苏、山西、黑龙江、辽宁、吉林进入前十名，见表 6-22 所示。

表 6-22　区域现代农业社会化发展水平地区指数差异

1980		1985		1990		1995		2000		2006	
北京	20.47	上海	18.96	上海	20.62	上海	20.57	上海	21.26	上海	21.05
上海	18.09	北京	18.27	北京	17.60	北京	16.15	北京	17.34	北京	16.91
天津	17.64	天津	16.22	天津	15.19	天津	13.93	天津	15.32	天津	12.45
黑龙江	13.03	辽宁	11.95	海南	10.32	江苏	8.83	辽宁	11.47	浙江	11.39
广东	12.54	黑龙江	11.47	辽宁	9.55	辽宁	8.72	江苏	10.90	新疆	11.37
辽宁	11.34	吉林	10.29	黑龙江	9.54	黑龙江	8.24	浙江	10.29	江苏	10.97
吉林	10.72	广东	9.40	吉林	8.62	甘肃	8.15	黑龙江	10.09	山西	10.86
内蒙古	9.70	江苏	8.72	江苏	8.53	海南	7.78	新疆	9.87	黑龙江	10.79
福建	9.34	浙江	8.48	山西	8.31	浙江	7.44	山东	9.74	辽宁	10.62
江苏	9.27	福建	8.28	新疆	7.82	新疆	6.73	河北	9.54	吉林	10.51
新疆	8.48	山西	8.02	福建	7.53	山西	6.53	广东	9.37	海南	10.42
山东	8.39	湖北	7.74	浙江	7.50	吉林	6.35	山西	9.31	内蒙古	10.29
山西	8.26	新疆	7.66	广东	7.09	河北	6.23	湖北	9.19	山东	9.93
浙江	7.92	山东	7.65	山东	7.04	山东	5.93	吉林	9.09	福建	9.31
河北	7.58	四川	7.35	四川	6.90	广东	5.87	海南	9.07	湖北	9.15
湖北	7.44	河北	7.10	河北	6.83	四川	5.69	内蒙古	8.78	广东	9.12
宁夏	6.96	甘肃	7.06	陕西	6.80	湖北	5.56	福建	8.64	河北	9.11
甘肃	6.95	内蒙古	6.96	宁夏	6.52	福建	5.55	宁夏	8.27	陕西	8.89
青海	6.81	青海	6.67	湖北	6.25	陕西	5.24	陕西	8.17	宁夏	8.65
安徽	6.79	湖南	6.57	河南	6.21	内蒙古	5.19	河南	8.02	江西	8.62
河南	5.97	河南	6.55	内蒙古	6.07	江西	5.07	甘肃	7.49	甘肃	8.47
湖南	5.93	江西	6.50	安徽	5.90	河南	4.96	四川	7.45	四川	8.40
江西	5.66	安徽	6.42	甘肃	5.32	安徽	4.92	江西	7.44	安徽	8.04
四川	5.57	广西	6.33	湖南	5.23	宁夏	4.54	湖南	7.26	云南	7.92
广西	5.47	宁夏	6.12	江西	5.23	广西	3.98	安徽	7.21	河南	7.89
贵州	4.90	贵州	4.95	广西	5.05	湖南	3.86	青海	6.50	广西	7.78
陕西	4.46	陕西	4.80	青海	4.06	贵州	2.97	广西	6.44	贵州	7.73
西藏	4.26	云南	4.12	贵州	3.63	青海	2.48	云南	5.88	湖南	7.54
云南	3.71	西藏	3.27	西藏	3.38	云南	2.47	贵州	5.62	青海	6.67
海南	—	海南	—	云南	3.18	西藏	0.82	西藏	4.88	西藏	6.32

5. 生态化区域发展水平、动态变化及差异特征

从发展水平上看（表 6-23），福建、安徽、海南、江西、广东、黑龙江、湖北、吉林、云南、广西位于全国前十名，河北、河南、内蒙古、江苏、天津、山西、甘肃、新疆、青海、宁夏位于后十名。

表 6-23 区域现代农业生态化发展水平排序

省份	平均
福建	11.77
安徽	10.92
海南	10.04
江西	9.93
广东	9.61
黑龙江	9.20
湖北	8.41
吉林	8.19
云南	8.02
广西	7.46
西藏	7.03
辽宁	6.88
陕西	6.70
四川	6.54
湖南	6.46
浙江	5.62
北京	5.50
贵州	5.41
重庆	5.35
上海	5.33
山东	4.57
河北	4.40
河南	4.37
内蒙古	3.82
江苏	3.80
天津	3.68
山西	3.65
甘肃	2.71
新疆	2.67
青海	2.25
宁夏	2.12

从动态发展看，1980 年，福建、浙江、海南、湖南、广东、吉林、江西、黑龙江、广西、云南位于前十位，2006 年，福建、江西、浙江、广东、广西、湖南、云南、上海、陕西、安徽水平步入前十名，见表 6-24 所示。

表 6-24 区域现代农业生态化发展水平地区指数差异

1980		1985		1990		1995		2000		2006	
福建	11.95	海南	11.54	黑龙江	12.73	福建	12.95	广东	12.54	福建	12.25
浙江	11.88	浙江	11.44	浙江	11.92	浙江	12.36	浙江	11.92	江西	11.58
海南	11.86	福建	9.52	福建	11.80	黑龙江	11.98	湖南	11.57	浙江	10.61
湖南	10.14	黑龙江	9.30	江西	11.30	海南	11.67	福建	11.38	广东	8.99
广东	10.06	广东	8.84	云南	9.93	江西	11.37	海南	11.02	广西	8.91
吉林	10.04	江西	8.51	重庆	9.63	广东	11.26	云南	9.90	湖南	8.08
江西	9.42	云南	8.10	广东	9.30	吉林	10.15	江西	9.33	云南	8.02
黑龙江	9.26	湖北	8.08	海南	9.20	广西	9.81	广西	9.22	上海	7.49
广西	8.90	湖南	8.05	湖南	8.01	湖南	9.65	西藏	8.86	陕西	7.43
云南	8.33	吉林	7.59	辽宁	7.79	云南	9.22	北京	8.78	安徽	7.30
辽宁	8.01	广西	6.49	湖北	7.68	北京	8.72	四川	8.56	西藏	7.26
上海	6.25	上海	6.26	陕西	7.55	重庆	8.60	贵州	8.11	海南	7.22
湖北	6.12	陕西	5.95	四川	6.78	陕西	8.24	黑龙江	7.90	黑龙江	6.88
重庆	5.93	重庆	5.92	吉林	6.48	湖北	8.22	辽宁	6.66	贵州	6.32
陕西	5.85	辽宁	5.78	内蒙古	6.19	辽宁	8.07	湖北	6.62	四川	6.13
四川	5.05	新疆	5.52	安徽	5.76	四川	8.06	陕西	6.61	河南	5.99
贵州	5.04	四川	4.80	广西	5.28	山东	7.83	河南	5.50	辽宁	5.62
北京	4.16	山东	4.72	上海	5.16	河北	7.82	吉林	5.45	吉林	5.48
安徽	4.13	河北	4.54	山西	5.13	安徽	7.74	山东	4.83	北京	5.39
河南	3.71	西藏	4.47	北京	5.08	西藏	7.44	安徽	4.73	湖北	5.12
山东	3.69	河南	4.30	江苏	4.87	贵州	6.83	河北	4.52	重庆	4.73
天津	3.07	贵州	4.26	贵州	4.75	河南	6.70	甘肃	4.49	河北	4.25
河北	2.91	天津	3.94	河南	4.55	内蒙古	6.54	天津	4.37	宁夏	4.12
内蒙古	2.84	安徽	3.91	宁夏	4.48	山西	6.27	山西	4.02	天津	3.87
西藏	2.57	山西	3.89	青海	4.44	江苏	6.19	新疆	4.01	山东	3.74
江苏	2.56	北京	3.77	山东	4.29	天津	5.64	内蒙古	3.57	内蒙古	3.18
山西	2.20	甘肃	3.49	西藏	3.93	新疆	4.49	江苏	3.05	江苏	3.12
新疆	1.87	内蒙古	3.46	天津	3.53	青海	4.30	重庆	2.99	山西	1.55
青海	0.94	江苏	2.19	甘肃	3.33	甘肃	3.98	宁夏	1.81	甘肃	1.30
甘肃	0.89	青海	1.77	新疆	3.18	宁夏	2.55	上海	1.74	青海	1.00

四、现代农业阶段性评价

现代农业阶段性评价是由以下程序组成：特征指标的选择；特征指标值的确定；特征指标标准化计算；农业现代化动态监测值的确定；农业现代化动态评价。

（一）特征指标的选择

评价中国现代农业发展阶段需要设定特征性指标值，中国现代农业发展阶段特征指标由 10 项指标组成。10 项指标分别如下所述：

（1）一产产值占 GDP 比重。

（2）单位耕地面积农机总动力，反映现代农业的机械化水平。

（3）土地生产率，反映现代农业的单位土地产出水平。

（4）化肥施用量。

（5）劳均耕地面积，反映现代农业的规模水平。

（6）劳动生产率，反映现代农业的单位劳动力产出水平。

（7）劳均农业投入额，反映现代农业投入水平。

（8）农业科技投入占农业总产值比重，反映现代农业科技水平。

（9）城镇人口占总人口比重，反映农村城镇化的水平。

（10）农村劳动力初中以上文化程度比重，反映农村劳动力文化水平。

（二）特征指标值的确定

根据《世界发展报告》1970 年、1980 年、1990 年、2000 年、2003 年、2004 年中的有关数据以及中国农业现代化发展现状，我们拟定了上述指标的 10 项标准值，如表 6-25 所示。

表 6-25　特征指标标准值

指标	标准值	单位
1. 一产产值占 GDP 比重	1.6	％
2. 单位耕地面积农机总动力	30	千瓦/公顷
3. 土地生产率	10	万元/公顷
4. 化肥施用量	110	千克/公顷
5. 劳均耕地面积	61	公顷/一产从业人员数
6. 劳动生产率	1.8	万元/一产从业人员数

（续）

指标	标准值	单位
7. 劳均农业投入额	3	万元
8. 农业科技投入占农业总产值比重	5	%
9. 城镇人口占总人口比重	80	%
10. 农村劳动力初中以上文化程度比重	90	%

资料来源：中国农业科学院农业经济与发展研究所现代农业研究室测算。

（三）特征指标标准化计算

首先对特征指标进行标准化：

正向指标：$M_{ik}＝Ind_{ik}／SInd_{ik}×100\%$

式中，M_{ik} 为第 k 次农业现代化指标 i 的实现程度；Ind_{ik} 为指标 i 的实际值；$SInd_{ik}$ 为 i 指标标准值。

逆向指标：$MI_{ik}＝1／（Ind_{ik}／SInd_{ik}）×100\%$

当 $k＝1$ 时，$n＝12$；当 $k＝2$ 时，$n＝14$。$N≤12$ 或 $N≤14$。

（四）农业现代化阶段性评价监测值的确定

中国农业现代化动态监测分为 5 个阶段，包括初始期、起步期、发展期、成熟期、实现过渡期。5 个阶段赋值如表 6-26 所示。

表 6-26 现代农业阶段性评价值的确定

	标准值	5. 现代农业实现过渡期	4. 现代农业成熟期	3. 现代农业发展期	2. 现代起步期	1. 传统农业
1. 一产产值占 GDP 比重	1.6	≥100	60～100	30～60	10～30	<10
阶段赋值		5	4	3	2	1
2. 农业机械总动力	30	≥100	60～100	30～60	10～30	<10
阶段赋值		5	4	3	2	1
3. 土地生产率	10	≥100	60～100	30～60	10～30	<10
阶段赋值		5	4	3	2	1
4. 化肥施用量	110	≥100	60～100	30～60	10～30	<10
阶段赋值		5	4	3	2	1
5. 劳均耕地面积	61	≥100	60～100	30～60	10～30	<10
阶段赋值		5	4	3	2	1
6. 劳动生产率	1.8	≥100	60～100	30～60	10～30	<10
阶段赋值		5	4	3	2	1

（续）

	标准值	5. 现代农业实现过渡期	4. 现代农业成熟期	3. 现代农业发展期	2. 现代起步期	1. 传统农业
7. 劳均农业投入额	3	≥100	60～100	30～60	10～30	＜10
阶段赋值		5	4	3	2	1
8. 农业科技投入占农业总产值比重	5	≥100	60～100	30～60	10～30	＜10
阶段赋值		5	4	3	2	1
9. 城镇人口占总人口比重	80	≥100	60～100	30～60	10～30	＜10
阶段赋值		5	4	3	2	1
10. 农村劳动力初中以上文化程度比重	90	≥100	60～100	30～60	10～30	＜10
阶段赋值		5	4	3	2	1

资料来源：中国农业科学院农业经济与发展研究所现代农业研究室测算。

（五）现代农业阶段性评价模型

农业现代化阶段性评价（MI^k）计算公式：$MI^k = \sum_{i=1}^{n} MI_i^k / n$

当 $k=1$ 时，$n=12$；$k=2$ 时，$n=14$。由于计算时有的指标缺项，所以 $n \leqslant 12$ 或 $n \leqslant 14$。

（六）现代农业阶段性评价指标值

用标准值对 10 项特征指标值进行标准化，得出现代农业发展的阶段指标值，如表 6-27 所示。

表 6-27　现代农业阶段性评价指标值

指标	1	2	3	4	5	6	7	8	9	10
标准值	1.6	30	10	110	60.6	1.8	3	5	80	90
全国	8	10	4	54	1	1	1	7	29	51
北京	39	38	13	28	1	4	10	8	84	79
天津	29	32	7	56	1	3	6	9	73	65
河北	9	21	5	48	1	1	2	7	21	62
山西	12	10	2	66	1	1	1	8	31	63

（续）

指标	1	2	3	4	5	6	7	8	9	10
内蒙古	6	4	2	53	2	2	1	7	46	52
辽宁	12	9	5	54	1	2	2	8	53	62
吉林	7	5	3	63	2	2	1	7	52	58
黑龙江	10	4	2	67	3	2	1	8	60	59
上海	70	19	11	21	1	3	15	10	88	64
江苏	10	15	8	25	1	2	5	8	28	56
安徽	11	22	11	29	0	2	6	8	22	49
浙江	6	11	4	43	1	1	1	8	19	49
福建	8	15	15	27	0	2	2	9	23	45
江西	6	9	6	44	0	1	1	7	26	45
山东	8	20	7	33	1	2	2	8	22	57
河南	6	15	5	42	0	1	1	7	18	59
湖南	7	8	6	40	1	1	1	7	34	54
湖北	6	13	8	33	0	1	1	7	19	52
广东	11	14	12	26	0	2	2	8	21	54
广西	5	8	5	53	0	1	1	7	16	51
海南	4	8	12	44	1	3	1	9	43	61
重庆	10	9	8	36	1	2	1	0	24	55
四川	6	6	5	54	0	1	1	9	20	42
贵州	5	3	2	69	1	1	0	7	17	36
云南	6	5	2	64	1	1	0	7	19	30
西藏	5	8	3	48	3	2	1	6	19	3
陕西	8	6	2	56	1	1	1	8	25	44
甘肃	7	5	2	64	1	1	0	8	23	44
青海	9	9	2	75	1	1	1	6	40	30
宁夏	8	7	2	60	2	1	1	8	34	38
新疆	6	5	3	56	2	2	1	7	60	40

注：表中指标栏 1. 一产产值占 GDP 比重；2. 单位耕地面积农机总动力；3. 土地生产率；4. 化肥施用量；5. 劳均耕地面积；6. 劳动生产率；7. 劳均农业投入额；8. 农业科技投入占农业总产值比重；9. 城镇人口占总人口比重；10. 农村劳动力初中以上文化程度比重。表 6-28 同。

（七）区域现代农业阶段评价结果

10 项特征指标标准化值与阶段值进行比较测算，得出区域 1952—2006 年现代农业阶段性评价结果，总体上，区域现代农业发展处于起步期，如表 6-28 所示。

表 6-28　现代农业发展阶段值确定

阶段	1	2	3	4	5	6	7	8	9	10	总分
标准值	1.6	30	10	110	60.6	1.8	3	5	80	90	
北京	3	3	2	2	1	1	2	1	5	4	2.4
天津	2	3	1	3	1	1	1	1	5	4	2.2
河北	1	2	1	3	1	1	1	1	2	4	1.7
山西	2	1	1	4	1	1	1	1	3	4	1.9
内蒙古	1	1	1	3	1	1	1	1	3	3	1.6
辽宁	2	1	1	3	1	1	1	1	3	3	1.7
吉林	1	1	1	4	1	1	1	1	3	3	1.7
黑龙江	1	1	1	4	1	1	1	1	3	3	1.7
上海	4	2	2	2	1	1	2	2	4	4	2.4
江苏	2	2	1	2	1	1	1	1	2	3	1.6
安徽	2	2	2	2	1	1	1	1	2	3	1.7
浙江	1	2	1	3	1	1	1	1	2	3	1.6
福建	1	2	2	2	1	1	1	1	2	3	1.6
江西	1	1	1	3	1	1	1	1	2	3	1.5
山东	1	2	1	3	1	1	1	1	2	3	1.6
河南	1	2	1	3	1	1	1	1	2	3	1.6
湖南	1	1	1	3	1	1	1	1	2	3	1.6
湖北	1	2	1	3	1	1	1	1	2	3	1.6
广东	2	2	2	2	1	1	1	1	2	3	1.7
广西	1	1	1	3	1	1	1	1	2	3	1.5
海南	1	1	2	3	1	1	1	1	2	4	1.8
重庆	1	1	1	3	1	1	1	1	2	3	1.5
四川	1	1	1	3	1	1	1	1	2	3	1.5
贵州	1	1	1	4	1	1	1	1	2	3	1.6
云南	1	1	1	4	1	1	1	1	2	3	1.6
西藏	1	1	1	3	1	1	1	1	2	1	1.3
陕西	1	1	1	3	1	1	1	1	2	2	1.4
甘肃	1	1	1	4	1	1	1	1	2	2	1.5
青海	1	1	1	4	1	1	1	1	3	2	1.6
宁夏	1	1	1	4	1	1	1	1	3	2	1.6
新疆	1	1	1	3	1	1	1	1	4	2	1.6

（八）区域现代农业发展趋势预测

采用区域现代农业发展水平定量评价的研究结果，利用外推法预测区域现代农业实现水平，这样可以预测区域现代农业实现的年限。从总体上看，区域现代农业实现水平预测，只是根据现代农业发展近十年的平均增长率进行外推，这种方法，在理论上是成立的，但还有待于实践的检验。

1. 建立模型的思路

按照简单外推原理，假定现代农业序列 y_t 在每个时期上的增长量是常量，拟合的趋势线为：$y_t = c_1 + c_2 t$，其中，t 是时间，y_t 是 y 在 t 期的值。通常 t 在基期（第一个观察值）选择为 1 且每增加一个时期增加 1。

假定序列 y_t，以同样百分比的增长速度增长可能比以同样的增长量增长更现实些。这个假定隐含着的变化规律为指数增长曲线：$y_t = f(t) = Ae^{rt}$，这里 A 和 r 可通过 $y(t)$ 和 y_t 之间的相关性最大化来确定。$T+1$ 期的预测值可由下式给出：$\hat{y}_{T+1} = Ae^{r(T+L)}$，$T+L$ 期的预测由下式给出：$\hat{y}_{T+L} = Ae^{r(T+L)}$，参数 A 和 r 通过对方程两边取对数并拟合对数线性回归方程。$\log y_t = c_1 + c_2 t$ 来估计，其中 $c_1 = \log A$，$c_2 = r$。

2. 模型框架

根据上述分析，模型的公式如下：

$$y_t = c_1 + c_2 t$$
$$y_t = f(t) = Ae^{rt}$$

3. 模型假定

本模型主要的假设是：第一，现代农业增长速度有一定的规律；第二，超常规发展基本不存在。

4. 数据来源

预测所使用的数据主要来自本课题研究的现代农业测算结果。

5. 测算方法

测算出 1980—2007 年中国现代农业发展综合指数的年均增长率，以 2007 年中国现代农业发展为基期，推算 2020 年中国现代农业发展水平。

表 6-29　区域现代农业建设与发展水平预测

省份	2007	2020	2030	2035	2040	2050
北京	48.40	56.77	58.78	60.85	63.00	65.22
天津	42.72	47.70	48.86	50.05	51.27	52.51
河北	34.57	47.51	50.91	54.55	58.46	62.64

（续）

省份	2007	2020	2030	2035	2040	2050
山西	31.99	44.89	48.32	52.01	55.99	60.27
内蒙古	34.54	46.44	49.53	52.82	56.33	60.07
辽宁	36.78	42.80	44.23	45.72	47.25	48.83
吉林	41.40	51.61	54.15	56.81	59.60	62.53
黑龙江	41.20	50.98	53.40	55.93	58.58	61.36
上海	58.52	65.93	67.67	69.44	71.27	73.14
江苏	36.77	44.34	46.19	48.11	50.11	52.19
安徽	51.28	65.08	68.54	72.19	76.02	80.07
浙江	34.23	55.81	62.07	69.03	76.77	85.38
福建	43.99	50.09	51.52	53.00	54.51	56.08
江西	40.07	51.72	54.67	57.79	61.08	64.56
山东	36.96	51.69	55.60	59.80	64.33	69.19
河南	32.77	43.07	45.70	48.50	51.46	54.61
湖南	31.88	37.63	39.01	40.44	41.92	43.46
湖北	33.49	34.89	35.20	35.51	35.83	36.15
广东	42.65	41.70	41.49	41.29	41.09	40.89
广西	34.32	38.71	39.73	40.78	41.86	42.97
海南	34.79	38.70	39.61	40.53	41.48	42.46
重庆	24.39	31.38	33.15	35.01	36.99	39.07
四川	31.40	37.87	39.44	41.08	42.79	44.57
贵州	31.38	40.04	42.21	44.51	46.93	49.48
云南	34.02	41.78	43.68	45.68	47.76	49.94
西藏	34.68	33.42	33.15	32.89	32.63	32.37
陕西	31.71	36.06	37.08	38.13	39.22	40.33
甘肃	26.86	33.70	35.41	37.20	39.08	41.06
青海	24.97	30.88	32.34	33.87	35.48	37.15
宁夏	33.52	35.06	35.41	35.75	36.10	36.46
新疆	30.81	35.59	36.73	37.90	39.11	40.36

（九）区域农业现代化建设与发展水平预测

根据上述方法预测，中国区域农业现代化未来实现水平的结果预测是：2050 年农业现代化实现的程度分别是浙江 85.38、安徽 80.07、上海 73.14、山东 69.19、北京 65.22、江西 64.56、河北 62.64、吉林 62.53、黑龙江 61.36。上述省份农业现代化实现水平基本达到半数值以上，是农业现代化实现较快的区域（表 6-29）。

五、国内外现代农业建设的比较研究

在世界经济发展中，农业的地位很重要，无论是联合国粮农组织还是世界银行，对于世界农业发展的关注程度都很高。以下评价指标常见于这些组织的世界农业发展报告中。第一产业国内生产总值、第二产业国内生产总值、第三产业国内生产总值、研究与发展经费支出占国内生产总值比重、公共教育经费支出占国内生产总值比重、每百万人从事研究与开发的研究人员数、万人拥有专利数、大学生粗入学率、小学生净入学率、平均每个农业经济活动人口耕地面积（公顷/人）、平均每千公顷耕地上拖拉机使用量（台/千公顷）、平均每千公顷耕地上化肥施用量（吨/千公顷）、全员劳动生产率、劳均谷物产量、劳均林产品产量、劳均肉类产量、劳均鱼类产量、农产品出口额、人均国民总收入（美元）、城市人口比重、第一产业就业构成、第二产业就业构成、第三产业就业构成、医疗支出占国内生产总值的比重。从上述指标设立可以看出，国际组织对世界农业的研究，既强调农业行业的特殊性，如农业的生产能力、产出率、农业生产效率；也强调农业的社会性、科学性和国际性，如专利数、科技人员数、教育水平、农产品出口额、人均国民总收入、全民医疗状况，把农业置身于整个社会经济发展状况下讨论是科学的。这些成熟的统计指标为世界现代农业发展研究奠定了基础，本研究采用综合指数法针对世界现代农业发展进行了比较研究。

（一）世界现代农业比较研究的评价指标体系

现代农业发展的一个重要水平就是技术、管理、经营的科学化，生产的集约化、市场的国际化和农业生产的社会化。因此，我们可以用这四方面的尺度，判断世界农业发展的特性。在农业发展科学化的水平研究中，我们采用第一产业国内生产总值构成，第二产业国内生产总值构成，第三产业国内生产总值构成，研究与发展经费支出占国内生产总值比重，公共教育经费支出占国内生产总值比重，每百万人从事研究与开发的研究人员数，万人拥有专利数，大学生粗入学率，小学生净入学率来判断。在世界农业发展的集约化水平中，采用平均每个农业经济活动人口耕地面积（公顷/人），平均每千公顷耕地上拖拉机使用量（台/千公顷），平均每千公顷耕地上化肥施用量，全员劳动生产率，主要谷物产量，劳均谷物产量，劳均林产品产量，劳均肉类产量，劳均鱼类产量来判断。在世界农业市场化与国际化水平中，采用农产品出口额来判断。在世界农业社会化水平中，采用人均国民总收入（美元），城市人口比重，第一产业就业构成，第二产业就业构成，第三产业就业构成，医疗支出占国内生产总值的比重来判断。由此，我们建立了一整套评价世界现代农业发展水平的指标体系。

（二）世界现代农业发展水平评价的指标体系

把世界现代农业发展评价指标体系分为目标层和准则层两大类。目标层测度世界现代农业发展水平，准则层分为测度世界现代农业发展的一级指标和二级指标体系。

一级指标体系设四组指标，分别是世界现代农业发展科学化水平，世界现代农业发展集约化水平，世界现代农业发展的市场化与国际化水平，世界现代农业发展的社会化水平。

二级指标体系 24 项，其中：①第一产业国内生产总值；②第二产业国内生产总值；③第三产业国内生产总值；④研究与发展经费支出占国内生产总值比重（％）；⑤公共教育经费支出占国内生产总值比重（％）；⑥每百万人从事研究与开发的研究人员数；⑦万人拥有专利数；⑧大学生粗入学率；⑨小学生净入学率；这 9 个指标评价世界现代农业发展科学化水平。⑩平均每个农业经济活动人口耕地面积（公顷/人）；⑪平均每千公顷耕地上拖拉机使用量（台/千公顷）；⑫平均每千公顷耕地上化肥施用量（吨/千公顷）；⑬全员劳动生产率；⑭劳均谷物产量；⑮劳均林产品产量；⑯劳均肉类产量；⑰劳均鱼类产量；这 8 个指标评价世界现代农业发展集约化水平。⑱农产品出口额，这个指标是评价市场化与国际化发展水平。⑲人均国民总收入（美元）；⑳城市人口比重；㉑第一产业就业构成（％）；㉒第二产业就业构成（％）；㉓第三产业就业构成（％）；㉔医疗支出占国内生产总值的比重（％）；这 6 个指标评价世界现代农业发展的社会化水平。

表 6-30　世界农业发展水平评价指标体系

目标层	一级指标	二级指标
现代农业 建设水平	1. 科学化	1. 第一产业国内生产总值
		2. 第二产业国内生产总值
		3. 第三产业国内生产总值
		4. 研究与发展经费支出占国内生产总值比重（％）
		5. 公共教育经费支出占国内生产总值比重（％）
		6. 每百万人从事研究与开发的研究人员数
		7. 万人拥有专利数
		8. 大学生粗入学率
		9. 小学生净入学率

（续）

目标层	一级指标	二级指标
现代农业建设水平	2. 集约化	10. 平均每个农业经济活动人口耕地面积（公顷/人）
		11. 平均每千公顷耕地上拖拉机使用量（台/千公顷）
		12. 平均每千公顷耕地上化肥施用量（吨/千公顷）
		13. 全员劳动生产率
		14. 劳均谷物产量
		15. 劳均林产品产量
		16. 劳均肉类产量
		17. 劳均鱼类产量
	3. 市场化与国际化	18. 农产品出口额
	4. 社会化	19. 人均国民总收入（美元）
		20. 城市人口比重
		21. 第一产业就业构成（％）
		22. 第二产业就业构成（％）
		23. 第三产业就业构成（％）
		24. 医疗支出占国内生产总值的比重（％）

1. 世界现代农业发展水平指标体系构成

（1）农业科学化指标体系。

第一产业国内生产总值构成（％）＝第一产业国内生产总值/国内生产总值×100％

第二产业国内生产总值构成（％）＝第二产业国内生产总值/国内生产总值×100％

第三产业国内生产总值构成（％）＝第三产业国内生产总值/国内生产总值×100％

研究与发展经费支出占国内生产总值比重（％）＝研究与发展经费支出/国内生产总值×100％

公共教育经费支出占国内生产总值比重（％）＝公共教育经费支出/国内生产总值×100％

每百万人从事研究与开发的研究人员数＝从事研究与开发的研究人员数/人口数

万人拥有专利数＝专利数/人口数

大学生粗入学率＝大学生入学数/15～18岁初中毕业生

小学生净入学率＝小学生入学人数/6～7岁儿童数

（2）农业生产集约化指标体系。

每个农业生产人口耕地面积（公顷/人）＝耕地面积/农业生产人口

每千公顷耕地上拖拉机使用量（台/千公顷）＝拖拉机使用量/耕地面积

每千公顷耕地上化肥施用量＝化肥施用量/耕地面积

全员劳动生产率＝国内生产总值/社会就业人员

劳均谷物产量＝主要谷物产量/种植业就业人员

劳均林产品产量＝林产品产量/林业就业人员

劳均肉类产量＝肉类产量/畜牧业就业人员

劳均鱼类产量＝鱼类产量/渔业就业人员

（3）市场化与国际化。

农产品出口额。

（4）社会化。

人均国民总收入（美元）＝国民经济总产值/全国人口

城市人口比重＝（总人口－农村人口）/总人口

第一产业就业构成（％）＝第一产业就业人口/社会就业总人口×100％

第二产业就业构成（％）＝第二产业就业人口/社会就业总人口×100％

第三产业就业构成（％）＝第三产业就业人口/社会就业总人口×100％

医疗支出占国内生产总值的比重（％）＝医疗支出/国内生产总值×100％

2. 数据获得及其处理

本研究数据来源于《国际统计年鉴》（2008）。选取了中国、印度、日本、韩国、菲律宾、泰国、土耳其、埃及、南非、加拿大、墨西哥、美国、阿根廷、巴西、保加利亚、捷克、法国、德国、意大利、俄罗斯联邦、英国、澳大利亚、新西兰23个国家，一些小的国家就没有在计算之中。

3. 评价指标体系权重的确定

本研究运用层次分析法求取指标的权重，目标层四组指标权重、准则层24组指标的权重如表6-31所示。

4. 指标的标准化与计算模型

指标的标准化采用比值法进行无量纲化处理，该方法首先选取一个评价基数值，把被评价方案的指标实际数据与其相比，从而得到一个比例系数。其计算公式为：

$$P_i = \begin{cases} (C_i - C_{min})/(C_{max} - C_{min}) & （为正作用指标标准化） \\ (C_{max} - C_i)/(C_{max} - C_{min}) & （为负作用指标标准化） \end{cases}$$

式中：C_i 为被评价指标数据值；C_{min} 为某项指标评价的最小数据；C_{max} 为某项指标评价的最大数据；P_i 为被评价方案指标得分值（即评定系数）。

表 6-31 世界现代农业发展水平的测算指标体系

目标	一级指标	权重	二级指标	权重	性质
现代农业建设水平	科学化	27	1. 第一产业国内生产总值	1	逆
			2. 第二产业国内生产总值	2	正
			3. 第三产业国内生产总值	3.1	正
			4. 研究与发展经费支出占国内生产总值比重（%）	3.8	正
			5. 公共教育经费支出占国内生产总值比重（%）	3.8	正
			6. 每百万人从事研究与开发的研究人员数	3.8	正
			7. 万人拥有专利数	3.2	正
			8. 大学生粗入学率	3.1	正
			9. 小学生净入学率	3.2	正
	集约化	25	10. 平均每个农业经济活动人口耕地面积（公顷/人）	3.2	正
			11. 平均每千公顷耕地上拖拉机使用量（台/千公顷）	3.2	正
			12. 平均每千公顷耕地上化肥施用量（吨/千公顷）	3.1	正
			13. 全员劳动生产率	3.5	正
			14. 劳均谷物产量	2.9	正
			15. 劳均林产品产量	2.9	正
			16. 劳均肉类产量	3.3	正
			17. 劳均鱼类产量	2.9	正
	市场化与国际化	24	18. 农产品出口额	24	正
	社会化	24	19. 人均国民总收入（美元）	4	正
			20. 城市人口比重	6	正
			21. 第一产业就业构成（%）	2	逆
			22. 第二产业就业构成（%）	4	正
			23. 第三产业就业构成（%）	4	正
			24. 医疗支出占国内生产总值的比重（%）	4	正

现代农业的综合评价模型（实证模型）：

$$MA = \sum_{i=1}^{24} Y_i \times W_i$$

式中：MA 代表总体实现程度；W_i 为指标权重。

5. 世界现代农业发展总体水平及中国所处的地位

通过综合指数法测算，世界现代农业发展总体水平最好的是美国，指数值达到 81.13；其次为法国，指数为 62.66；第三是加拿大，指数值为 58.27。

其余位居前 10 名的依次为德国 54.85，澳大利亚 52.31，英国 50.02，意大利 47.87，日本 46.71，韩国 36.55，巴西 33.19。10 名以后的国家排序依次为捷克 32.42，俄罗斯联邦 31.46，墨西哥 29.93，南非 27.68，保加利亚 25.88，土耳其 22.15，阿根廷 19.94，泰国 19.40。中国位于第 19 名，指数值 17.60，中国以后的国家有菲律宾 15.97，埃及 12.59，印度 12.51。

美国现代农业发展水平位居世界第一级，法国的现代农业发展水平处于世界第二级，加拿大现代农业发展水平与德国、澳大利亚和英国同属第三级水平，欧洲的意大利和亚洲的日本、韩国同属第四级水平。美洲的巴西现代农业发展令人瞩目，总体水平跻身世界前十。与世界现代农业发展水平相比，中国现代农业发展水平相对落后。

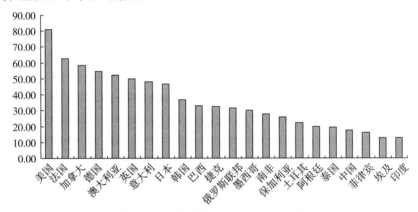

图 6-8　世界现代农业发展总体水平

6. 世界现代农业发展的分类水平及中国所处的地位

（1）科学化。 综合指数法测算结果显示，世界现代农业科学化发展水平最好的是美国，指数值达到 19.68；其次为日本 18.84；第三是韩国 18.46。后面依次为法国 18.34，加拿大 17.78，澳大利亚 17.42，英国 17.40，德国 14.77，意大利 14.41，俄罗斯联邦 14.21。中国位居 19 位，指数为 6.31。

除美国处于世界一级地位外，在农业科学化水平上，亚洲的日本与韩国分别位居第二和第三，中国的排名依然很落后。

（2）集约化。 综合指数法测算结果显示，世界现代农业集约化发展水平最好的是美国 17.7；其次是加拿大 17.28；第三是澳大利亚 12.41；其后依次为法国 11.57，意大利 10.39，日本 9.88，德国 8.91，英国 8.68，阿根廷 6.57，泰国 5.7。中国位于 21 位，指数为 1.2。

除美国处于世界一级地位外，在农业集约化水平上，加拿大、澳大利亚、法国、意大利、日本的发展水平位于世界前列。在此项目上，中国排名世界第 21 位，差距很显著。

（3）市场化与国际化。综合指数法测算结果显示，世界现代农业市场化与国际化发展水平最好的是美国，指数为 24；其次是法国，指数为 16.1；第三是德国，指数为 12.51；其后依次为巴西 7.85，意大利 7.74，加拿大 6.56，英国 6.4。中国 6.28，澳大利亚 5.54，阿根廷 5.11。

除美国处于世界一级地位外，在农业市场化与国际化水平上，法国、德国、阿根廷、意大利、加拿大、英国、中国、澳大利亚、巴西位居前十名。中国在市场化和国际化上，排名第 8 位，是唯一一项排在世界前十位的水平值。

（4）社会化。综合指数法测算结果显示，世界现代农业社会化发展水平最好的是美国，指数值达到 19.75，其次为德国，指数值为 18.66，日本第三，指数值为 17.65，后面依次为英国 17.55，澳大利亚 16.94，加拿大 16.66，法国 16.65，阿根廷 15.38，意大利 15.32，捷克 14.63。在此项目上，中国的排名位于世界第 20 位，指数为 3.81，差距很显著。

除美国处于世界一级地位外，在农业社会化水平上，德国、日本、英国、澳大利亚、加拿大、法国、阿根廷、意大利、捷克的排名位于世界前十位。在该项目上，中国的排位很落后，位于第 20 位（表 6-32）。

表 6-32 世界现代农业发展的分类水平

国家	科学化	集约化	市场化与国际化	社会化
美国	19.68	17.70	24.00	19.75
日本	18.84	9.88	0.35	17.65
韩国	18.46	4.06	0.43	13.60
法国	18.34	11.57	16.10	16.65
加拿大	17.78	17.28	6.56	16.66
澳大利亚	17.42	12.41	5.54	16.94
英国	17.40	8.68	6.40	17.55
德国	14.77	8.91	12.51	18.66
意大利	14.41	10.39	7.74	15.32
俄罗斯联邦	14.21	4.60	0.60	12.05
捷克	12.93	4.50	0.37	14.63
保加利亚	11.36	4.51	0.00	10.01
墨西哥	11.27	3.95	3.09	11.62
巴西	10.30	3.33	7.85	11.71
南非	9.59	4.31	0.88	12.91
泰国	8.23	5.70	3.73	1.74
土耳其	7.45	4.38	1.57	8.75
菲律宾	7.21	2.78	0.42	5.56
中国	6.31	1.20	6.28	3.81
印度	4.67	2.57	2.23	3.04
埃及	3.00	0.69	0.05	8.84
阿根廷	−7.13	6.57	5.11	15.38

7. 世界现代农业发展的区域水平

区域上，作为独处大洋洲的澳大利亚现代农业排名第一，欧洲排名第二，美洲因南美因素，排名第三，亚洲排名第四，非洲排名第五。在亚洲区域内，中国现代农业的发展水平不仅落后于日本、韩国，也落后于土耳其、泰国。在非洲，南非的现代农业比埃及的现代农业先进得多。在美洲，阿根廷的现代农业较为落后（表6-33）。

表 6-33 世界现代农业发展的区域水平

区域	国家	指数
亚洲	日本	46.71
	韩国	36.55
	土耳其	22.15
	泰国	19.40
	中国	17.60
	菲律宾	15.97
	印度	12.51
	平均	24.41
非洲	南非	27.68
	埃及	12.59
	平均	20.14
美洲	美国	81.13
	加拿大	58.27
	巴西	33.19
	墨西哥	29.93
	阿根廷	19.94
	平均	35.36
欧洲	法国	62.66
	德国	54.85
	英国	50.02
	意大利	47.87
	捷克	32.42
	保加利亚	25.88
	平均	45.62
俄罗斯联邦	俄罗斯联邦	31.46
大洋洲	澳大利亚	52.31

8. 结论及政策建议

现代农业发展与农业现代化水平发展息息相关，农业现代化发展的前提条件是工业化发展水平。20 世纪 70 年代前后，发达国家和地区包括美国、欧盟、加拿大、澳大利亚、日本、韩国等，完成了国家工业化，提高了农业现代化发展水平，这些国家和地区进入后现代化时期的现代农业发展也是全面的、扎实的。总体上看，美国农业代表世界先进农业的潮流，一部分欧盟国家农业属于世界现代农业的二级范畴，一部分属于世界现代农业的三、四级范畴。亚洲的日本和韩国属于世界现代农业的第四级范畴，但属于亚洲的一级范畴。中国现代农业不仅远远落后于美国、欧盟、日本等发达国家和地区，也落后于巴西、俄罗斯等发展中国家。通过这样的测度，我们可以直观地看到中国现代农业与世界先进水平的差距，同时清醒地认识到中国实现农业现代化、发展现代农业的艰巨性和漫长性。

正如农业专家们所指出的，阻碍中国现代农业发展的问题较多，中国现代农业发展需要工业化作强有力的后盾，需要城乡统筹，需要切实转移农村劳动力，需要规模化和集约化地发展农业生产。农业生产的集约化和规模化发展实现了，农业生产的现代化管理也相应会得到提高。科学化、集约化、市场化和国际化、社会化，是提高农业现代化水平的关键因素，这些因素互为因果，相互制约也相互促进，对中国现代农业建设至关重要。当然，加快现代农业的科学化、集约化、市场化和国际化、社会化建设，提高中国现代农业的总体发展水平，并不是轻松的任务，需要付出艰苦的努力。

第七章 我国农业现代化发展水平评价指标体系的构建、测算和评价

农业现代化建设是一个动态的不断发展的历史过程，对我国农业现代化发展总体水平进行定量测算，从而对我国农业现代化发展水平做出判断，对促进我国农业现代化建设，进一步推动我国农业现代化发展具有重要的意义。

一、农业现代化评价指标体系的构建

评价农业现代化发展水平，首先要建立评价指标体系。建立指标体系要遵循以下规则：第一，指标的系统性。要全面考虑农业现代化所涉及的各个方面及其内在联系，通过指标的综合，全面体现农业现代化发展现状。第二，指标的综合性。既要考虑典型指标，也要兼顾关联性指标。第三，指标的重点性。重点体现农业现代化发展水平。第四，指标的代表性。选取能够反映各地农业现代化发展水平的内容。第五，指标的可比性。指标设置既要符合各地的实际，又要有一定可比性。

根据以上原则，借鉴国内一些学者的研究，参考世界银行、联合国粮农组织、欧盟、美国等一些国家和地区评价农业现代化的指标和衡量标准，参照数据的可获得性，经过征询各方专家的意见和建议，最终建立了4项准则指标和12项个体指标，用以评价中国农业现代化发展水平（图7-1）。

（1）反映农业现代化投入水平方面的指标组，主要表现为土地、资金、动力、科技以及劳动力等农业生产资源的投入水平。

（2）反映农业现代化产出水平方面的指标组，主要表现为农业人均GDP、劳动生产率、土地生产率、农民人均纯收入等产出水平的指标。

（3）反映农业现代化农村社会发展水平的指标组，主要表现为恩格尔系数、农业劳动力就业率等农村社会发展水平指标。

（4）反映农业现代化可持续发展水平的指标组，主要表现为森林覆盖率等指标。

二、农业现代化进程的评价方法及模型

（一）农业现代化进程的评价方法

农业现代化综合水平评价的客观性与公平性在很大程度上取决于评价方法

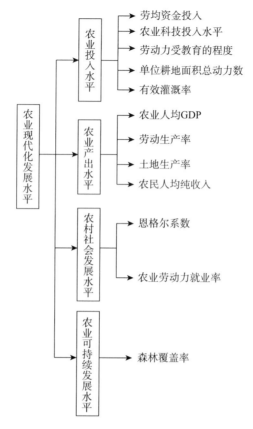

图 7-1 农业现代化发展水平评价指标体系

的科学性。因此，选取科学、客观的评价方法至关重要。本章中采用了下述两种方法：

1. 专家评价法

请专家根据经验确定各级指标的权重和各基础指标的标准值，以及优化方向，然后进行归一化处理，加权累加，从而计算出各级指标的量化值。这种方法虽然难免会有一定的主观随意性，但是，若能收集到大多数专家的意见，经过正确的统计处理，就会降低主观随意性的干扰。所以，它是目前农业经济科学研究常用的评价方法之一。

2. 层次分析法

层次分析法（即 AHP 法）是把复杂问题分为若干有序的层次，然后根据对一定客观现实的判断，就每一层次各元素的相对重要性给出定量数值，构造判断矩阵，通过求解判断矩阵的最大特征根所对应的标准化特征向量，计算出每一层次元素相对重要性的权重值，进而利用加权算术平均法算出最终结果。

这种方法将归纳法和演绎法结合成一个完整的逻辑体系，克服了专家评价法的主观随意性，是比较先进并广泛运用的一种方法。

（二）农业现代化进程的评价模型

在已设计出的农业现代化综合水平评价指标体系和对各项指标进行层次分析的基础上，我们构建了农业现代化综合水平评价模型组。该评价模型组合包括农业现代化综合水平测评总模型（AT）及其分模型。属于一级子系统模型的有农业投入子系统模型 B_1、农业产出子系统模型 B_2、农村社会发展子系统模型 B_3 和农业可持续发展水平子系统 B_4。农业现代化综合水平评估模型组的构成和数学表达式如下：

$$AT_t = \sum_{i=1}^{4} W_i B_i = W_1 B_1 + W_2 B_2 + W_3 B_3 + W_4 B_4$$

式中，B_i 为一级子系统指数；W_i 为各级子系统权重；T_t 为评价区域；t 为时期。

三、农业现代化发展水平的衡量标准及阶段划分

正确划分农业现代化发展的阶段需要根据一定的衡量标准作为依据。针对目前理论研究和实证研究中都没有发现对农业现代化发展阶段衡量标准的划分，在借鉴农业现代化评价标准研究方法的基础上，以联合国粮农组织研究报告为参考，以我国东部发达省份农业的现状为实际参考依据，确定了以下衡量标准，如表 7-1 所示。

表 7-1　农业现代化发展水平综合评价指标体系系列标准

	指标名称	权重	单位	农业现代化起步阶段	农业现代化发展阶段	农业现代化成熟阶段
投入水平	劳均农业资金投入	6.18	元/人	<5 000	5 000~7 500	>7 500
	农业科技投入水平	6.28	%	<0.8%	0.8%~1.2%	1.4%~2.4%
	农业劳动力受教育水平	5.80	%	<30%	30%~60%	60%~90%
	单位耕地面积总动力数	6.55	千瓦/公顷	<9	9~18	>18
	有效灌溉率	7.36	%	<69%	69%~85%	>85%
产出水平	农业人均GDP	11.64	万元/人	<1.2	1.2~2.5	>2.55
	劳动生产率	6.26	元/人	<9 100	9 100~13 500	>13 500
	土地生产率	9.05	元/公顷	<37 500	37 500~52 500	>52 500
	农民人均纯收入	6.26	元/人	<4 800	4 800~9 600	>9 600

（续）

指标名称		权重	单位	农业现代化起步阶段	农业现代化发展阶段	农业现代化成熟阶段
农村社会发展水平	恩格尔系数	11.72		＞55	55～40	＜40
	农业劳动力就业率	13.75	％	＞45％	45％～20％	＜20％
农业可持续发展	森林覆盖率	9.15	％	＜15％	15％～25％	＞25％

根据以上标准，农业现代化的发展可以分为起步、发展和成熟三个阶段。

农业现代化起步阶段：$AT<0.4$。

农业现代化发展阶段：$0.4 \leqslant AT < 0.8$。

农业现代化成熟阶段：$AT \geqslant 0.8$。

四、对我国农业现代化发展水平的评价和分析

（一）数据来源与评价说明

我们利用《中国统计年鉴》（1979—2009 年）、《中国农村统计年鉴》（1979—2009 年）、《中国食品工业年鉴》（1979—2009 年）、《中国国土资源年鉴》（1979—2009 年）、《中国农业统计资料》（1979—2009 年）上的统计数据作为基础数据，然后利用专家评价法和层次分析法确定指标的权重值，最后带入评价模型对我国现阶段农业现代化发展水平进行测算。

（二）对我国农业现代化发展水平的评价和分析

1. 全国农业现代化的综合发展程度评价

（1）全国农业现代化的发展水平整体上处于上升趋势。从图 7-2 可以看出，1980—2008 年 30 年间，全国农业现代化综合发展指数变化的趋势整体是上升的，2008 年全国指数达到 0.45，比 1980 年的 0.22 上升了 135％。总体上升速度较快，说明当前我国农业现代化从整体上看已处于农业现代化发展阶段。

但是，我们也看到，从 1980—2008 年的 30 年中，中国农业现代化发展的道路不平坦，农业现代化发展水平是不均衡的，其中 1980—1995 年，其总体发展呈缓慢上升的趋势，15 年间综合发展指数的平均增长速度为 2.13％；1996—2008 年间，其总体发展呈快速上升的趋势，13 年间综合发展指数的平均增长速度为 4.27％。

中国农业现代化发展道路曲折，这与中国农业发展的外部政策环境密切相

关。20 世纪 70 年代末期，党的十一届三中全会召开，确定了农村实行家庭联产承包制，家庭联产承包制极大地调动了农民的生产积极性，使农业生产水平不断提高。但是，由于农业生产规模变小，影响了农业现代化发展，比如，农业机械化发展速度变缓，水利设施建设停滞不前等。90 年代初，中国农业小规模生产的缺点逐渐显现，小规模农业生产的产品质量低，效益不高，影响我国农产品生产竞争力；加上小规模生产与大市场难以对接，因而影响农民收入增加。90 年代末期开始，我国政府开始高度重视农业，对农业的投入增加较快，而且采取了各项措施鼓励农业发展，使我国农业现代化的发展速度逐步加快。所以，中国农业现代化的发展，必须重视农业生产规模扩大和农业基础设施改善。从总体上看，中国农业现代化发展需要政府支持。

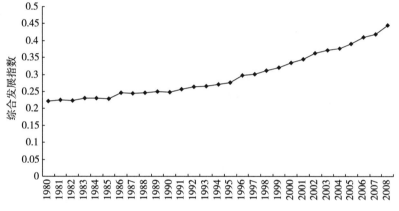

图 7-2　1980—2008 年我国农业现代化发展水平综合指数变化

（2）东中西部地区现代农业发展水平的差距明显。按照国家统计局的分区和 1980 年以来现代农业发展状况，将我国省份分为东部、中部和西部三个区域。东部地区包括了北京、天津、河北、辽宁、上海、江苏、山东、浙江、福建、广东 10 个省市，中部地区包括吉林、黑龙江、山西、安徽、江西、湖北、湖南、河南等 8 个省份，西部地区包括内蒙古、广西、四川、陕西、宁夏、新疆、贵州、云南、西藏、青海、甘肃等 11 个省份（由于海南和重庆的数据不全，暂时不考虑这两个省份）。

表 7-2　1980—2008 年我国东中西部农业现代化发展水平综合指数和发展速度

年份	全国综合指数	东部综合指数	东部发展速度	中部综合指数	中部发展速度	西部综合指数	西部发展速度
1980	0.221 4	0.234 7	—	0.191 9	—	0.139 7	—
1981	0.224 7	0.234 7	1.000 2	0.194 1	1.011 3	0.140 9	1.009 1
1982	0.223 8	0.237 9	1.013 4	0.191 3	0.985 5	0.143 6	1.018 6

（续）

年份	全国 综合指数	东部 综合指数	东部 发展速度	中部 综合指数	中部 发展速度	西部 综合指数	西部 发展速度
1983	0.230 4	0.246 9	1.037	0.201 6	1.053 7	0.155 5	1.083 3
1984	0.231 3	0.247 6	1.002 5	0.201 9	1.001 3	0.162 6	1.045 3
1985	0.229 2	0.259 9	1.049 6	0.212 1	1.050 9	0.160 5	0.987 0
1986	0.245 8	0.268 5	1.033 1	0.219 2	1.033 3	0.166 5	1.037 1
1987	0.245 5	0.275 9	1.027 5	0.228 9	1.044 0	0.171 8	1.032 1
1988	0.246 7	0.287 5	1.041 9	0.228 7	0.999 1	0.181 0	1.053 7
1989	0.249 9	0.290 8	1.011 6	0.234 4	1.024 8	0.187 6	1.036 1
1990	0.247 8	0.286 1	0.983 8	0.227 5	0.970 6	0.179 2	0.955 1
1991	0.257 6	0.292 0	1.020 5	0.228 4	1.003 9	0.184 8	1.031 3
1992	0.264 0	0.305 0	1.044 5	0.232 4	1.017 7	0.190 7	1.031 8
1993	0.265 7	0.311 4	1.021 0	0.231 9	0.997 6	0.196 4	1.029 8
1994	0.271 1	0.326 4	1.047 9	0.236 1	1.018 2	0.199 3	1.014 8
1995	0.276 8	0.342 1	1.048 2	0.251 7	1.066 1	0.197 2	0.989 5
1996	0.297 7	0.364 9	1.066 4	0.273 7	1.087 1	0.214 2	1.086 3
1997	0.300 7	0.370 9	1.016 6	0.275 3	1.005 7	0.217 8	1.016 5
1998	0.311 8	0.390 4	1.052 5	0.279 6	1.015 6	0.225 0	1.033 2
1999	0.320 7	0.390 9	1.001 1	0.285 3	1.020 3	0.222 8	0.990 0
2000	0.334 8	0.407 9	1.043 4	0.296 0	1.037 3	0.232 5	1.043 1
2001	0.345 9	0.424 5	1.040 7	0.309 2	1.044 6	0.248 8	1.070 2
2002	0.363 6	0.449 8	1.059 4	0.329 1	1.064 5	0.265 5	1.067 1
2003	0.371 3	0.458 9	1.020 3	0.333 5	1.013 3	0.278 2	1.048 2
2004	0.377 5	0.479 4	1.044 6	0.343 1	1.028 6	0.280 9	1.009 3
2005	0.390 4	0.490 5	1.023 0	0.357 8	1.042 9	0.286 3	1.019 3
2006	0.410 5	0.519 6	1.059 3	0.376 9	1.053 3	0.315 5	1.101 7
2007	0.419 3	0.555 3	1.068 7	0.385 4	1.022 6	0.320 0	1.014 3
2008	0.446 0	0.582 8	1.049 6	0.406 4	1.054 4	0.326 1	1.018 9

从综合发展指数来看（表 7-2、图 7-3），农业现代化发展水平东部地区高于中部地区，而中部地区高于西部地区，三个地区总体上都呈上升趋势，但是发展的速度是不一样的。28 年间，东部地区综合发展指数的平均增长速度为 3.32％，中部地区综合发展指数的平均增长速度为 2.75％，西部地区综合发展指数的平均增长速度为 3.12％。所以，从发展的速度来看，东部地区高于

中部地区和西部地区，而西部地区又高于中部地区。

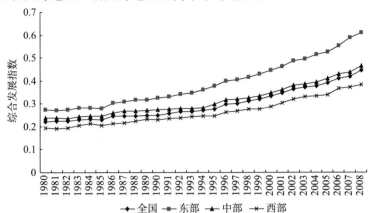

图 7-3 1980—2008 年我国东中西部农业现代化发展水平综合指数变化

2008 年，东部地区农业现代化发展水平综合平均指数已达到 0.58，而中部和西部分别只有 0.41 和 0.33。东部地区农业现代化的发展已处于农业现代化发展阶段的中期，而其中一些省份如北京、上海等，综合发展指数已经达到 0.7 以上，已接近农业现代化的成熟阶段。中部地区农业现代化综合发展指数为 0.41，说明已稳步进入农业现代化的发展阶段。而西部地区农业现代化综合发展指数仅为 0.33，刚刚进入农业现代化发展阶段，而西部地区的一些省份如贵州、西藏等还处于农业现代化发展的起步阶段，因此，大大影响了整个西部地区农业现代化的发展水平。

2. 农业现代化投入水平评价

从图 7-4 可以看出：农业现代化投入水平从总体来看，全国平均水平呈上升趋势，2008 年农业现代化投入指数达到 0.36，是 1980 年农业现代化投入指数 0.21 的 1.7 倍。由此可见，我国农业现代化的投入水平在逐步提高，但是提高的幅度不是很大。

我国农业现代化的投入水平提高的速度在各年间是不同的，其中前 15 年（1980—1995 年）上升非常缓慢，其平均增长速度是 0.07%，1996 年之后上升速度大大加快，其平均增长速度达到 4.52%，后 13 年（1996—2008 年）农业投入的平均增长速度是前 15 年（1980—1995 年）的 65 倍。可见，20 世纪 90 年代中后期开始，我国对农业的投入增加较快。但我们也看到，30 年中，也有个别年份农业投入指数是下降的。

从分地区来看，农业投入指数东部地区高于中部地区，而中部地区高于西部地区，并且差异明显。2008 年东部地区农业投入水平指数为 0.51，比中部地区农业投入水平指数 0.36 高 0.15，比西部地区农业投入水平指数 0.28 高

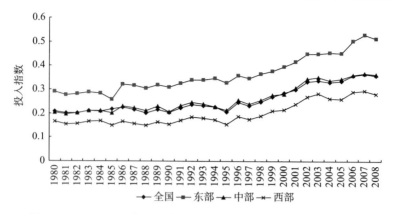

图 7-4 1980—2008 年我国东中西部农业现代化投入水平指数变化

0.23。东部地区的北京 2008 年农业投入指数达到 0.65，而西部地区云南省 2008 年农业投入指数仅为 0.23，二者相差几乎 2 倍，其主要原因是农业投入的个体指标如劳均农业投入水平、农业科技投入水平、单位耕地面积总动力数等存在明显差异。

3. 农业现代化产出水平评价

从农业现代化产出指数的变化趋势来看（图 7-5），全国及东中西部地区 1980—2008 年整体呈上升趋势，2008 年全国农业现代化产出水平指数达到 0.36，是 1980 年农业现代化产出水平指数 0.007 的 54 倍。由此可见，30 年来，我国农业现代化的产出水平提高较快，而且其提高的幅度要远远大于农业现代化投入水平的幅度。

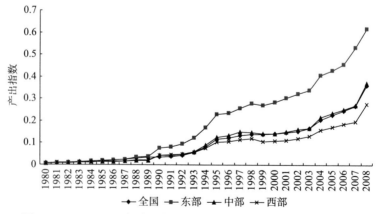

图 7-5 1980—2008 年我国东中西部农业现代化产出水平指数变化

但是 30 年间的农业现代化产出指数的平均增长速度是不同的：在 1993—1995 年之间，农业现代化产出指数的平均增长速度最快，达到 38.06%；

1980—1992 年之间、2004—2008 年之间农业现代化产出指数的平均增长速度比较缓慢，分别为 16.78％和 17.16％；1996—2003 年之间，农业现代化产出指数上升速度非常缓慢，平均增长速度只有 4.59％。从图 7-5 中可以看出，1993—1995 年之间，农业现代化产出指数的平均增长速度是 1996—2003 年农业现代化产出指数增长速度的 8.29 倍。

　　从分地区来看，各个年份东部省份远高于中部和西部地区，如 2008 年，东部地区平均产出水平指数达到 0.61，是中部地区 0.37 的 1.65 倍，是西部地区 0.27 的 2.26 倍。东部地区的北京农业现代化产出指数达到 0.78，西部地区贵州农业现代化产出指数仅为 0.15，两者相差 4 倍还多。如果拿农业现代化投入和农业现代化产出指数进行比较的话，从区域间的差异来看，农业现代化产出的差距要高于农业现代化投入的差距。这也从另一个方面说明了农业现代化产出的重要性。从各个子指标来看，主要是农民人均纯收入、土地产出率等指标存在较大差异。

4. 农村社会发展水平评价

　　社会发展水平的高低是关系到农业现代化能否实现的一个重要的方面。从图 7-6 来看，全国及东、中、西部地区 1980—2008 年，农村社会发展水平总体上是逐步上升的，农村社会发展水平指数从 1980 年的 0.54 上升到 2008 年的 0.73，增长了 66.67％。

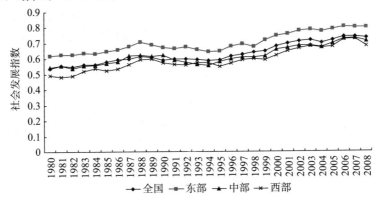

图 7-6　1980—2008 年我国东中西部农村发展水平指数发展变化

　　从图 7-6 也可以看出，农村社会发展水平地区间的差距也很明显，如 2008 年，东部地区农村社会发展水平指数达到 0.80，是中部地区农村社会发展水平指数 0.71 的 1.13 倍，是西部地区农村社会发展水平指数 0.68 的 1.18 倍。2008 年，东部地区的北京市农村社会发展水平指数达到 0.98，上海农村社会发展水平指数是 0.89，分别处于全国第一和第二的位置，东部地区的其他省份和中部地区以及西部地区的一些省份，农村社会发展水平指数也都达到了

0.4 以上。而西部地区的西藏，2008 年农村社会发展水平指数只有 0.33，仅为北京的三分之一，是全国农村社会发展水平指数最低的省份。从农村社会发展水平来看，我国农业现代化的发展过程中，地区差距是很大的。

从恩格尔系数这个个体指标来看，东部地区的北京，2008 年的恩格尔系数仅为 0.33，达到了农业现代化成熟阶段恩格尔系数的标准，而西部地区的广西，2008 年恩格尔系数为 0.53，还处在农业现代化起步阶段的恩格尔系数的标准之下，二者的差距是显而易见的。

5. 农业现代化可持续发展水平评价

从图 7-7 可以看出，全国以及东、中、西部地区可持续发展水平总体上升趋势非常平缓，这主要是因为森林覆盖率总体上升幅度不大造成的。1980 年，农业可持续发展指数全国为 0.18，到 2008 年农业可持续发展指数仅为 0.27，30 年间农业可持续发展指数仅增长了 50%。单从这个指标来看，我国农业现代化还处于起步阶段。由此也说明，我国对农业的可持续发展重视程度还有待提高。

从分地区来看，从图 7-7 可以看出，东、中、西部可持续发展水平总体呈上升趋势，但是差距较大。2008 年东部省份可持续发展水平指数为 0.40；中部地区农业可持续发展指数最高，为 0.47；西部地区农业可持续发展指数最低，为 0.29。单从这个指标来看，东部和中部地区农业现代化已进入发展阶段，而西部地区农业现代化还处于起步阶段。所以，我国在农业现代化的过程中，农业可持续发展水平是比较低的，尤其是西部地区，这不利于农业现代化的持续发展，应该加强对生态环境的保护。

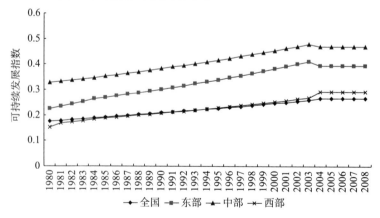

图 7-7　1980—2008 年我国东中西部农业可持续发展指数发展变化

6. 全国各省农业现代化发展所处的阶段及重新分类

近几年我国农业现代化发展较快，从表 7-3 中可以看出，2008 年北京、上海、浙江、福建综合发展水平指数最高，已分别达到 0.73、0.69、0.67、0.62，并且投入指数、产出指数、农村发展指数等也处于全国前列，尤其是北京和上海，已接近农业现代化的成熟阶段。北京和上海的各项指标大大超过全国平均水平，2008 年，北京和上海农业人均 GDP 为 17 083.91 元/人和 22 636.30 元/人，高于全国平均水平 11 091.54 元/人。北京和上海的劳均农业资金投入达到 44 490.26 元/人和 84 673.95 元/人，远超全国平均水平 7 858.71 元/人。北京和上海的劳动生产率达到 46 022.45 元/人和 56 763.53 元/人，是全国平均水平 18 921.56 元/人的数倍。

天津、江苏、广东发展也很快。2008 年，天津、江苏和广东农业人均 GDP 为 15 701.29 元/人、22 899.08 元/人和 12 690.26 元/人，都超过了全国平均水平 11 091.54 元/人。天津、江苏和广东的劳均农业资金投入达到 27 495.38 元/人、40 246.06 元/人和 14 349.25 元/人，都远超过了全国平均水平 7 858.71 元/人。天津、江苏和广东的劳动生产率达到 34 342.66 元/人、39 153.46 元/人和 21 242.503 元/人，都超过了全国平均水平 18 921.56 元/人。

表 7-3 2008 年全国各省份农业现代化综合发展水平指数

指数	投入指数	产出指数	社会发展水平指数	可持续发展指数	综合发展指数	农业现代化发展阶段
全国	0.358 2	0.362 0	0.730 1	0.268 3	0.446 0	发展阶段
北京	0.648 6	0.778 3	0.947 5	0.313 9	0.737 2	发展阶段
上海	0.568 2	0.865 4	0.873 4	0.043 0	0.696 6	发展阶段
浙江	0.555 0	0.609 6	0.851 1	0.810 5	0.671 9	发展阶段
福建	0.408 6	0.692 0	0.713 3	0.938 5	0.628 8	发展阶段
天津	0.602 6	0.546 8	0.821 8	0.117 4	0.595 5	发展阶段
江苏	0.500 0	0.669 1	0.767 5	0.108 4	0.588 4	发展阶段
广东	0.437 5	0.543 8	0.729 9	0.691 8	0.570 5	发展阶段
山东	0.509 9	0.505 1	0.780 0	0.196 8	0.548 4	发展阶段
辽宁	0.360 5	0.547 6	0.767 2	0.489 3	0.538 0	发展阶段
河北	0.544 8	0.424 2	0.745 6	0.260 5	0.529 9	发展阶段
江西	0.415 8	0.389 5	0.645 0	0.832 2	0.503 5	发展阶段
湖南	0.421 8	0.421 6	0.646 1	0.604 1	0.495 5	发展阶段
河南	0.480 1	0.347 7	0.767 2	0.238 0	0.487 1	发展阶段
吉林	0.288 4	0.457 3	0.720 4	0.566 6	0.480 0	发展阶段
湖北	0.328 1	0.500 9	0.661 4	0.396 5	0.476 6	发展阶段
黑龙江	0.269 4	0.373 2	0.803 8	0.587 7	0.469 1	发展阶段

（续）

指数	投入指数	产出指数	社会发展水平指数	可持续发展指数	综合发展指数	农业现代化发展阶段
内蒙古	0.295 3	0.404 0	0.724 9	0.260 6	0.437 6	发展阶段
安徽	0.370 5	0.303 5	0.712 0	0.355 4	0.433 8	发展阶段
广西	0.320 4	0.328 1	0.620 7	0.615 8	0.426 5	发展阶段
四川	0.287 7	0.377 1	0.648 7	0.448 9	0.424 1	发展阶段
新疆	0.351 0	0.402 1	0.636 9	0.039 5	0.412 3	发展阶段
陕西	0.288 6	0.254 3	0.706 3	0.483 0	0.401 4	发展阶段
云南	0.229 5	0.201 9	0.763 1	0.606 2	0.390 7	起步阶段
宁夏	0.288 8	0.258 2	0.728 4	0.086 6	0.372 1	起步阶段
山西	0.335 7	0.179 4	0.730 3	0.194 6	0.371 4	起步阶段
青海	0.275 6	0.245 2	0.703 5	0.061 4	0.354 9	起步阶段
西藏	0.296 0	0.209 7	0.627 2	0.164 9	0.339 7	起步阶段
甘肃	0.245 9	0.186 2	0.692 9	0.095 3	0.326 4	起步阶段
贵州	0.226 2	0.155 7	0.622 4	0.352 4	0.315 3	起步阶段

其余省份发展较慢，尤其是西部地区的青海、甘肃、贵州、西藏四省区，农业现代化发展的综合指数都在 0.4 以下，还处在农业现代化的起步阶段。2008 年，青海、甘肃、贵州、西藏四省区农业人均 GDP 为 8 563.22 元/人、6 304.55 元/人、4 542.55 元/人和 6 777.57 元/人，低于全国平均水平11 091.54元/人。四省区的劳均农业资金投入为 5 611.94 元/人、2 750.89 元/人、2 115.26 元/人和 4 330.24 元/人，低于全国平均水平 7 858.71 元/人。四省区的劳动生产率为 12 441.753 元/人、11 003.664 元/人、6 996.421 元/人和 9 907.267 元/人，低于全国平均水平 18 921.56 元/人。2008 年贵州的恩格尔系数达到 0.52，而北京只有 0.33，全国平均水平是 0.43。青海、甘肃、贵州、西藏四省区 2008 年农民人均纯收入仅为 2 583 元、2 284 元、2 349 元和2 684元，不仅大大低于北京和上海等接近农业现代化成熟阶段的省市（2008 年北京和上海农民人均纯收入达到 9 311 元和 10 000 元），而且仅为全国平均水平 4 087 元的 50%。

五、对策和政策建议

（一）增加对农业现代化的投入

一是加大对农业现代化基础设施的投入力度，尤其是西部地区的投资力度，提高农业现代化的设施装备水平。加大资金支持，加强对农业专项建设资金使用的监督、审查，保证资金能专款专用；开辟新的农业投入渠道，逐步形成农民积极筹资投劳、政府持续加大投入、社会力量广泛参与的多元化投入机制。

二是加大对农业科技的投入。加强国家农业科技园区、区域性农业科研中心创新能力建设。引导涉农企业开展技术创新活动，企业与科研单位进行农业技术合作、向基地农户推广农业新品种新技术所发生的有关费用，享受企业所得税的相关优惠政策。引入市场竞争机制，按照"谁投资、谁受益"的原则，积极鼓励企业、民间组织、海外投资者以及研究机构和高等院校增加对农业的投入。要积极发展以专业协会、各类技术服务中心、农业园区和龙头企业等形式出现的新兴服务体系的建设。

三是加大对农村教育的投入。培育农业现代化经营主体。普遍开展农业生产技能培训，组织实施新农村实用人才培训工程。加快发展农村社会事业。继续改善农村办学条件，促进城乡义务教育均衡发展。增加农村文化事业投入，加强农村公共文化服务体系建设。

（二）不断提高农业现代化的产出水平

一是提高土地生产率。土地生产率的提高对我国发展农业现代化具有重要的意义。土地生产率的提高不仅是单位土地面积上实物产量的提高，更重要的是品质、市场竞争力的提高。加快新技术、新品种的大面积推广普及，及时淘汰市场不欢迎的传统品种。加快对农产品质量安全体系检测标准的建设、绿色无公害农产品生产标准的推广。提高对农民产前、产中和产后的系列化服务体系的建设。二是提高农民收入。切实推进农业结构的战略性调整；大力推进农业产业化；积极发展外向型农业，增加农业的国际市场竞争力；拓宽农民就业渠道，增加农民工资性收入；削减或取消农业税费；政府要加大对农业的扶持力度。

（三）转移农村剩余劳动力，提高农村劳动力的就业率

农村剩余劳动力的转移是一个长期的过程，目前最重要的是做好以下工作：一是减低农民进城打工的门槛，切实让农民享有和城市人口同等的待遇；二是要在农村鼓励农民从事农业产前、产后的服务，这一方面可以让农民留在自己熟悉的行业中发挥优势，另一方面有利于通过一体化服务来提高农村人口的就业率。

努力促进农民就业创业。建立覆盖城乡的公共就业服务体系，积极开展农业生产技术和农民务工技能培训，增强农民科学种田和就业创业能力。发展特

色高效农业、林下种养业，挖掘农业内部就业潜力。推进乡镇企业结构调整和产业升级，扶持发展农产品加工业，积极发展休闲农业、乡村旅游、森林旅游和农村服务业，拓展农村非农就业空间。完善促进创业带动就业的政策措施，将农民工返乡创业和农民就地就近创业纳入政策扶持范围。

（四）走农业可持续发展的道路

农业可持续发展是世界发达国家农业发展的方向，也是我国现代农业稳定发展的现实选择。走现代农业的可持续发展之路，一是要继续推进退耕还林还草工程的建设，巩固现有的退耕还林工程的建设成果；二是要加强农业自然灾害预防体系和预警机制的建设，尽量把自然灾害的发生和损害控制在最低的限度；三是加强对工商企业排污的监督和控制，促进和保障农业生态环境的恢复和发展；四是积极发展农业保险，按照政府引导、政策支持、市场运作、农民自愿的原则，建立完善农业保险体系。

第八章　我国粮食主产区农业现代化指标体系的构建、测算与评价

农业现代化是一个动态概念，其内涵随着技术、经济和社会的进步而变化，在不同时期、不同地域有不同的内涵和阶段目标，反映在农业经济上表现为不同的发展模式和有差异的生产力发展水平。目前国内对各地农业现代化发展水平评价的研究成果不少，但对粮食主产区的农业现代化发展水平评价成果和文献很少，因此，针对粮食主产区的农业现代化建设，构建科学、全面、客观的农业现代化发展水平评价指标体系，对粮食主产区的农业现代化发展水平进行测算和评价，同时对粮食主产区农业现代化发展水平做出判断，对于促进粮食主产区农业现代化建设，进一步推动粮食主产区农业发展具有积极的指导作用。

一、研究的背景和依据

粮食主产区是指地理、土壤、气候、技术等条件适合种植粮食作物，并且有一定经济优势的专属经济区。从最广义上讲，粮食主产区是指我国以从事粮食生产为主的农村区域，这类似于粮食产区的概念。本章对粮食主产区的分类和分划，主要依据 2004 年中央 1 号文件。2004 年，中央决定对粮食主产区粮食生产给予政策性补贴和扶持，为此国家按照播种面积、粮食产量和提供商品粮数量等标准确定了河北省、河南省、黑龙江省、吉林省、辽宁省、湖北省、湖南省、江苏省、江西省、内蒙古自治区、山东省、四川省、安徽省 13 个省区为我国粮食主产区。

根据历年国家统计局《中国统计年鉴》和《中国农村统计年鉴》，从 1985—2009 年的二十多年间，13 个粮食主产省区的粮食产量占全国粮食总产量的比重稳定在 75％以上，稻谷产量占全国总产量的比重占 70％以上，小麦产量由将近 70％提高到 75％左右，玉米和大米产量占全国总产量的比重分别稳定在 75％和 85％左右。13 个粮食主产省区提供了全国 80％以上的商品粮。从粮食销售情况看，粮食主产区农民人均出售粮食数量占全国的 80％以上。可以看出，农业在国民经济中的基础性和战略性地位，以及粮食主产区在提供大宗农产品和保障国家粮食安全的重要性，决定了粮食主产区极其重要的战略地位，其农业现代化发展水平从一定程度上代表了我国整体的农业现代化发展水平。

二、粮食主产区农业现代化评价指标体系的构建和测算

（一）粮食主产区农业现代化评价模型的构建

作为指标体系，要分层确定现代农业发展水平的目标系统（综合水平）、子系统（主体指标组）。首先应确定个体指标，将之纳入一个统一的体系之中，以便进行统一性考察。根据以上原则，结合统计学与数量经济学方法，选择的评价指标应主要包括以下几个方面的指标：

1. 反映农业现代化生产手段方面的指标组

在该指标子系统中主要表现为土地、劳动力、资金、科技、水利以及劳动力等农业生产资源的投入水平。包括人均农业固定资产投入、单位耕地面积农机总动力、农业从业人员人均用电量、有效灌溉率、农业人口人均受教育程度①五个二级指标。

2. 反映农业现代化产出水平方面的指标组

农业现代化产出水平反映农业现代化进程中农业综合产出能力，是衡量农业现代化水平的一个重要依据。包括劳动生产率、土地生产率、农民人均纯收入、农业生产总值占国民生产总值的比重、粮食单产五个二级指标。

3. 反映农业现代化农村社会发展水平的指标组

农业现代化的进程必然引起农村经济水平的变化，包括农村经济结构的变化和农民生活水平的提高。农村经济结构现代化是农业现代化的前提和基础，也是实现农业现代化的外部环境保证。包括城镇化率、农业从业人员率、农村居民恩格尔系数三个二级指标。

4. 反映农业现代化可持续发展水平的指标组

由于农业是一项极其依赖自然环境的产业，只有注重保持农业的生产环境，才能实现农业的稳定发展。包括森林覆盖率和农业成灾率两个二级指标。

指标权重确定的方法很多，选用专家调查法与系统综合目标分层加权相结合的方法来确定指标体系权重是一种可行的方法。权重确定后需对指标数据进行标准化处理，使不同量纲指标能够加总计算。为此，根据系统论方法，特提出构建现代农业评价模型如下：

---

① 其指标的计算公式为：农民人均受教育年限（年）$= \sum P_i E_i / P$，式中，P 为本地区 15 岁及以上人口，P_i 为具有 i 种文化程度的人口数，E_i 为具有 i 种文化程度的人口受教育年数系数，i 根据我国的学制确定，文盲和半文盲为 0，小学为 6，初中为 9，高中和中专为 12，大专以上为 15。

$$A = \sum_{k=1}^{n} f_k \left\{ \sum_{i=1}^{m} w_{ki} \left(\sum_{j=1}^{l} a_{ij} B_{ij} \right) \right\}$$

式中，A 为现代农业综合评价指数；f_k 为一级指标现代农业生产水平、现代农业要素投入水平、现代农业支持保障水平和现代农业可持续发展水平的权重。w_{ki} 为第 k 个一级指标第 i 个二级指标的权重，a_{ij} 为第 i 个二级指标第 j 个三级指标的权重，B_{ij} 为第 i 个二级指标第 j 个三级指标值。

本章采用层次分析法，根据粮食主产区农业现代化评价指标体系，设计出专家打分评价表，并提供了一些必要的定性分析资料。聘请国内知名农业现代化研究专家，根据评价指标体系的各级指标，分别对各个指标层的重要度排序。确定指标因素间两两重要性的比值，并对指标要素两两之间采用 1～9 标度法标度，建立判断矩阵，通过矩阵运算和一致性检验，得到每个层次各指标的权数（表 8-1）。

表 8-1　农业现代化评价指标体系权重和标准

一级指标	权重（W_l）	二级指标	权重（W_{ij}）	标准值
粮食主产区农业现代化生产手段（B₁）	0.27	人均农业固定资产投入（元/人）	0.20	8 000～10 000
		单位耕地面积农机总动力（千瓦/公顷）	0.15	10～30
		农业从业人员人均用电量（千瓦时/人）	0.13	3 000～5 000
		有效灌溉率（％）	0.18	65％～90％
		农业人口人均受教育程度（年）	0.34	10～15
粮食主产区农业现代化产出水平（B₂）	0.35	劳动生产率（元/人）	0.24	10 000～15 000
		土地生产率（元/公顷）	0.19	35 000～50 000
		农民人均纯收入（元/人）	0.36	10 000～20 000
		农业生产总值比重（％）	0.09	25％～10％
		单位耕地面积粮食产量（吨/公顷）	0.12	6～8
粮食主产区农业现代化农村社会发展水平（B₃）	0.21	城镇化率（％）	0.33	60％～80％
		农业从业人员比率（％）	0.15	35％～10％
		恩格尔系数（％）	0.52	25％～10％
粮食主产区农业现代化可续发展水平（B₄）	0.17	农业成灾率（％）	0.70	25％～15％
		森林覆盖率（％）	0.30	20％～25％

（二）农业现代化发展水平的衡量标准及阶段划分

正确划分现代农业发展的阶段需要根据一定的衡量标准作为依据。本评价系统由 15 个评价指标构成，在确定标准值时，首先，要从动态的角度考虑我国农业的发展及发达国家农业的发展；其次，要从粮食主产区发展的内部结构因素出发，综合考虑主产区农业发展中的特殊性和差异性；第三，要考虑本评价指标体系中，多项指标的衔接与配套。总之，在借鉴农业现代化评价标准研究方法的基础上，以世界银行、联合国粮农组织等研究报告和数据为参考，以我国东部发达省份农业的现状为实际参考依据，结合上文测算出的权重，本研究确定的中国农业现代化评价的标准如表8-1。

从指标的实现程度来看，根据上述15项指标标准值的范围，利用评价体系权重进行测算，得到各分项指标及总体发展水平的标准范围如表8-2。

表8-2　农业现代化实现标准值

指标名称	标准值		
	农业现代化 发展起步阶段	农业现代化初 步实现阶段	农业现代化 基本实现阶段
粮食主产区农业现代化综合水平	≤0.77	0.77～1.19	≥1.19
粮食主产区农业现代化生产手段	≤0.78	0.78～1.53	≥1.53
粮食主产区农业现代化产出水平	≤0.69	0.69～1.04	≥1.04
粮食主产区农业现代化农村社会发展水平	≤1.04	1.04～1.39	≥1.39
粮食主产区农业现代化可持续发展水平	≤0.69	0.69～0.82	≥0.82

在此，本研究定义标准值下限为进入农业现代化发展起步阶段，上限为农业现代化的基本实现阶段，两者中间值为农业现代化的初步实现阶段。

三、粮食主产区农业现代化发展水平评价

采用以上测算方法，根据1985—2010历年的《中国统计年鉴》《中国农村统计年鉴》《中国农业发展报告》《中国人口与就业年鉴》以及《新中国60年统计资料汇编》等统计数据为基础，并对原始数据进行标准化处理。分别测得粮食主产区13个省区的农业现代化综合发展水平指数和对应的四个一级指标发展水平指数。

（一）粮食主产区农业现代化发展的分类特征

粮食主产区农业现代化发展分类结构主要由农业现代化生产手段、农业现代化产出水平、农业现代化农村社会发展水平和农业现代化可持续发展水平四部分组成。为详细分析主产区农业现代化进程的具体影响因素及各因素的变化情况，将13个省区的15个指标标准化数值代入粮食主产区农业现代化评价模

型进行计算，得出各省农业现代化发展综合发展水平及四个一级指标值（结果保留两位小数，如表 8-3）。

表 8-3　1985—2009 年粮食主产区各省农业现代化综合水平值

年份	河北	内蒙古	辽宁	吉林	黑龙江	山东	河南	湖北	湖南	江苏	江西	安徽	四川
1985	0.23	0.14	0.23	0.22	0.23	0.22	0.18	0.25	0.20	0.22	0.17	0.12	0.12
1986	0.22	0.16	0.25	0.21	0.25	0.23	0.17	0.24	0.22	0.24	0.17	0.19	0.17
1987	0.23	0.15	0.27	0.26	0.27	0.23	0.21	0.24	0.25	0.29	0.21	0.17	0.19
1988	0.27	0.17	0.35	0.29	0.26	0.26	0.17	0.22	0.23	0.27	0.24	0.19	0.20
1989	0.24	0.16	0.28	0.24	0.24	0.26	0.22	0.24	0.24	0.28	0.24	0.16	0.19
1990	0.24	0.20	0.33	0.27	0.34	0.25	0.22	0.25	0.24	0.29	0.25	0.19	0.19
1991	0.30	0.24	0.33	0.29	0.30	0.28	0.25	0.26	0.25	0.27	0.28	0.13	0.21
1992	0.27	0.24	0.35	0.30	0.29	0.28	0.25	0.27	0.28	0.33	0.29	0.21	0.20
1993	0.29	0.24	0.39	0.31	0.29	0.29	0.25	0.29	0.30	0.33	0.29	0.25	0.23
1994	0.28	0.20	0.36	0.31	0.30	0.34	0.21	0.31	0.29	0.36	0.26	0.19	0.25
1995	0.35	0.27	0.36	0.35	0.39	0.35	0.29	0.32	0.31	0.41	0.29	0.28	0.25
1996	0.36	0.33	0.41	0.38	0.43	0.41	0.33	0.33	0.33	0.47	0.32	0.35	0.29
1997	0.36	0.27	0.39	0.37	0.38	0.37	0.30	0.37	0.37	0.45	0.34	0.33	0.29
1998	0.41	0.27	0.49	0.40	0.35	0.42	0.38	0.36	0.37	0.46	0.34	0.35	0.29
1999	0.40	0.33	0.39	0.39	0.39	0.43	0.35	0.39	0.36	0.48	0.36	0.33	0.31
2000	0.40	0.32	0.41	0.34	0.36	0.42	0.35	0.37	0.41	0.45	0.35	0.29	0.33
2001	0.42	0.33	0.44	0.36	0.39	0.42	0.35	0.36	0.39	0.48	0.37	0.33	0.33
2002	0.43	0.35	0.44	0.42	0.42	0.43	0.39	0.38	0.39	0.50	0.40	0.35	0.36
2003	0.44	0.35	0.42	0.46	0.39	0.49	0.38	0.39	0.40	0.50	0.38	0.33	0.36
2004	0.50	0.40	0.50	0.48	0.48	0.53	0.44	0.42	0.45	0.62	0.44	0.40	0.39
2005	0.55	0.42	0.55	0.46	0.48	0.58	0.45	0.44	0.47	0.61	0.49	0.40	0.41
2006	0.54	0.42	0.56	0.46	0.45	0.57	0.51	0.44	0.50	0.64	0.52	0.46	0.39
2007	0.56	0.43	0.63	0.50	0.51	0.65	0.52	0.50	0.49	0.70	0.52	0.45	0.45
2008	0.58	0.52	0.67	0.60	0.54	0.69	0.53	0.52	0.56	0.75	0.58	0.51	0.50
2009	0.63	0.54	0.69	0.59	0.58	0.70	0.62	0.65	0.63	0.87	0.61	0.59	0.55

根据表 8-3 中所反映，各省农业现代化水平变化的大致趋势与粮食主产区整体基本型相同，从 20 世纪 80 年代稳步上升，在 90 年代中后期经历小幅波

动保持一段时间后，到 21 世纪出现了 10 年左右的大幅增长。分省来看，截至 2009 年，江苏省、山东省农业现代化发展综合水平最高，由于这两个省份地处东部沿海，整体经济实力较强，反映在农业产业发展上也较为明显，符合实际情况。传统的粮食生产大省如河北、河南、辽宁、湖南、湖北等省的农业现代化水平综合指数相对较高，由于这些省在国家粮食生产中的地位较为突出，粮食产量较高，因此农业现代化程度走在主产区前列。现代化水平最低的是四川省，由于历史、自然环境、农业基础等多方面原因，虽然作为产粮大省和劳动力输出大省，但四川的经济水平整体落后，农业现代化水平综合指数相对较低。2009 年，农业现代化指标高于粮食主产区整体水平（0.62）的有 6 个省，分别是河北省（0.63）、辽宁省（0.69）、山东省（0.70）、湖北省（0.65）、湖南省（0.63）、江苏省（0.87）。从各地农业现代化综合水平实现程度来看（表 8-2），江苏省农业现代化发展的条件较为充分，其距离农业现代化初期的发展阶段最为接近。

为描述各省的农业现代化影响因素，将各省的一级指标发展水平指数求出，并计算 25 年来四项指标的增长数值，以增长幅度的方式分别表示 13 个省及粮食主产区的四项一级指标，分指标考察各省农业现代化进程，如图 8-1。

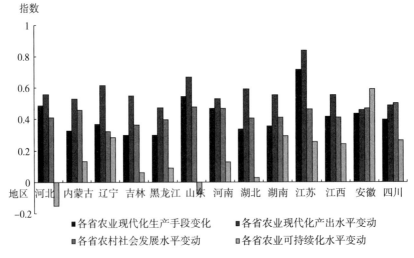

图 8-1　粮食主产区各省农业现代化分指标变化

图 8-1 列出了 13 个粮食主产省 25 年来分指标变化情况，从农业现代化生产手段来看，江苏、山东、河北、河南增长较快，分别提升了 0.71、0.54、0.48 和 0.46。其余各省增长差距不大，可见粮食主产区一直重视农业的生产手段和基础设施等方面的投入，同时也与国家政策的扶持有关。从各地实现程度来看，根据表 8-2，农业现代化生产手段的标准值（中间值）为 0.78～

1.53，到 2009 年，只有江苏省的指标超过标准值下限，为 0.87。从农业现代化产出水平来看，江苏、山东、辽宁、湖北的增长幅度较大，分别增长 0.83、0.66、0.61 和 0.59。可见农业产出水平和经济整体发展程度密切相关。另一方面，虽然粮食主产省分布地域不同，但除个别发达省份外，其余产出水平的增长幅度差别不大，均在 0.5 左右，可见主产区的农业现代化产出水平普遍保持平稳和较快增长。从各地实现程度来看，根据表 8-2，农业现代化产出水平的标准值（中间值）为 0.69～1.04，到 2009 年，江苏省（0.96）、山东省（0.75）、辽宁省（0.74）的产出水平已经超过农业现代化发展起步阶段值，由于产出水平所占农业现代化综合指数比重最大，因此这三个省的农业综合实力在我国位居前列，符合实际。从农村社会可持续化水平来看，25 年来各粮食主产省的变动幅度大致在 0.3～0.5 之间，因此主产区的社会化、城镇化进程相对需要一个长时间的实现过程。作为劳务输出大省的河南省、四川省释放了大量剩余劳动力，其社会和产业结构发生了一定变化，从图 8-1 中可以看出这两个省份的农村社会化程度的变动最为剧烈。从各地实现程度来看，根据表 8-2，农村社会可持续化水平的标准值（中间值）为 1.04～1.39，到 2009 年，所有省份的指标值均小于标准值下限，因此粮食主产区农村社会化程度有待提高，这也是我国农业整体现代化进程的需要。随着我国城乡一体化和工农互动格局的推进，粮食主产区的农村社会化程度在未来也会发生大幅变化。从农业可持续化水平来看，由于只选择了两个指标，只能从某种程度上反映粮食主产区农业可持续发展的一些情况。整体而言，主产区各省农业可持续化水平涨幅不大，部分地区（河北、山东）甚至经历了可持续发展水平的下降。可能原因是由于农业基础较为薄弱，各地在追求农业生产效益的同时往往忽略了农业生态即可持续发展的建设。

　　总体而言，20 多年来粮食主产区农业现代化综合水平的提升主要反映在农业现代化生产手段和农业现代化产出水平上。由于这两项指标的权重分别为 27％和 35％，考虑到我国农业发展的实际进程和现状，这两项指标较高的省份其农业综合发展水平相对较高。相对而言，农业可持续化的增长幅度不明显，该指标是农业得以长期健康发展的保障，虽然短期的重要程度不如以上指标明显，但长期来看其作用不容忽视。

（二）粮食主产区分地域农业现代化进程分析

　　参考我国对中东西部的地域划分①，考虑我国地区间经济发展水平和农业产业结构的异同，本研究将粮食主产区划分为五大区域进行对比研究：华东粮

---

　　①　参考国务院发展中心调研报告，《关于"十一五"规划区域划分的思考》，2005 年。

食主产区，包括江苏、山东；华北粮食主产区，包括河北、河南、内蒙古；东北粮食主产区，包括黑龙江、吉林、辽宁；华中粮食主产区，包括湖南、湖北、江西、安徽；西南粮食主产区，包括四川。根据前文的模型和数据，分别测算出华东、华北、东北、华中、西南粮食主产区农业现代化综合发展水平指数和分指标水平指数。

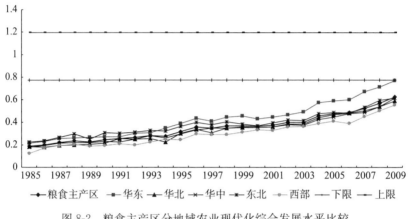

图 8-2　粮食主产区分地域农业现代化综合发展水平比较

图 8-2 反映了粮食主产区农业现代化综合水平分地域的情况，并标注出农业现代化综合水平下限值（0.77）和上限值（1.19）。根据图中变化趋势可以看出，到 2009 年，农业现代化整体的发展水平为华东（0.77）＞主产区整体（0.62）＞华中（0.61）＝东北（0.61）＞华北（0.59）＞西部（0.55）。从整体的变化趋势看出，华东地区的农业现代化水平整体远远高于其他地域，其农业现代化程度在国内领先已是不争的事实，伴随着这样的发展趋势，华东二省的农业现代化实现时间较其他地域要早。作为传统的粮仓，东北地区三省的农业现代化程度在 20 世纪 90 年代初期处于全国领先水平，考虑到其农业生产条件较好，提供的农产品比较丰富；且在实现温饱水平以后，国家对于粮食生产基地的发展比较重视，于是东北地区农业经历了较快速的发展。随后的十几年中，一方面由于东北地区农业发展长期依靠传统生产方式，劳动产出边际效益递减趋势明显；另一方面由于地理位置和国家发展战略等原因，加之我国大豆产业逐步放开后，作为大豆主要产地的东三省粮食产量受到严重影响，这些都导致东北地区农业现代化水平在 90 年代中期以后的十几年内的增长趋势放缓甚至波动，2009 年东北地区农业现代化综合水平已经降至主产区平均值附近。华中、华北的变动趋势始终与主产区整体情况保持一致，这与华中、华北地区主要粮食大省对主产区的直接贡献有关，这类地区从一定程度上反映了粮食主产区的农业发展实际。相对于主产区平均水平而言，代表西部地区的四川省农业现代化

程度偏低，25 年来自始至终处于相对落后的地位，但相对于西部地区整体而言，四川省在劳动力资源、自然资源具有一定优势，农业经济发展处于西部地区前列，这从侧面反映出西部地区农业普遍落后的现实。因此我国进行西部大开发应充分考虑西部地区农业发展的实际，加快促进西部地区农业步入现代化的进程。

从主产区各地域农业现代化发展的实现程度来看，到 2009 年，除华东两省的农业现代化综合水平达到标准值下限（0.77）以外，其余各地区的发展水平距离进入农业现代化发展阶段还有一定距离。

分指标来看，将 2009 年各地域农业现代化一级指标值保留两位小数如表 8-4。

表 8-4　2009 年粮食主产区分地域各指标指数

指标地区	粮食主产区整体	华东	华北	华中	东北	西南
粮食主产区农业现代化生产手段	0.56	0.76	0.59	0.51	0.50	0.45
粮食主产区农业现代化产出水平	0.63	0.84	0.58	0.60	0.63	0.55
粮食主产区农业现代化农村社会发展水平	0.78	0.85	0.77	0.69	0.89	0.69
粮食主产区农业现代化可持续发展水平	0.60	0.54	0.48	0.75	0.54	0.60

将表 8-4 与表 8-2 各指标的标准值作对比，就农业现代化生产手段而言，五大区域均在标准值下限（0.78）以下，其中华东地区最为接近；就农业现代化产出水平而言，只有华东地区超过标准值下限（0.69），华中和东北地区的农业现代化产出水平和粮食主产区整体水平接近；就农业现代化农村社会发展水平而言，五大地域均在标准值下限（1.04）以下，且都与标准值有一定差距；就农业现代化可持续发展水平而言，华中地区超过标准值下线（0.69），其余各区域均小于标准值下限，且有一定差距。

根据以上分析，可得出结论，华东地区的农业现代化综合水平较高得益于其农业生产手段和产出水平较高，从这两项指标来看，华北、华中、东北三个地区的水平和粮食主产区整体水平基本接近，而西部地区的各项指标均比较落后。各地域农业现代化发展水平均与标准值有一定差距，说明我国改善城乡二元结构，提高农村社会化水平的道路任重而道远。而农业可持续发展水平各地域发展也极不均衡，各地区相关政府和部门需要提高认识，在农业发展的同时要加强生态环境的保护和治理能力，改善农业生产条件，增强农业发展的可持续性。

四、结论

本章立足于相关研究的基础之上，结合相关领域的课题和研究，进一步推进了粮食主产区农业现代化发展水平评价与测算的研究。首先，把粮食主产区与农业现代化发展水平评价结合起来，是一次大胆的创新和尝试，也是农业现代化评价与测算的研究向更实际领域拓展的一个应用。其次，本研究中，将农业发展 25 年来的有关数据和指标统一整理归纳，层层梳理细化指标，分地区分地域进行考察，较其他同类研究，虽然前期工作较烦琐，但结果较详细，可信度高。第三，本章在以往研究的基础上，以粮食主产区农业现代化发展水平评价研究为基础，更多地考虑到中国农业发展的实际和农业现代化实现程度，因此测算结果较为符合我国实际，与国家发展的实际情况和战略方向相一致。

本研究认为就粮食主产区具体情况而言，目前无论是从粮食主产区整体还是分地区来看，距离农业现代化发展阶段尚有一定差距。分区域来看，华东地区（江苏、山东）的农业现代化实现程度较高，进入农业现代化发展阶段的时间相对要早（2010 年前后）；华中地区（湖南、湖北、江西、安徽）、华北地区（河北、河南、内蒙古）、东北地区（吉林、黑龙江、辽宁）基本代表了主产区农业现代化发展的平均水平，发展趋势和过程与粮食主产区整体相似；西南地区（四川）农业现代化的进程相对迟缓，发展水平低于粮食主产区平均值。

另外，从粮食主产区农业现代化水平分指标来看，在现代化农业投入和现代化农业产出方面，粮食主产区 25 年来的成果显著，尤其是在农业产出水平上的明显进步，大幅度提升了各地区的农业现代化整体水平。而反映农村社会化的指标距离标准值有一定差距，说明粮食主产区同样存在明显的二元经济结构，城乡间发展水平的差距一定程度上阻碍了农业现代化整体进程。在农业可持续化发展水平上，粮食主产区各地区均需要大幅提高和改善，农业生态与环境方面的建设越来越成为今后农业发展需要加强的方向。

对于农业现代化的评价和测算方面的研究，我们认为，今后应不断改进研究方法，在推陈出新的基础上，从指标选取、研究对象等方面予以细化，更加突出这类研究的实用性和指导性。

第九章　我国现代农业发展水平评价的研究

现代农业建设是一个动态的不断发展的历史过程，推进现代农业建设是一个长期的过程，需要坚持不懈地努力，使现代农业的发展水平不断提高，使之向更高水平的阶段迈进。通过创新，设置一套评价现代农业发展水平的综合评价指标体系，并确立相适应的评价方法，对我国各地区现代农业发展总体水平进行定量测算，从而对现代农业发展水平做出判断，对进一步推动我国现代农业发展具有重要的意义。

一、现代农业建设背景

《中共中央关于制定国民经济和社会发展第十一个五年规划的建议》中强调要"推进现代农业建设"。这一战略的提出有一个大的背景，即我国的人均GDP已达到和超过了 1 000 美元，中国经济已进入工业反哺农业、城市支持农村的新阶段。农产品供求关系由长期的短缺变为总量基本平衡，丰年有余；农业生产矛盾的主要方面已经从保障供给逐步转向适应需求，农副产品的商品率已达 70％以上；农业的功能也从传统的保障粮食安全进入到提供食品安全的阶段。根据国际经验，这一阶段也是传统农业向现代农业转变的关键阶段。2007 年中央 1 号文件明确指出：发展现代农业是社会主义新农村建设的首要任务。推进现代农业建设必须对现代农业的内涵和特征有一个准确的把握，并对我国现代农业发展的总体水平做出正确的判断，因而建立一套科学合理的现代农业发展水平的综合评价指标体系非常必要。

为了配合农业部《全国现代农业发展规划（2011—2020）》的实施，需要对全国各地现代农业的发展水平进行客观评价，真实地反映各地现代农业发展水平，对我国和各地现代农业发展态势和方向做出准确的判断；进一步调动各地政府发展现代农业的积极性，引导各地政府适时调整发展现代农业的思路，明确各地现代农业发展的主攻方向，促进我国现代农业又好又快的发展，我们设定现代农业发展水平评价指标体系，对我国 31 个省、市、自治区现代农业发展水平进行评价。

二、现代农业的内涵和特征

关于现代农业的内涵，学界有诸多论述。比较普遍的看法是，现代农业是继原始农业、传统农业之后的一个农业发展的新阶段。现代农业是在国民经济中具有较高水平的农业生产能力和较强竞争能力的现代产业；是不断地引进新的生产要素和先进经营管理方式，用现代科技、现代工业产品、现代组织制度和管理方法来经营的科学化、集约化、市场化、社会化、生态化的农业；是保护生态平衡和可持续发展的农业。它既包含有综合生产能力的创新，诸如有现代科技、现代装备、集约化、可持续发展等特征，又包含有现代农业制度的创新，诸如有现代管理、专业化、社会化、产业化、标准化等特征，是科学化、集约化、市场化、社会化、生态化的现代产业。

现代农业与传统农业相比，主要有以下几个基本特征：

1. 农业装备设施化

工业装备是现代农业的硬件支撑。随着现代工业的发展，农业生产各个环节和整个过程采用机械化作业，农业机械与计算机、卫星遥感等技术结合，新型材料、节水设备和自动化设备应用于农业生产，农田水利化、农地园艺化、农业设施化以及交通运输、能源传输、信息通讯等的网络化、现代化成为现代农业发展的基本趋势。

2. 科技支撑型农业

先进的科技是现代农业发展的关键要素。从 19 世纪中叶农业化学技术的发展，到 20 世纪中叶的"绿色革命"，之后生物技术和信息技术也逐步渗透到农业种质资源、动植物育种、作物栽培、畜禽饲养、土壤肥料、植物保护等各个领域，农业科研的领域和范围不断扩大，农业生产的深度和广度不断拓展，农业的可控程度大大提高，出现了"精确农业"等全新的农业发展模式。农业增产的 60%～80%依靠科技进步来实现。

3. 经营管理现代化

广泛运用先进的经营方式、管理技术和管理手段，从农业生产的产前、产中、产后形成比较完整的紧密联系、有机衔接的产业链条，具有很高的组织化程度。有相对稳定、高效的农产品销售和加工转化渠道，有高效率的把分散的农民组织起来的组织体系，有高效率的现代农业管理体系。

4. 现代农业是以生产、生态、生息为目标的可持续产业

要求在发展农业经济以实现经济增长的同时，切实注意保护自然资源和生态环境，做到农业可持续发展，使经济增长与环境质量改善实现协调发展。近

年来，世界各国在发展现代农业中，更加注重生态环境的治理与保护，重视土地、肥料、水资源、农药和动力等生产资源投入的节约和资源利用的高效化，在应用农业科技最新成果的基础上，探索出"有机农业""绿色农业"和"生态农业"的发展模式。

5. 现代农业是由政府依法加强支持保护的基础产业

马克思和恩格斯认为"食物的生产是直接生产者的生存和一切生产者的首要条件"。从近现代发展史看，农业不仅通过支持工业化为经济发展做出贡献，而且能够直接为经济发展做出多方面的贡献。因此，要从多方面如自然灾害的防御支持、农产品市场价格支持、农业社会化服务体系建设支持等对现代农业进行政策支持。

6. 现代农业的首要任务是保障农产品供给

这是由中国庞大的人口规模和稀缺的耕地和水资源所决定的。作为人口大国，若粮食等农产品大量依赖国外进口，将面临较大的市场风险和政治风险。因此，建设现代农业的首要目标是保障粮食等农产品的有效供给。

7. 高生产率和高效益的农业

现代农业要不断提高农业劳动生产率、土地生产率和农业综合生产能力。现代农业要不断提高其经济效益、社会效益和生态效益。经济效益突出表现在劳动生产率、土地生产率、投入产出率和农民收入有较大幅度的增加，农业和农村经济实力显著增强；社会效益集中体现在农产品（食品）的安全化；生态效益集中体现在农业自然资源和生态环境得到有效保护，农业生态系统良性循环、生态经济效益显著改善、农业具有较强的可持续发展能力等方面。

三、我国现代农业发展水平评价指标体系的构建

（一）现代农业发展水平评价指标体系设置的意义

设置现代农业发展水平评价指标体系的意义在于：一是能够生动描述现代农业目标模式的状态，把抽象的目标具体化，便于理解、掌握和借鉴。二是能够科学地度量现代农业建设程度，准确了解和把握现代农业建设实际进程中的各方面情况，从而有利于协调发展过程中的各方面关系，促进现代农业建设的顺利发展。三是通过对不同地区现代农业发展水平进行评价对比分析，可以找出不同地区现代农业建设进程中的薄弱环节及其存在的问题，从而为制定有关政策措施提供科学依据。四是可以动态地跟踪现代农业建设的进展情况，对现代农业建设前景进行预测分析。

（二）文献综述

从现有文献来看，在世界经济发展中，农业的地位很重要，无论是联合国粮农组织还是世界银行，对于世界农业发展的关注程度很高。以下评价指标常见于这些组织的世界农业发展报告中。第一、二、三产业国内生产总值、研究与发展经费支出占国内生产总值比重、每百万人从事研究与开发的研究人员数、平均每个农业经济活动人口耕地面积、平均每千公顷耕地上拖拉机使用量、平均每千公顷耕地上化肥施用量、全员劳动生产率、劳均谷物产量、劳均肉类产量、劳均鱼类产量、农产品出口额、城市人口比重、第一、二、三产业就业构成、医疗支出占国内生产总值的比重等。从上述指标设立可以看出，国际组织中的世界农业，既强调行业的特殊性，如农业的生产能力、产出率、农业生产效率，也强调农业的社会性、科学性和国际化性，如科技人员数、教育水平、农产品出口额、人均国民总收入，把农业置于整个社会经济发展状况下讨论是科学的。这些成熟的统计指标为世界现代农业发展研究奠定了基础。

国内学者有关这方面的研究主要围绕建立现代农业或农业现代化指标体系的原则、指标体系、评估模型及对不同层次（世界各国、全国、省级和县级）的现代农业或农业现代化进程评估与预测这几个方面展开。比较典型和权威的有：钟甫宁（2002）认为各个国家和地区应根据自身的资源禀赋和国际环境的差异，利用比较优势在国际分工中占据适当的位置，如果简单比照发达国家过去的经验设置现代化的具体的过程性指标体系，忽视通过政府主导的行动来实现农业现代化的目标，就可能减缓实现最终目标的速度。国家统计局统计科学研究所的"中国农业现代化评价指标体系建设与实证分析"课题，给出了以农业生产手段、农业劳动力、农业产出能力和农业生产条件为要素的"农业现代化"定义，设计出一套由三级系统构成的"中国农业现代化评价指标体系"及其量化标准。对全国及东、中、西部地区 31 个省份，从 1998—2000 年 3 年中国农业现代化进程进行了测算，还对几个主要发达国家（美国、澳大利亚、法国、英国、德国、意大利、日本和韩国）和中国农业发展状况进行了国际比较，并将定量分析与定性分析结合起来。梅方权认为，中国农业现代化评价指标体系必须符合 4 个原则：一是有利于科学地评价农业现代化的性质和特征；二是有利于定性分析与定量分析有机结合地测定农业现代化水平；三是有利于及时准确地监控农业现代化进程；四是有利于不同农业现代化模式的比较。并提出了用两个层次 7 类 22 项主体指标进行判断和评价的指标体系。郭强、李荣喜（2003）等人在研究成都农业现代化时，采用层次分析法建立了由综合指标、4 项主体指标、8 项分类指标、24 项群体指标等构成的 4 个层次的农业现代化指标体系。蒋和平、黄德林（2006）采用多指标综合分析方法，建立中国农业现代化指标体系评价模型对中国农业现代化发展水平进行了定量评价，结果显示 1980—2003 年间总体上中国农业现代化水平呈上升趋势。农业现代化区域发展总体水平表现为东部最高，中部次之，西部最低。在区域性研究方面，农业部农村经济研究中心课题组以江苏省无锡县为例，设置了一套能够较为全面系统地表征农业现代化的指标体系，并根据各指标的相对重要性，用经验法确定了权重。许信旺（2005）在论文《安徽省农业可持续发展能力评价与对策研究》中则采用农业生产与经济可持续发展能力，农业资源与环境可持续发展能力，农村人口与社会可持续发展能力三个一级指标等 20 个二级指标进行评价。

综上所述，国内农业现代化综合评价指标体系研究取得了不少的成果，但也存在不少的问题：一是有些评估指标体系的设计上概念性的指标居多，量化程度较低，理论阐述居多，实证研究较少。二是过于追求指标体系的系统性，而没有考虑指标数据的可得性。三是片面追求指标体系的全面性，企图使指标体系包含所有因素，导致重点不突出，造成评估结果失真。四是部分指标体系是针对某个特定地区设计的，缺乏通用的评估标准，很难应用于不同地区之间的对比研究。

（三）现代农业发展水平评价指标体系设置的基本原则

1. 科学性原则

评价指标的设计，要紧扣现代农业的本质、内涵和特征，既要体现发展现代农业的经济效益，也要体现其社会效益和生态效益；既要反映各地区现阶段的现代农业发展水平，又要体现各地区现代农业潜在发展能力，同时科学界定指标权重和目标值，选择科学的计算方法。

2. 指导性原则

评价指标的设计及权重的分配，应充分反映全国及各地区现代农业发展的重点领域和关键环节，为当前及未来一段时期全国发展现代农业指明突破的重点和方向。通过该指标体系的建立和使用，为各地发展现代农业提供方向性的指导，使各地农业管理部门明确未来工作的重点，并根据自身条件采取相应措施。

3. 可操作性原则

一级指标设立与中央提出的发展现代农业"六个用"的精神和农业部制定的"十二五"全国现代农业发展规划考核目标相符合，重点突出，层次清楚，结构合理。二级指标的设计简明扼要，数据要容易获得，并便于应用和计算。

（四）现代农业指标体系框架设计

依据现代农业的内涵和特征，并遵循现代农业发展的一般规律和发展趋势，又考虑我国的具体国情，参考已有的前期成果，经过查阅大量资料和统计数据，经过各方专家讨论，最终建立了 7 项一级指标和 20 项二级指标的现代农业评价指标体系，指标的权重是通过 12 位专家与各地农业部门负责人打分计算获得。如表 9-1 所示。

表 9-1　现代农业发展水平评价指标体系

一级指标	一级指标权重	二级指标	二级指标权重	单位
农业物质装备水平	12	有效灌溉面积占耕地面积的比重	7	％
		农作物耕种收综合机械化率	3	％
		农业减灾防灾能力	2	％
农业科技支撑水平	16	农业科技投入占农业增加值的比重	2	％
		每万名劳动力拥有农技人员数量	3	人/万人
		初中以上文化程度的农业劳动力比重	11	％
农业经营管理水平	20	劳均耕地面积	1	亩/人
		畜牧业产值比重	6	％
		渔业产值比重	4	％
		农产品加工业产值比重	8	％
		合作社数量	1	个
农业可持续发展水平	12	化肥产出率	9	元/千克
		农业节水灌溉面积比重	3	％
农业政策支撑水平	8	农业增加值与农林水事务支出的比例	8	％
农产品供给保障水平	12	人均粮食产量	5	千克/人
		人均肉产量	5	千克/人
		人均水产品产量	2	千克/人
农业效益水平	20	农民人均纯收入	10	元/人
		劳均农业增加值	9	元/人
		粮食单产	1	千克/亩

现代农业发展水平评价指标主要包括：

1. 农业物质装备水平

良好的基础设施与物质装备水平是指现代农业的基本特征，也是农业发展的基本保障。该指标是对"用现代物质条件装备农业"这一现代农业本质的反映，包括有效灌溉面积占耕地面积的比重、农作物耕种收综合机械化率、农业减灾防灾能力等。

（1）**有效灌溉面积占耕地面积的比重**。指具有一定水源，地块比较平整，灌溉构成或设备已经配套，在一般年景下，当年能够进行正常灌溉的面积占耕地面积的比重。它是反映抗旱能力的一个主要指标。

（2）**农作物耕种收综合机械化率**。是指农业机耕、机播和机收水平，通过加权平均计算得出，反映农业机械在农业生产中的作用水平。农作物综合机械化率是先进生产力的重要标志，对提高农业劳动生产率、提高农业综合效益有重要的作用。

（3）**农业减灾防灾能力**。是指农业成灾面积占农业受灾面积的比重。它既是反映农业基础设施与物质装备水平的一个指标，又是反映农业抗灾能力的一个重要指标。

2. 农业科技支撑水平

指与发展现代农业相应的科技成果应用和农技推广水平，包括农业科技投入占农业增加值的比重、每万名农业劳动力拥有的农技人员数量和初中以上文化程度的农业劳动力比重等。

（1）**农业科技投入占农业增加值的比重**。是指农业科技活动投入与农业增加值的比重。这一指标可以反映农业科技投入产出比。

（2）**每万名农业劳动力拥有的农技人员数量**。是指每万名农业劳动力拥有的农业技术推广人员的数量。这一指标可以反映基层农技推广体系建设情况与农技推广人员服务情况。

（3）**初中以上文化程度的农业劳动力比重**。是指初中以上文化程度的农业劳动力占全部农业劳动力的比重。这一指标反映农民的素质对现代农业的影响程度。

3. 农业经营管理水平

指经营管理等对现代农业的影响水平。包括劳均耕地面积、畜牧业产值比重、渔业产值比重、农产品加工业产值比重和农民合作社数量等。

（1）**劳均耕地面积**。是指平均每个农业劳动力拥有的经过开垦用以种植农作物并经常进行耕耘的土地面积。包括种有作物的土地面积、休闲地、新开荒地和抛荒期未满三年的土地面积。这一指标反映了农业生产的规模。

（2）**畜牧业产值比重**。是指畜牧业增加值与农林牧渔业增加值的比值，这一指标可以反映畜牧业在现代农业中的发展程度。

（3）**渔业产值比重**。是指渔业增加值与农林牧渔业增加值的比值，这一指标可以反映渔业在现代农业中的发展程度。

（4）**农产品加工业产值比重**。是指农产品加工业产值与农林牧渔业总产值的比值，这一指标可以反映农业产业化发展水平和农产品加工增值程度。要提高农业效益，就必须发展农业产业化经营，延伸农业产业链，提高农产品增值程度。

（5）农民合作社数量。这一指标反映农民合作的程度对现代农业的影响。

4. 农业可持续发展水平

农业可持续发展水平包括化肥产出率和农业节水灌溉面积比重两个指标。

（1）化肥产出率。是指每千克化肥可以带来农业增加值的多少。

（2）农业节水灌溉面积比重。是指农业节水灌溉面积占农业灌溉面积的比重。

5. 农业政策支持水平

指发展现代农业应有一定的农业生产投入，加强政府对农业的支持保障力度，是现代农业发展的重要保证。由农业增加值与农林水事物支出的比例这一项指标构成。

农业增加值与农林水事务支出的比例，是指每元农林水事务支出能够带来农业增加值的多少，这一指标反映当地政府对农业的政策支持程度。

6. 农产品供给保障水平

农产品供给保障水平主要体现在人均粮食产量、人均肉产量和人均水产品产量等方面。

（1）人均粮食产量。指人均粮食占有量。粮食产量指全社会各粮食品种的总产量，包括稻谷、小麦、玉米、高粱、谷子及其他杂粮。这一指标反映了粮食有效供给能力。

（2）人均肉产量。指人均肉类占有量。肉类主要指猪、牛、羊肉。

（3）人均水产品产量。指人均水产品占有量。

7. 农业效益水平

指现代农业发展的最终结果，体现在农民人均纯收入、劳均农业增加值和粮食单产等方面。

（1）农民人均纯收入。是指农民从各个经营收入来源得到的总收入相应地扣除所发生的费用后的收入的余额。这一指标反映农民生活水平。

（2）劳均农业增加值。是指每个农业劳动力带来的农业增加值的多少。

（3）粮食单产。指每亩粮食作物实际占用的耕地面积上生产的粮食的数量。

四、现代农业发展程度的测评

（一）现代农业发展水平评价方法

现代农业评价指标体系的设定就是从现代农业的内涵出发，从现代农业发展水平的过程指标和结果指标两方面入手，把现代农业发展水平分为七个方面，即农业物质装备水平、农业科技水平、农业经营管理水平、农业可持续发展水平、农业政策支持水平、农产品供给保障水平和农业效益水平。考虑到开展现代农业发展水平评价的核心在于调动各地发展现代农业的积极性，因此每一指标得分包括三部分：

1. 存量得分

根据各地现有资源条件采用离差标准化法得到的分值，计算公式为：（某地指标值－该指标全国最小值）/该指标全国最大值与最小值的绝对差，用于反映各地现代农业发展的基础条件。

2. 增量得分

根据各地年际间资源变化采用离差标准化法得到的分值，计算公式为：（某地指标年际变化值－该指标年际变化全国最小值）/该指标年际变化全国最大值与最小值的绝对差，用于反映各地为提高现代农业发展水平所作努力。

3. 综合得分

根据"存量得分"90％的权重和"增量得分"10％的权重得到的加权分，计算公式为：综合得分＝0.9×存量得分＋0.1×增量得分，体现存量与增量综合考虑的原则。

（二）对现代农业发展水平的评价和分析

为了正确分析与评价现代农业的发展水平，我们利用 1979—2009 年的《中国统计年鉴》《中国农村统计年鉴》《中国食品工业年鉴》《中国国土资源年鉴》《中国农业统计资料》上的统计数据作为评价的基础数据。

1. 农业物质装备水平

农业物质装备水平主要包括三个指标：有效灌溉面积占耕地面积的比重、农作物耕种收综合机械化率、农业减灾防灾能力。从图 9-1 农业物质装备水平得分排序可以看出：江苏、北京、上海等地区农业物质装备水平处于全国领先地位，山西、云南和贵州等地区农业物质装备水平比较落后。排名第一的江苏得分是 8.65 分，排名最后的贵州得分是 1.56 分，相差 4 倍还多。农业物质装备水平处于全国领先地位的地区在农业减灾防灾能力方面和落后地区差距不大，差距主要在有效灌溉面积占耕地面积的比重、农作物耕种收综合机械化率方面，如江苏有效灌溉面积占耕地面积的比重、农作物耕种收综合机械化率得分分别是 5.05 分和 2.15 分，而排名最后的贵州只有 0.59 分和 0.08 分。

2. 农业科技支撑水平

农业科技支撑水平主要包括三个指标：农业科技投入与农业增加值的比

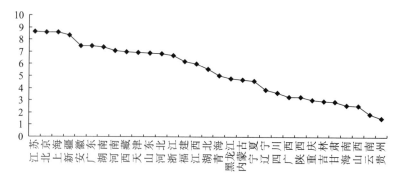

图 9-1　农业物质装备水平得分排序

重、每万名农业劳动力拥有的农技人员数量和初中以上文化程度劳动力比重。
从图 9-2 农业科技支撑水平分排序可以看出：北京、上海等地区农业科技支撑
水平处于全国领先地位，宁夏、青海和西藏等地区农业科技支撑水平比较落
后。排名第一的北京得分是 13.59 分，排名最后的西藏得分是 1.28 分，相差
9 倍还多。尤其是初中以上文化程度劳动力比重相差较大。

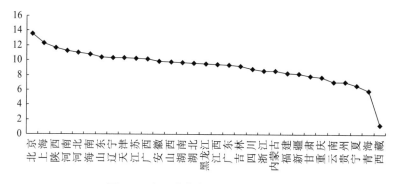

图 9-2　农业科技支撑水平得分排序

3. 农业经营管理水平

农业经营管理水平主要包括五个指标：劳均耕地面积、畜牧业产值比重、
渔业产值比重、农产品加工业产值比重和农民合作社数量。从图 9-3 农业经营
管理水平得分排序可以看出：天津、上海、山东等地区农业经营管理水平处于
全国领先地位，宁夏、贵州和甘肃等地区农业经营管理水平比较落后。排名第
一的天津得分是 11.84 分，排名最后的甘肃得分是 2.99 分，相差 2 倍还多。
农业经营管理水平处于全国领先地位的地区在劳均耕地面积、畜牧业产值比重
等方面和落后地区差距不大，有的落后地区这两个指标得分还相对较高，差距
主要在农产品加工业产值比重方面，如天津农产品加工业产值比重得分是
7.36 分，而排名最后的甘肃只有 1.03 分。

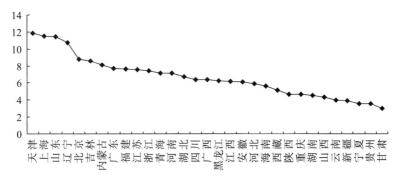

图 9-3　农业经营管理水平得分排序

4. 农业可持续发展水平

农业可持续发展水平主要包括化肥产出率和农业节水灌溉面积比重。从图 9-4 农业可持续发展水平得分排序可以看出：浙江、北京等地区农业可持续发展水平处于全国领先地位，湖北和安徽等地区农业可持续发展水平比较落后。排名第一的浙江得分是 10.59 分，排名最后的安徽得分是 1.34 分，相差 6 倍还多。农业可持续发展水平处于全国领先地位的地区在化肥产出率和节水灌溉面积比重方面，都远远高于落后地区，如浙江化肥产出率和节水灌溉面积比重得分分别是 8.46 分和 2.13 分，而排名最后的安徽只有 0.72 分和 0.62 分。

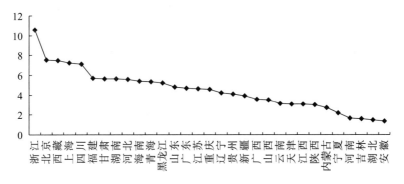

图 9-4　农业可持续发展水平得分排序

5. 农业政策支持水平

农业政策支持水平主要包括一个指标：农业增加值与农林水事务支出比例。从图 9-5 农业政策支持水平得分排序可以看出：福建、山东、河北等地区农业政策支持水平处于全国领先地位，北京、上海、西藏等地区农业政策支持水平比较落后。排名第一的福建得分是 7.53 分，排名最后的西藏得分是 0.36 分，相差 19 倍还多。从这里我们也可以看出，经济较发达的地区政府对农业的重视程度不一定要比经济落后地区政府对农业的重视程度高，也就是一个地区的经济发达程度和政府对农业的重视程度不是成正比的。有时反而经济落后地区对农业的重视程度要高。

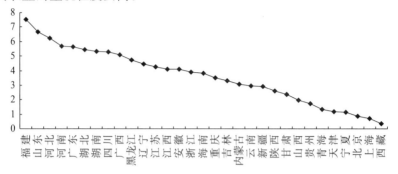

图 9-5 农业政策支持水平得分排序

6. 农产品供给保障水平

农产品供给保障水平主要包括三个指标：人均粮食产量、人均肉类产量和人均水产品产量。从图 9-6 农产品供给保障水平排序可以看出：内蒙古、黑龙江、吉林等地区农产品供给保障水平处于全国领先地位，北京和上海等地区农产品供给保障水平比较落后。排名第一的内蒙古得分是 8.39 分，排名最后的上海得分是 0.69 分，相差 11 倍还多。农产品供给保障水平处于全国领先地位的地区在人均粮食产量、人均肉类产量方面都远远高于农产品供给保障水平处于全国落后地位的地区，如内蒙古人均粮食产量、人均肉类产量得分分别是 3.40 分和 4.74 分，而排名最后的上海只有 0.24 分和 0.25 分。

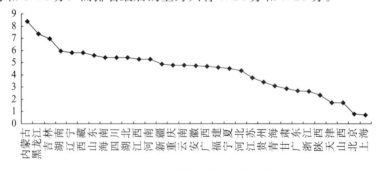

图 9-6 农产品供给保障水平得分排序

7. 农业效益水平

农业效益水平主要包括三个指标：农民人均纯收入、劳均农业增加值和粮食单产。从图 9-7 农业效益水平排序可以看出：上海、北京、江苏等地区农业效益水平处于全国领先地位，云南、甘肃和贵州等地区农业效益水平比较落后。排名第一的上海得分是 18 分，排名最后的贵州得分是 1 分，相差 17 倍。

农业效益水平排在前面的地区与排在后面的地区在粮食单产方面差距不大，差距主要在农民人均纯收入和劳均农业增加值方面，如上海农民人均纯收入和劳均农业增加值得分分别是 9.47 分和 7.70 分，而排名最后的贵州只有 0.84 分和 0.15 分。

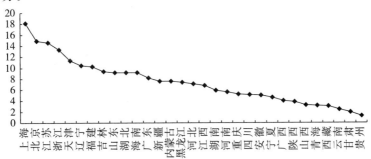

图 9-7　农业效益水平得分排序

8. 区域经济现代农业发展水平

我们从区域经济的现代农业发展水平来看，从表 9-2 可以看出，除了农产品供给保障水平和农业可持续发展水平外，农业物质准备水平、农业科技支撑水平、农业经营管理水平和农业效益水平的发展水平都是东部地区[①]高于中部地区，中部地区又高于西部地区。

从图 9-8 可以明显看出，农业效益水平方面，东、中、西部差距是最大的，这个差距主要是农民人均纯收入、劳均农业增加值方面的差距，而在粮食单产上，东、中、西部差距不大。

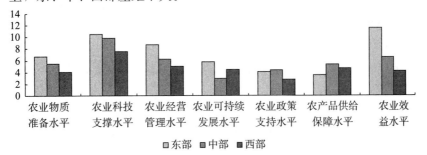

图 9-8　区域经济现代农业发展水平比较

农产品供给保障水平方面，中部地区的保障水平要高于西部地区，而西部

---

① 东部地区包括北京、天津、河北、辽宁、上海、江苏、浙江、福建、山东、广东和海南等 11 个省份；中部地区包括山西、吉林、黑龙江、安徽、江西、河南、湖北、湖南等 8 个省份；西部地区包括四川、重庆、贵州、云南、西藏、陕西、甘肃、青海、宁夏、新疆、广西、内蒙古等 12 个省份。

地区又高于东部地区。这个差距主要在人均粮食和人均肉产量方面，在人均水产品这个指标上差距不大。

农业可持续发展水平方面，东部水平要高于西部地区，而西部地区又高于中部地区。这个差距主要在化肥产出率和节水灌溉面积比重方面。

农业政策支持水平方面，农业增加值与农林水事务支出比例方面，中部水平要高于东部地区，而东部地区又高于西部地区。但是中部地区和东部地区差距不大，而西部地区农业政策支持水平要远远低于中部地区和东部地区。

表 9-2 2009 年区域经济现代农业发展水平得分

地区	农业物质准备水平	农业科技支撑水平	农业经营管理水平	农业可持续发展水平	农业政策支持水平	农产品供给保障水平	农业效益水平	综合水平
东部	6.68	10.48	8.73	5.79	4.11	3.46	11.50	50.75
中部	5.49	9.81	6.22	2.95	4.34	5.33	6.55	40.69
西部	4.11	7.60	5.01	4.41	2.70	4.59	4.17	32.58

9. 现代农业发展综合水平

近几年我国现代农业发展较快，从表 9-3 中可以看出，2009 年上海综合得分最高，已接近 60 分，北京、山东、江苏、浙江和福建也已经到达 50 分以上。综合得分在 40～50 分的省份有辽宁、河北、天津、广东、黑龙江、湖南、河南、湖北、内蒙古、海南、吉林、四川、江西，处于现代农业的发展阶段。其余省份现代农业发展水平较低，还处在现代农业的起步阶段，包括新疆、安徽、广西、重庆、陕西、青海、西藏、宁夏、山西、甘肃、云南和贵州。

在现代农业发展中，上海、北京的现代农业发展水平高，这两个地区大部分指标值都处于各个地区的前列，尤其是农民人均纯收入指标，上海 2009 年达到 12 482.94 元，排第一，北京是 11 668.59 元，排第二。但是，这两个地区的劳均耕地面积、畜牧业和渔业产值比重、农林水事务支出比重以及人均粮食产量和人均肉类产量等指标较低。

现代农业落后的地区，各项指标值基本低于全国平均水平，特别是排名在最后的一些地区，如甘肃、云南和贵州，农作物耕种收综合机械化率、劳均农业增加值、初中以上文化程度农业劳动力比重以及农民人均纯收入等指标都大大落后于全国平均水平。

从增量得分来看，近年来，黑龙江、陕西、湖北、云南、广东等地区现代农业发展较快，而福建、河北和天津等地区现代农业发展较慢。

表 9-3 2009 年各地区现代农业发展水平综合排序

地区	综合得分	综合排序	地区	存量得分	存量排序	地区	增量得分	增量排序
上海	59.12	1	上海	60.13	1	黑龙江	58.70	1
北京	55.07	2	北京	55.72	2	陕西	56.64	2
山东	55.04	3	山东	55.67	3	湖北	56.11	3
江苏	53.65	4	江苏	54.24	4	云南	55.51	4
浙江	53.13	5	浙江	53.85	5	广东	54.89	5
福建	50.26	6	福建	51.35	6	青海	54.68	6
辽宁	49.89	7	辽宁	50.44	7	重庆	53.25	7
河北	47.04	8	河北	47.78	8	海南	52.35	8
天津	46.42	9	天津	47.66	9	江西	51.58	9
广东	45.71	10	广东	44.69	10	安徽	51.50	10
黑龙江	45.24	11	湖南	44.17	11	甘肃	51.30	11
湖南	44.46	12	黑龙江	43.74	12	广西	50.88	12
河南	43.65	13	河南	43.46	13	西藏	50.77	13
湖北	43.46	14	内蒙古	42.84	14	四川	50.64	14
内蒙古	43.21	15	湖北	42.06	15	宁夏	50.43	15
海南	42.88	16	吉林	42.05	16	新疆	50.18	16
吉林	42.04	17	海南	41.83	17	贵州	50.14	17
四川	41.79	18	四川	40.81	18	上海	50.00	18
江西	40.91	19	江西	39.73	19	山东	49.42	19
新疆	39.75	20	新疆	38.59	20	北京	49.20	20
安徽	38.59	21	安徽	37.16	21	山西	48.74	21
广西	37.24	22	广西	35.72	22	江苏	48.39	22
重庆	33.51	23	重庆	31.32	23	湖南	47.07	23
陕西	31.45	24	陕西	28.65	24	浙江	46.70	24
青海	31.00	25	青海	28.37	25	内蒙古	46.57	25
西藏	30.05	26	西藏	27.75	26	河南	45.38	26
宁夏	27.29	27	山西	24.79	27	辽宁	45.02	27
山西	27.18	28	宁夏	24.71	28	吉林	41.92	28
甘肃	26.60	29	甘肃	23.85	29	福建	40.42	29
云南	26.37	30	云南	23.13	30	河北	40.40	30
贵州	22.74	31	贵州	19.70	31	天津	35.26	31

五、我国现代农业建设发展阶段以及相应的政策措施

通过对各地区现代农业发展水平的评价，总结我国现代农业的发展情况，提出各个阶段相应的政策措施。

（一）加大对现代农业基础设施的投入力度

持续不断的农业投入是现代农业发展的保障，也是现代农业增加产出的前提。当前要加强对农业基础设施和农村社会事业的投资力度，尤其是中部和西部的投资力度，提高现代农业的设施装备水平。一是政府和各级部门应该进一步加大对农业基础设施建设的资金支持力度，保证现代农业的发展有稳定的环境支撑，要继续加强对大江大河的治理，改善农业生产的环境条件；二是要加强对农业专项建设资金使用的监督、审查，保证资金能作到专款专用；三是要开辟新的农业投入渠道，逐步形成农民积极筹资投劳、政府持续加大投入、社会力量广泛参与的多元化投入机制。

（二）建立支持现代农业发展的政策体系

建立支持现代农业发展的政策体系，出台并不断巩固、完善、加强支农惠农政策，在农业补贴、农资购买、农业保险、农业灾害救济等方面制定更加符合实际、切实可行的政策，健全完善一系列支农惠农政策的落实机制，确保中央的各项支农惠农政策的作用得到充分发挥，取得成效。

（三）促进粮食稳定发展

坚持立足国内保障粮食基本自给的方针，逐步构建供给稳定、调控有力、运转高效的粮食安全保障体系。稳定粮食播种面积，提高单产、优化品种、改善品质。继续实施优质粮食产业、种子、植保和粮食丰产科技等工程。推进粮食优势产业带建设，鼓励有条件的地方适度发展连片种植，加大对粮食加工转化的扶持力度。支持粮食主产区发展粮食生产和促进经济增长，水利建设、中低产田改造和农产品加工转化等资金和项目安排，要向粮食主产区倾斜。

（四）加强农业科技创新体系建设

大幅度增加农业科研投入，加强国家基地、区域性农业科研中心创新能力建设。启动农业行业科研专项，支持农业科技项目。着力扶持对现代农业建设有重要支撑作用的技术研发。继续安排农业科技成果转化资金和国外先进农业

技术引进资金。加快推进农业技术成果的集成创新和中试熟化。深化农业科研院所改革，开展稳定支持农业科研院所的试点工作，逐步提高农业科研院所的人均事业费水平。建立鼓励科研人员科技创新的激励机制。充分发挥大专院校在农业科技研究中的作用。引导涉农企业开展技术创新活动，企业与科研单位进行农业技术合作、向基地农户推广农业新品种新技术所发生的有关费用，享受企业所得税的相关优惠政策。

（五）积极发展农业机械化

要改善农机装备结构，提升农机装备水平，走符合国情、符合各地实际的农业机械化发展道路。加快粮食生产机械化进程，因地制宜地拓展农业机械化的作业和服务领域，在重点农时季节组织开展跨区域的机耕、机播、机收作业服务。西部地区幅员辽阔，地势较高，地形复杂，高原、盆地、沙漠、草原相间，要研发适合西部地区的农业机械，提高西部地区农业机械化水平。建设农机化试验示范基地，大力推广水稻插秧、土地深松、化肥深施、秸秆粉碎还田等农机化技术。鼓励农业生产经营者共同使用、合作经营农业机械，积极培育和发展农机大户和农机专业服务组织，推进农机服务市场化、产业化。

（六）培育现代农业经营主体

农业科技支撑水平的主要差距在初中以上文化程度劳动力比重这个指标上。建设现代农业，最终要靠有文化、懂技术、会经营的新型农民。因此，重点要对落后地区的农民开展农业生产技能培训，扩大新型农民科技培训工程和科普惠农兴村计划规模，组织实施新农村实用人才培训工程，努力把广大农户培养成有较强市场意识、有较高生产技能、有一定管理能力的现代农业经营者。积极发展种养专业大户、农民专业合作组织、龙头企业和集体经济组织等各类适应现代农业发展要求的经营主体。采取各类支持政策，鼓励外出务工农民带技术、带资金回乡创业，成为建设现代农业的带头人。支持工商企业、大专院校和中等职业学校毕业生、乡土人才创办现代农业企业。

第十章　农业现代化发展水平的
国际比较研究

2011 年，我国人均 GDP 已超过了 5 432 美元，中国经济已进入了工业反哺农业、城市支持农村的新阶段。农产品供求关系由长期的短缺变为总量基本平衡，丰年有余；农业生产矛盾的主要方面已经从保障供给逐步转向适应需求，农副产品的商品率已达 70% 以上；农业的功能也从传统的保障粮食安全进入到提供食品安全的阶段。根据国际经验，这一阶段也是传统农业向现代农业转变的关键阶段。因此，十分有必要对我国农业现代化发展的总体水平做出正确的判断，从而采取适当的发展战略，促进我国农业更快更好的发展。

任何一个国家的农业发展状况，必须与世界其他国家进行横向比较，才能反映出该国农业在世界所处的水平。其自身的纵向比较，只能说明其自身的进退程度。因此，要想正确了解我国农业的现代化水平，促进我国农业现代化建设，使农业现代化的发展水平向更高水平的阶段迈进，很有必要设置一套评价农业现代化发展水平的综合评价指标体系，并确立相适应的评价方法，进行定量测算，并与世界其他国家相比较。

一、农业现代化国际比较的理论基础

从现有文献来看，国内学者对农业现代化发展水平国际比较的不多，比较有代表性的有：吴振兴（2003）的"我国农业现代化的国际比较研究"建立了由 15 个指标组成的农业现代化发展指标体系，以对我国和世界中等发达国家的农业现代化发展水平进行比较研究，从而确定出我国农业现代化发展水平。这 15 个指标包括①农业生产指标：农业产值占国内生产总值比重；农业年均增长率；粮食生产指数；农业生产指数；②技术与装备指标：可耕土地面积；灌溉地占耕地比重；化肥消耗量；单位耕地面积占有农机动力数；③经济与社会指标：农业劳动力年收入；农业人口比重；农业人口密度；农业劳动生产率；④资源环境指标：森林覆盖率；森林破坏率。通过研究和比较看出：①我国农业增加值占 GDP 比重很高，是中等发达国家平均水平的 7.7 倍；但是农业年均增长率、粮食生产指数、农业生产指数 3 个指标均大大高于中等发达国家平均水平。②农业劳动力年均收入 325 美元，是中等发达国家平均水平的 1.6%，收入差距极大。③森林覆盖率 14.3%，是中等发达国家平均水平的

52%；森林破坏率0.1%，而中等发达国家平均水平是—0.015%；国家级保护区占总土地面积的比例为6.4%，是中等发达国家平均水平的37%。

2012年5月13日，中科院中国现代化研究中心发布了《中国现代化报告2012：农业现代化研究》。报告称，以农业增加值比例、农业劳动力比例和农业劳动生产率3项指标进行计算，截至2008年，中国农业经济水平与英国相差约150年，与美国相差108年，与韩国差36年；通过农业现代化发展水平的预测，我国将在2050年前后达到世界农业中等发达水平，基本实现农业现代化。通过研究，我们发现，《中国现代化报告2012：农业现代化研究》存在的不足有：首先是指标的选取方面：①重视农业现代化结果，但忽略农业现代化的过程。根据相关理论研究，农业现代化一般包括：物质装备水平、农业科技水平、农业结构水平、经营管理水平、社会化服务水平、综合效益水平、可持续发展水平等7个方面，这7个方面既反映了农业现代化的过程，又反映了农业现代化的结果。但《中国现代化报告2012：农业现代化研究》主要从农业效率和效益、农民生活和农业转型等方面对农业现代化进行评价，过多的强调了农业现代化的结果，而遗漏了农业现代化的过程，因此是不完善的。②遗漏了许多关键性指标。一些非常重要的评价农业现代化的指标没有出现在指标体系中。缺乏对农业基础设施水平（例如：高标准农田建设水平、农田灌溉水平等）的评价，遗漏了土地生产率这一反映我国农业产出水平的重要指标，对农业内部结构水平、农业产业化经营、农民组织化等重要指标均没有反映。③指标选取不恰当。农业现代化评价指标体系评价的对象是农业，而农民生活指标并不属于农业的范畴，而属于农村发展的范畴。农民素质、农村清洁饮水普及率、农村卫生设施普及率很大程度上受教育、社会服务等公共产品供给的影响，因此其与当地政府财政收入相关性比较明显，但与农业现代化的相关性并不明显。

其次，是权重的选择不合理。对于国际间比较农业现代化，由于国情不同，各个国家资源禀赋不同，要考虑到农业生产的比较优势原理。该研究报告过分强调劳动生产率是片面的。劳动生产率是反映单个劳动力的产出水平，这是衡量农业现代化水平的基本指标之一。劳动生产率可以分解为土地生产率和劳均耕地面积。我国土地生产率不低，但是美国等国家人口少耕地多，受我国人多地少基本国情的限制，在劳均耕地面积这一指标上，我国根本无法达到美国这样人少地多国家的水平。在这种情况下，过多强调这一指标的重要性，显然无法准确衡量我国农业产出水平。

评价农业现代化程度的指标体系，从指标的选择，到各个指标的权重设定，还有评价的方法都很重要，都会对结果产生很大影响。《中国现代化报告2012：农业现代化研究》在指标设计、权重的选择等方面存在诸多问题，这就决定了计算结果有待商榷。

到目前为止，尽管这些研究存在诸多不足，但其研究成果对于进一步比较农业现代化水平具有重要的参考价值。

二、农业现代化评价指标体系的构建

在建立指标体系中，需要遵循以下规则：第一，指标的系统性，即指标设定，必须全面考虑农业现代化所涉及的各个方面及其内在联系，使得指标之间既具有一定的相关性又具有一定的独立性，通过指标的综合，全面体现农业现代化发展现状。第二，可比性原则。指标设置既要符合我国的实际，又要和世界其他国家有一定可比性。第三，指标的代表性，即从众多的指标中，选取能够反映农业现代化发展水平的内容。

参考已有的前期成果，经过查阅大量资料和统计数据，在已有的指标中筛选出评价农业现代化的初级指标，这些指标经过各方专家讨论，最终建立了包括 4 项准则指标和 13 项个体指标的农业现代化评价指标体系，如图 10-1 所示，用其评价农业现代化发展水平。

三、农业现代化的评价方法

（一）农业现代化进程的评价方法

在已设计出的农业现代化综合水平评价指标体系和对各项指标进行层次分析的基础上，我们采用多指标综合评价指数法对农业现代化水平进行评价。农业现代化综合评价指数的数学表达式如下：

$$AT_i = \sum_{i=1}^{4} W_i B_i = W_1 B_1 + W_2 B_2 + W_3 B_3 + W_4 B_4$$

式中，AT_i 为农业现代化综合指数；B_i 为一级指标指数（B_1 为农业集约化水平指数；B_2 为农业效益水平指数；B_3 为农产品供给保障水平指数；B_4 为农业可持续发展水平指数）；W_i 为各级指标权重。

（二）数据标准化

本研究采用最高值标准化法，即以现阶段各指标实测最高值为 1 进行标准化的量化处理方法。按下列公式处理：

$$c_{ki} = \frac{p_{ki}}{\max p_{ki}}$$

式中，c_{ki} 为某一群体指标的标准化值；p_{ki} 为指标数值；$\max p_{ki}$ 为该群体指标的最大值。对于逆指标的标准化处理采取先将原始数据按（$100 - p_{ki}$）计算，得出余额后再按上面公式处理。

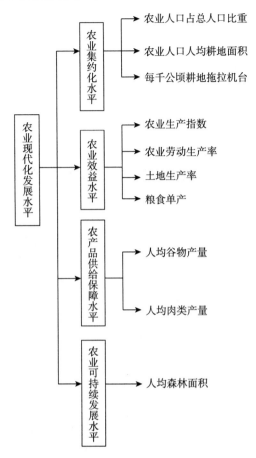

图 10-1　农业现代化发展水平国际比较指标体系

表 10-1　农业现代化发展水平综合评价指标体系系列标准

一级指标	权重	二级指标	权重
农业集约化水平	0.2	农业人口人均耕地面积（公顷/人）	0.2
		每千公顷耕地拖拉机台数（台/千公顷）	0.5
		农业人口占总人口比重（%）	0.3
农业效益水平	0.5	农业生产指数	0.05
		每公顷土地的农业增加值（美元）	0.05
		农业劳动生产率（美元/人）	0.7
		谷物单产（千克/公顷）	0.2
农产品供给保障水平	0.2	人均谷物产量	0.5
		人均肉产量	0.5
农业可持续发展水平	0.1	人均森林面积（公顷/百人）	1

（三）权重

通过对农业现代化研究方面的文献检索和我们实际了解的情况，选择了 25 位国内在农业现代化研究领域有较大影响的专家作为调查对象，在参考他们对农业现代化指标给出权重（主要通过发信函等方式）的基础上，我们最后确定了农业现代化比较指标的权重。

四、农业现代化发展水平的比较评价和分析

（一）数据来源

为了正确分析与评价中国农业现代化的发展水平，我们利用《中国统计年鉴》(1960—2012 年)、《中国农村统计年鉴》(1960—2012 年)、World Bank: World Development Indicators (1960—2012 年)、联合国 FAO 数据库 (1960—2012 年) 上的统计数据作为评价的基础数据。

（二）国家的选取

国家的选取分为三个层次，主要是按照世界银行对各个国家的分类，我们选取处于高收入水平的美国、韩国、日本、德国、荷兰、英国、澳大利亚、法国、加拿大、意大利等 10 个国家；选取处于中等收入水平的中国、泰国、马来西亚、阿根廷、巴西、墨西哥、南非等 7 个国家；选取处于次中等收入水平的埃及、蒙古和印度 3 个国家；选取处于低收入水平的孟加拉国 1 个国家，共 21 个国家的农业现代化水平进行比较。

（三）对我国农业现代化发展水平的评价和分析

1. 1960—2010 年 21 个国家农业现代化发展水平综合指数

从表 10-2 和图 10-2 可以看出，1960—2010 年，农业现代化水平综合指数排名符合高收入国家、中等收入国家、次中等收入国家和低收入国家这样一个顺序。1960—2010 年，无论是高收入国家、中等收入国家、次中等收入国家，还是低收入国家，每个国家的农业现代化水平综合指数都呈一个上升的趋势。美国从 1960 年的 24.17 上升到 2010 年的 68.24，中国从 1960 年的 6.53 上升到 2010 年的 18.16。同时，也可以看到，中国 2010 年的农业现代化发展水平综合指数还没有达到美国 1960 年的水平。

表 10-2 1960—2010 年 21 个国家农业现代化发展水平综合指数

综合指数	2010	2000	1990	1980	1970	1960
美国	68.24	45.66	35.15	29.81	26.69	24.17
加拿大	52.54	47.65	43.63	36.93	32.97	28.34
荷兰	48.49	43.56	38.66	30.43	23.49	17.48
法国	47.97	41.15	32.85	28.14	22.34	18.65
澳大利亚	43.01	42.82	35.50	32.30	30.11	26.38
日本	42.82	38.92	34.62	27.08	20.35	16.51
韩国	42.20	26.42	18.53	12.69	10.88	8.42
德国	37.40	30.93	28.45	23.85	19.97	16.43
英国	36.52	34.60	28.67	24.12	19.72	16.99
意大利	34.01	29.48	23.23	19.97	15.89	12.94
阿根廷	26.26	25.00	20.31	20.84	22.26	20.28
巴西	21.68	17.47	13.64	12.69	10.76	9.48
马来西亚	18.63	14.72	13.39	11.89	9.71	8.02
中国	18.16	15.40	13.10	10.65	8.77	6.53
埃及	18.14	17.43	13.93	10.27	8.82	5.76
墨西哥	17.67	13.72	12.32	11.65	9.14	7.15
南非	16.19	13.72	12.48	13.05	10.57	9.63
泰国	16.15	12.24	9.14	8.51	7.63	6.95
蒙古	15.37	16.18	17.65	17.77	18.51	19.63
印度	11.69	9.19	7.83	5.95	4.03	3.54
孟加拉国	9.82	9.52	7.41	6.46	6.36	6.02

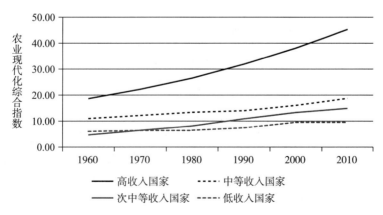

图 10-2 1960—2010 年按收入水平划分的农业现代化发展水平综合指数

2. 1960—2010 年我国与美国农业现代化发展水平的差距分析

从图 10-3 可以看出，1960—2010 年，中国与美国的农业现代化发展水平综合指数差距是越来越大的。

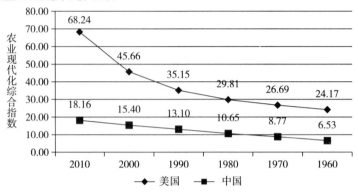

图 10-3　中国与美国农业现代化综合水平比较

从农业集约化水平发展来看（图 10-4），1960—2010 年，中国与美国的差距变化不大，美国从 1960 年的 7.51 上升到 2010 年的 10.15，中国从 1960 年的 3.74 上升到 2010 年的 5.13，农业集约化发展水平指数差距在 4～5 之间。

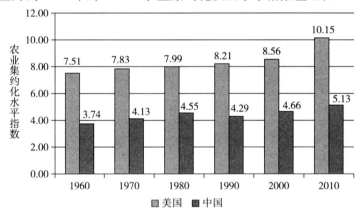

图 10-4　中国与美国农业现代化集约水平比较

从农业效益水平发展来看（图 10-5），1960—2010 年，中国与美国的差距变化很大，美国从 1960 年的 7.31 上升到 2010 年的 44.07，中国从 1960 年的 1.74 上升到 2010 年的 8.19，农业效益发展水平指数差距在 6～32 之间。这个差距主要是两国的农业劳动生产率造成的。1960 年，美国的农业劳动生产率是 5 073 美元，中国是 116 美元，差距是 4 957 美元，美国是中国的 44 倍。2010 年，美国的农业劳动生产率是 47 246 美元，中国是 952 美元，差距是 46 294美元，美国是中国的 49 倍。

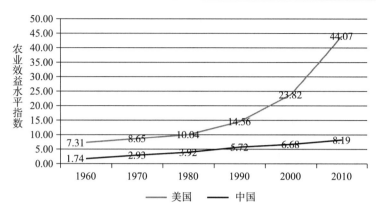

图 10-5　中国与美国农业效益水平比较

从农产品供给保障发展水平来看（图 10-6），1960—2010 年，中国与美国的差距变化不大，美国从 1960 年的 8.73 上升到 2010 年的 13.59，中国从 1960 年的 0.98 上升到 2010 年的 4.78，农产品供给保障发展水平指数差距在 7～9 之间。

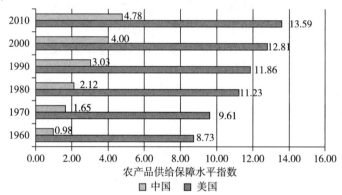

图 10-6　中国与美国农产品供给保障水平比较

从农业可持续发展水平来看（图 10-7），1960—2010 年，中国与美国的差距变化不大，美国从 1960 年的 0.62 下降到 2010 年的 0.44，中国从 1960 年的 0.08 下降到 2010 年的 0.07，农产品供给保障发展水平指数差距在 0.2～0.01 之间。

3. 2010 年我国和其他国家农业现代化发展水平比较

（1）我国农业现代化发展水平在世界 21 个国家中的排名。从表 10-3 可以看出，2010 年，农业现代化水平综合指数排在前面的都是高收入国家，我国农业现代化综合水平在 21 个国家中排名第 14，孟加拉国排名最后。

农业集约化水平：我国农业集约化水平排第 18 位。我国每千公顷耕地拖

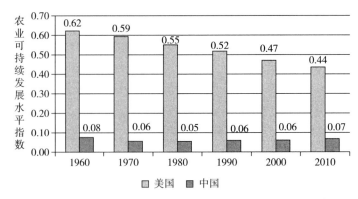

图 10-7　中国与美国农业可持续发展水平比较

拉机台数处于中等水平，排第 15 位；农业人口占总人口比重较高，为 20.87％，仅低于印度、埃及和孟加拉国，排第 18 位；我国农业人口人均可耕地排倒数第三，是 0.39 公顷，仅高于埃及和孟加拉国。

农业效益水平：我国农业效益水平排第 14 位。我国农业生产指数较高，说明我国农业生产能力比较强。我国土地生产率较高，排第 7 位。粮食单产处于中等水平，但是农业劳动生产率较低，排名第 15 位。

农产品供给保障水平：我国农产品供给保障水平排名第 11 位。人均谷物排名第九位，人均肉类产量排名第 12 位。

农业可持续发展水平：我国农业可持续发展水平排第 13 位。人均森林面积 2010 年每百人为 132.74 公顷。

综上所述，在这 21 个国家中，我国农业现代化水平处于中等水平，但是农业效益水平较低，主要是劳动生产率低造成的。

表 10-3　2010 年农业现代化水平指数排名

国家	综合指数	农业集约化水平指数	农业效益水平指数	农产品供给保障水平指数	农业可持续发展水平指数	综合指数排名
美国	68.24	10.15	44.07	13.59	0.435	1
加拿大	52.54	10.36	24.35	13.80	4.029	2
荷兰	48.49	9.11	30.88	8.49	0.010	3
法国	47.97	8.20	30.04	9.63	0.109	4
澳大利亚	43.01	8.89	16.48	17.05	0.588	5
日本	42.82	15.71	25.27	1.75	0.087	6
韩国	42.20	9.71	29.75	2.69	0.056	7
德国	37.40	7.82	21.59	7.93	0.060	8
英国	36.52	8.27	23.57	4.66	0.020	9

（续）

国家	综合指数	农业集约化水平指数	农业效益水平指数	农产品供给保障水平指数	农业可持续发展水平指数	综合指数排名
意大利	34.01	12.06	16.95	4.93	0.066	10
阿根廷	26.26	6.42	9.65	9.87	0.325	11
巴西	21.68	5.92	6.74	7.84	1.186	12
马来西亚	18.63	5.95	8.43	3.81	0.443	13
中国	18.16	5.13	8.19	4.78	0.068	14
埃及	18.14	5.50	10.63	2.00	0.000	15
墨西哥	17.67	6.11	7.36	3.95	0.254	16
南非	16.19	5.80	6.57	3.73	0.082	17
泰国	16.15	5.08	6.11	4.83	0.122	18
蒙古	15.37	5.23	2.67	5.71	1.766	19
印度	11.69	4.90	5.59	1.17	0.026	20
孟加拉国	9.82	3.14	5.23	1.44	0.004	21

（2）2010 年我国与美国农业现代化发展水平的差距分析。从以上计算可以得到，2010 年我国农业现代化综合发展水平指数为 18.16，美国为 68.24，与美国相比，差距较大，还不到美国的 30%。

从具体指标与美国相比较（表 10-4）来看，只有农业生产指数和土地生产率 2 个指标是超过美国的。其他 8 个指标（农业人口人均耕地面积、每千公顷耕地拖拉机台数、农业人口占总人口比重、农业劳动生产率、粮食单产、人均谷物产量、人均肉产量和人均森林面积）都低于美国。尤其是农业人口人均耕地面积和农业劳动生产率这 2 个指标，我国农业人口人均耕地面积仅为美国的 0.6%，农业劳动生产率仅为美国的 2%。

表 10-4　2010 年中国农业现代化指标与美国的差距

	评价指标	中国	美国	绝对差距
农业集约化水平	农业人口人均耕地面积（公顷/人）	0.39	62.5	−62.11
	每千公顷耕地拖拉机台数（台/千公顷）	11.17	25.74	−14.57
	农业人口占总人口比重（%）	20.87	0.88	−19.99
农业效益水平	农业生产指数	114.91	100.70	14.21
	土地生产率（美元/公顷）	2 448.29	755.93	1 692.36
	农业劳动生产率（美元/人）	952.30	47 245.64	−46 293.34
	粮食单产（千克/公顷）	5 447	7 236	−1 789
农产品供给保障水平	人均谷物产量（千克/人）	361.11	1 358.40	−997.29
	人均肉产量（千克/人）	58.41	134.74	−76.33
农业可持续发展水平	人均森林面积（公顷/百人）	15.25	98.25	−83

我们根据农业现代化指数年均增长率对我国农业现代化水平与美国进行比较。农业现代化综合水平指数年均增长率计算公式如下：

$$I = \left\{ \left[(\frac{A_{2010}}{A_{2000}})^{\frac{1}{n-1}} \right] - 1 \right\} \times 100\%$$

式中，I 为农业现代化指数年均增长率；A_{2010} 为 2010 年农业现代化综合水平指数；A_{2000} 为 2000 年农业现代化综合水平指数；n 为年数。

根据前面确定的指标体系，我们计算出我国 2010 年的农业现代化水平综合水平指数是 18.16，美国 2010 年的农业现代化水平综合水平指数是 68.24，我国 2000 年的农业现代化水平综合水平指数是 15.40。根据我国 2000—2010 年 10 年的农业现代化综合水平指数的年平均增长率 1.9%（根据上面的公式计算所得）进行比较，从 2010 年开始，大约经过 70 年的努力，我国的农业现代化的综合水平基本可以达到美国现阶段（2010 年）的农业现代化水平。

需要说明的是：我们比较的是农业现代化的综合水平指数。由于每个指标和美国的差距不同，需要的年数也不一样。比如，每千公顷耕地拖拉机台数、粮食单产等指标由于差距不大，通过努力短期内要达到美国现阶段的水平是有可能的。但是农业人口人均耕地面积，无论怎样努力可能也无法达到美国的水平。又比如农业劳动生产率，由于差距太大，即使通过适度规模经营、转移农村剩余劳动力等措施，要达到美国现阶段农业劳动生产率的水平，也要经过很长时间。

五、结论和政策建议

总体来看，我国和发达国家农业现代化之间的差距确实存在，但是通过指标对比我们可以看出，我国有一些指标是高于发达国家的，如土地生产率、农业生产指数等，有一些是和发达国家水平相当的，如粮食单产，我国和发达国家农业现代化的差距主要在农业劳动生产率和农业人口人均耕地面积方面。而且通过我们的预测，经过 70 年的努力，我国基本可以达到美国现阶段的农业现代化水平。

因此，提高农业劳动生产率是实现这一目标的关键。为此，提出以下建议：

第一，农业技术推广的进步。

建立高产、优质、高效的现代农业，实现农业现代化，必须依靠科技进步。目前，我国农业科研发展较快，比如粮食单产和发达国家差距不大，但是我国没有高效的农业推广系统作为依托，因此，农业科技难以转化为现实生产力。应建立新的农业技术推广创新体制，形成以乡镇为重点的农业技术推广网络体系。一是内部调整，减少市县级农技人员，充实基层农业技术推广人员数量。二是广开门路，从各相关部门中抽调富余人员，增加基层农业技术推广人员数量。三是加强基层农业技术推广人员的在职培养和技能训练，提高其素质。四是打破条块、部门和地区分割，统筹安排，协调互补，形成全国统一的农业技术推广网络。五是以政府投入为主，采取各种途径，多渠道、多门路集资以安定农业技术推广人员特别是基层农业技术推广人员的从业信心和决心，稳定农业技术队伍建设。

第二，提高农业劳动者科技文化水平，培育新型职业农民。

经济发达国家在发展农业现代化的同时，非常重视发展农业教育，提高农民科技文化水平的工作。在荷兰，各类农业院校的学生多达 6 万人，相当于农业劳动力的 29％。丹麦农民中有 85％ 是大学毕业生。在法国有继承权的农场主子女，在接受基础教育之后，还要再上五年农校，再经过三年学徒期，考试合格才能取得从事农业经营的资格。几十年来，发达国家农业就业人数大幅度减少，而农业生产却大幅度增长，这与农民素质的提高密切相关。在我国，农业人口中具有较高文化素质的农民所占比重很低，绝大部分只有小学和初中文化水平，20～35 岁的具有高中文化水平的青年农民专门从事农业生产的人数却日益减少，造成农业生产后继乏人，使农业劳动者中的人员以老龄化、妇女化和弱能化占主体。因此，我国要大力发展中高等农业职业教育，逐步建立起多渠道、多层次、多形式的农民培训体系，大力推进"农科教"结合和农民"绿色证书"工程。通过新型职业农民的培育，造就一大批懂技术、会经营、以农业为职业的新型人才，并由他们带动我国现代农业发展，促进农业由传统农业向现代农业转变。

第三，扩大土地规模，实行适度规模经营。

农村土地适度规模经营，是提高劳动生产率、实现农业现代化的必经途径。应通过经济手段和法律措施，促进土地向种田能手集中，逐步扩大农业经营规模，发挥规模经济效益。一是坚持并完善农村基本经营制度，切实保障农民对承包土地的各项权利，按照依法自愿有偿原则，发展多种形式的适度规模经营。土地承包经营权流转，不得改变土地集体所有性质，不得改变土地用途，不得损害农民土地承包权益。二是推进农业适度规模经营，必须充分发挥农民的主体作用，是否流转土地、开展何种形式适度规模经营要由农民做主。必须围绕增加农民收入这个中心，立足于优化配置土地资源，提高农业效益，促进农民增收。三是坚持政府引导，市场运作。既要充分发挥政府调控引导作用，通过宣传发动、典型示范、政策扶持，培育规模经营主体，推动适度规模经营加快发展；又要充分发挥市场机制作用，加快探索建立市场化的流转机制、股份化的土地经营制度、合作化的经营组织形式和产业化的经营方式，推进农业适度规模经营。四是坚持因地制宜，分类指导。要从各地实际出发，允许多种组织形式并存、多种经营方式并存、多种投入主体并存、多种实践路径并存。

第四，转移农村剩余劳动力。

农业劳动力顺利转移是农业规模经营的前提条件。首先是从农业内部吸收劳动力。在农业内部向有比较优势的行业转移，如区域优势行业、畜牧业、水产业等，积极发展劳动密集型产业，如设施农业、休闲农业、旅游观光农业等。推进农业产业化经营，加大农产品的深加工，就地解决一批剩余劳动力；加快小城镇建设，发展乡镇企业，以吸纳更多的劳动力。

其次，加快农村劳动力转移离不开"三化"的统筹协调发展。加快制度创新，减少农村劳动力转移的束缚，包括户籍制度创新、土地制度改革、教育培训制度改革等。发挥政府职能，创造劳动力有效转移的良好环境。政府要建立统一的城乡劳动力就业市场，制定统一的劳动力市场规则，实现城乡公平就业。同时，要加大各级政府投入，扩大公共财政覆盖农村的范围，尤其要大力发展农村的教育和医疗卫生事业，逐步建立和健全劳动保障服务。要采取综合措施，提高农业综合效益，充分挖掘农村内部吸纳农村劳动力的潜力。大力发展县域经济和城镇特色经济，促进农村劳动力就近就地转移。

第五，加快发展农业现代服务业。

现代服务业对于推动就业和经济增长发挥着越来越重要的作用。第一产业与第三产业相互扩散渗透融合有利于改造传统农业的产业结构，提升其价值创造能力，促进农业的转换和升级，让农业增加新的现代服务业元素。现代服务业的主体，就是生产性服务业。因此，发展服务农业的生产性服务业可在以工促农、以城带乡中发挥重要作用。在发展为农业服务的生产性服务业时，应坚持工业反哺农业、城市支持农村和"多予少取放活"的方针，强化政策性的扶持。例如，对于那些新农村建设中具有公益性的项目，以及落后地区的农户小额信贷，财政和政策性金融都要给予补贴或贴息。又如，在生产组织化程度不高，农户生产极为分散的广大农村，为农业服务的生产性服务业在发展初期，肯定会遇到规模偏小、难以为继的困难，政府也要通过各种方式给予帮助。这种帮助是"造血"意义上的帮助，只要方法得当，就会产生积极的效果。

第十一章　北京都市型现代农业发展水平的评价研究

一、引言

国内学者对我国现代农业发展水平评价研究始于 20 世纪 90 年代，专家和学者们从现代农业评价、农业可持续发展评价以及不同区域和地区现代农业评价等不同角度进行了大量的研究。都市型现代农业作为现代农业的一种形态，其发展和评价与现代农业的发展和评价有很大的关联。从 21 世纪初以来，一些国内学者就从不同层面、不同角度对都市型现代农业发展水平进行了评价研究。如韩士元（2002）提出了人均 GDP、第三产业占 GDP 的比重、科技贡献率、农业劳动生产率、农业商品率、非生产类投资占农业总投资比重、农业社会服务人数占全部农业劳动力的比重、森林覆盖率等 8 个指标，从定量的角度给出了都市型现代农业发展阶段的定义。王辉、刘茂松（2011）从经济功能、生态功能、社会功能、现代化水平 4 个方面共 24 项指标构建了都市型现代农业综合评价指标体系。杨正勇（2012）根据都市型现代农业的功能要求，将都市型现代农业划分为经济、社会、生态、文化、现代化水平五个一级指标。黄映晖、史亚军（2007）从北京都市型现代农业的综合生产水平、资源利用水平、社会服务水平和保障水平进行科学的测评。在都市型现代农业横向对比的研究及评价方面，陈凯等（2009）以北京、上海和广州等 11 城市为例，采用层次分析法，测度我国都市型现代农业发展水平并比较分析其差异因素，认为都市型现代农业的影响因素有农业技术进步、收入差距、教育差距、社会保障差异、社会组织差异。张强等（2010）参考北京、上海、天津和南京等城市的相关资料，系统梳理出大城市都市型现代农业发展水平的 20 个评价指标体系。潘迎捷、关海玲、陈建成等（2011）从经济发展水平、社会发展水平、生态发展水平三个方面构建了都市型现代农业发展评价指标体系；运用因子分析法对我国东部、中部及西部地区代表性城市的都市型现代农业发展水平进行了初步评估。

构建北京都市型现代农业发展评价指标体系，对北京都市型现代农业发展水平进行科学、客观和全面评价，分析北京都市型现代农业发展存在的问题，可以为今后北京市制定都市型现代农业发展方向、发展战略和目标提供科学依据，推动北京都市型现代农业更快更好地发展。结合国内学者研究文献和研究方法，本章将从两个层面对北京都市型现代农业发展水平进行评价：一方面通过 2011 年数据，判断北京都市型现代农业发展所处的阶段，分析各级指标的实现程度；另一方面依照科学合理的原则，设计了一套较为完整的评价指标体系，以 2006—2012 年的数据为基础，对北京、上海、广州、天津等都市现代农业发展水平进行比较研究，对四大都市型现代农业发展水平和趋势做出定量评价，力求做到准确、科学和客观。

二、北京都市型现代农业发展评价指标体系的构建

作为评价指标体系，要分层次确定北京都市型现代农业发展水平的目标系统（综合水平）、子系统（主体指标组）。首先应确定个体指标，这些个体指标应易于获得（从国内统计年鉴查得），将其纳入一个统一的体系之中，以便进行统一性考察。根据以上选取的原则，结合统计学方法，本研究认为构建的评价指标体系应主要包括以下几个方面的指标：

1. 反映农业投入水平的指标组

在该指标子系统中主要表现为土地、农机、资金、科技、水利及劳动力等农业生产资源投入水平。包括农林水事务支出比例、设施农业面积比重、单位耕地面积农机总动力、有效灌溉面积比重、农业科技进步贡献率、国家现代农业示范区数量、国家级农业产业化龙头企业数量，农业部定点农产品批发市场数量等 8 个二级指标。

（1）**农业科技进步贡献率**。指通过使用和推广农业科技对农业产出的影响程度，是反映农业科技进步对经济增长作用大小的一项重要综合指标。

（2）**农林水事务支出比率**。农林水事务支出比率指各地方政府农林水事务支出占总财政支出的比例。计算方法为：农林水事务支出/地方财政支出×100%。

（3）**单位耕地面积农机总动力**。单位耕地上农用机械使用的情况。计算方法为：农用机械使用总动力/耕地总面积×100%。

（4）**设施农业面积比重**。设施农业面积比重指设施农业面积占所有耕地面积的比重。计算方法为：设施农业面积/耕地面积×100%。

（5）**有效灌溉面积比重**。有效灌溉面积比重是指有效灌溉面积占总耕地面积的比重。计算方法为：灌溉面积/耕地面积×100%。

（6）**国家级现代农业示范区数量**。指被农业部评定为国家级现代农业示范区的个数。数据由农业部相关文件查询。

（7）**国家级农业产业化龙头企业数量**。指被农业部评定为国家级农业产业化龙头企业的个数。数据由农业部相关文件查询。

（8）农业部定点农产品批发市场数量。指被农业部评定为定点农产品批发市场的个数。数据由农业部相关文件查询。

2. 反映农业产出方面的指标组

在该子系统中主要反映为都市型现代农业发展进程中农业产出能力，是衡量都市型现代农业发展水平的一个重要依据。包括人均肉蛋奶水产品占有量、农业增加值占 GDP 的比重、劳动生产率、土地生产率、农产品商品率、农业人均纯收入、休闲观光农业收入等 7 个二级指标。

（1）人均肉蛋奶水产品占有量。人均肉蛋奶水产品占有量指主要农产品，包括肉类及其制品（猪肉、牛肉、羊肉、禽肉）、禽蛋及其制品、牛奶及其制品、水产品的人均占有量。计算方法为：肉蛋奶水产品数量/城市总人口。

（2）农业产业增加值所占 GDP 的比重。此项指标指某个地区农业产业的增加值于当地 GDP 总值的比。计算方法为：农业增加值/地区 GDP 总值×100%。

（3）劳动生产率。劳动生产率是指劳动者在一定时期内创造的劳动成果与其相适应的劳动消耗量的比值。计算方法为：农林牧副渔总产值/农业劳动力数量（第一产业从业人员）。

（4）土地生产率。通常指生产周期内（一年或多年）单位面积土地上的产品数量或产值。计算方法为：农业增加值/耕地面积。

（5）农产品商品率。农产品商品率是指农产品商品量在农产品总量中所占的百分比，是农业从自给性生产向商品经济转化的重要指标。通过查询统计年鉴得到统计数据。

（6）农民人均纯收入。"纯收入"是指农村居民当年的总收入，包括从各个来源渠道的收入减去获得收入所发生的费用。由统计年鉴得到统计数据。

（7）农业休闲观光收入。农业休闲观光收入指从事农业休闲观光产业获得的营业总收入。农业休闲观光作用是都市型现代农业的主要作用之一，是反映都市型现代农业产出水平的重要指标。通过查询《北京农村统计年鉴》得到统计数据。

3. 反映农村社会发展水平的指标组

都市型现代农业发展必然会引起农业社会发展水平的变化，带来农业社会发展水平的提高。包括恩格尔系数、城乡居民收入比、农村劳动力受教育年限、新型农村合作医疗参合率、从事农业劳动力的比率等 5 个二级指标。

（1）恩格尔系数。此系数指个人消费支出中用于食品支出所占的比例。计算方法为：食物支出变动百分比/总支出变动百分比×100%。

（2）城乡居民收入比。城乡居民收入比是指城镇居民可支配收入与农村居民纯收入的比值。计算方法为：城镇居民可支配收入/农村居民纯收入。

（3）农村劳动力受教育年限。农村劳动力受教育年限指农村居民平均受教育年限。计算方法为：（各程度受教育年限×各程度受教育人数）/农村总人数。其中小学以下文化教育年限为 1 年、小学文化为 6 年、初中为 9 年、高中12 年、中专 12 年、大学及以上 15 年。

（4）新型农村合作医疗参合率。新型农村合作医疗参合率是指农村居民参加新型农村合作医疗的比率。通过查询统计年鉴得到统计数据。

（5）从事农业劳动力比率。从事农业劳动力比率是指从事农业劳动力占社会总劳动力的比率。计算方法为：从事农业劳动力（从事第一产业劳动力）/社会总劳动力。

4. 反映农业可持续发展水平的指标组

由于都市型现代农业是一项重视高效率利用农业资源，保护生态环境的产业。所以只有重视保护农业生态和生产环境，才能实现农业可持续发展。包括森林覆盖率、万元农业产值耗水量、单位耕地农药使用量、单位耕地化肥使用量等 4 个二级指标。

（1）森林覆盖率。指在某一地区范围内，森林面积所占土地面积的比重。通过查阅统计年鉴得到统计数据。

（2）万元农业产值耗水量。指农业增加值每增加一万元所消耗的农业用水量。计算方法为：农业用水量（净水）/农业增加值。

（3）单位耕地农药使用量。指每公顷耕地面积农药使用量。计算方法：使用农药总量/总耕地面积。

（4）单位耕地化肥使用量。指每公顷耕地面积上化肥的使用量。计算方法：化肥使用总量/总耕地面积。

本研究中各个指标目标值的确定分为三种情况：一是选择具有国际可比性的指标，参考国外都市型农业较发达国家的现阶段水平。优先选取荷兰数据作为标准，同时参照世界银行及联合国粮农组织数据库（2011、2010、2009），选取与北京类型相仿的日本东京、荷兰阿姆斯特丹、法国巴黎等三个大都市的平均值作为目标值设定的参考依据。二是在北京市政府相关文件或规划中已设定发展目标的指标，取既定目标作为选取目标值参考值。三是其余指标，均取2015 年年末应达到的状态为目标值。

从易操作性角度考虑，本研究指标权重的确定采用层次分析法、专家咨询法、相邻比较法三种方法。即将指标分为若干有序的层次，咨询不同专家，专家根据一定客观现实的判断，就每一层次各元素的相对重要性，并将同一指标两两进行比较，根据重要性大小赋予相应的相对权重；各级指标相对权重之积作为末项指标的绝对权重。结合指标权重的计算方法，得出 4 个一级指标和 24 个二级指标的权重和目标值见表 11-1。

表 11-1　北京都市型现代农业发展评价指标体系、权重和目标值

一级指标	一级权重	二级指标	单位	目标值	二级权重	绝对权重
农业投入水平	0.30	农林水事务支出比率	%	5.00	0.10	0.030 0
		单位耕地面积农机总动力	千瓦/公顷	20	0.10	0.030 0
		设施农业面积比重	%	20	0.20	0.060 0
		灌溉面积比重	%	90	0.20	0.060 0
		农业科技进步贡献率	%	75.00	0.20	0.060 0
		国家现代农业示范区数量	个	4	0.05	0.015 0
		国家级农业产业化龙头企业数量	个	4	0.10	0.030 0
		农业部定点农产品批发市场数量	个	20	0.05	0.015 0
农业产出水平	0.35	人均肉蛋奶水产品占有量	千克/人	130	0.10	0.035 0
		农业增加值占 GDP 比重	%	1.5	0.10	0.035 0
		劳动生产率	元/人	90 000	0.20	0.007 0
		土地生产率	元/亩	7 000	0.17	0.059 0
		农产品商品率	%	90	0.08	0.028 0
		农民人均纯收入	元	25 000	0.20	0.070 0
		休闲观光农业收入	亿元	30	0.15	0.052 5
农村社会发展水平	0.17	恩格尔系数		25	0.25	0.042 5
		城乡居民收入比	%	1.7	0.20	0.034 0
		农村劳动力受教育年限	年	10	0.20	0.034 0
		新型农村合作医疗参合率	%	100	0.08	0.013 6
		从事农业劳动力比率	%	4.50	0.27	0.045 9
农业可持续发展水平	0.18	森林覆盖率	%	45	0.30	0.054 0
		万元农业产值耗水量	立方米/万元	692.07	0.23	0.041 4
		单位耕地农药使用量	千克/公顷	10	0.22	0.039 6
		单位耕地化肥使用量	吨/公顷	0.4	0.25	0.045 0

三、北京市都市型现代农业发展水平评价

（一）数据来源与评价说明

1. 数据来源

根据上述构建的都市型现代农业评价体系，通过查阅世界银行《世界发展

指标》（2010 年、2011 年）、FAOSTAT（2011）、《中国统计年鉴》（2007—2012）、《中国农村统计年鉴》（2007—2012）、《北京统计年鉴》（2007—2012）、《上海统计年鉴》（2007—2012）、《广州统计年鉴》（2007—2012）、《天津统计年鉴》（2007—2012）以及四大城市 2007—2012 年《国民经济及社会发展统计公报》等相关数据。对北京都市型现代农业发展水平进行测算，并通过与上海、广州、天津其他三大城市进行对比，正确判断北京都市型现代农业发展水平、所处阶段、存在问题以及与其他大城市相比其他指标的差距所在，为未来北京都市型现代农业的发展提供参考依据和方案。

2. 实现度计算方法

（1）农业现代化综合水平及各一级指标的实现度计算。 已设计出的农业现代化综合水平评价指标体系中，包括综合水平实现度（AT）及各一级指标实现度（B_i）。一级指标实现度包括：农业投入水平实现度 B_1、农业产出水平实现度 B_2、农村社会发展实现度 B_3 和农业可持续发展实现度 B_4，计算方法如下：

①农业现代化综合水平实现度（AT）。

$$AT = \sum_{i=1}^{4} W_i B_i = W_1 B_1 + W_2 B_2 + W_3 B_3 + W_4 B_4$$

式中，W_i 是各一级指标权重；B_i 是各一级指标的实现度。

②农业投入水平一级指标实现度计算模型（B_1）。

$$B_1 = \sum_{i=1}^{8} W_{1i} C_{1i} = W_{11} C_{11} + W_{12} C_{12} + W_{13} C_{13} + W_{14} C_{14} + W_{15} C_{15} + W_{16} C_{16} + W_{17} C_{17} + W_{18} C_{18}$$

农业投入水平实现度通过其所含的 8 个二级指标的实现度计算得到，其中：

③农业产出水平一级指标实现度计算模型（B_2）。

$$B_2 = \sum_{i=1}^{7} W_{2i} C_{2i} = W_{21} C_{21} + W_{22} C_{22} + W_{23} C_{23} + W_{24} C_{24} + W_{25} C_{25} + W_{26} C_{26} + W_{27} C_{27}$$

农业产出水平实现度由其所属的 7 个二级指标实现度计算得到，其中 W_{2i} 为其所含 7 个二级指标的权重，C_{2i} 为其所含 7 个二级指标的实现度。

④农村社会发展一级指标实现度计算模型（B_3）。

$$B_3 = \sum_{i=1}^{5} W_{3i} C_{3i} = W_{31} C_{31} + W_{32} C_{32} + W_{33} C_{33} + W_{34} C_{34} + W_{35} C_{35}$$

农村社会发展水平实现度由其所含 5 个二级指标实现度计算得到，其中 W_{3i} 为其所含 5 个二级指标的权重，C_{3i} 为其所含的 5 个二级指标的实现度。

⑤农业可持续发展水平一级指标实现度计算模型（B_4）。

$$B_4 = \sum_{i=1}^{4} W_{4i} C_{4i} = W_{41} C_{41} + W_{42} C_{42} + W_{43} C_{43} + W_{44} C_{44}$$

农业可持续发展水平实现度由其所含的 4 个二级指标实现度计算得到，其中 W_{4i} 为其所含 4 个二级指标的权重，C_{4i} 为其所含 4 个二级指标的实现度。

（2）二级指标的实现度计算方法。在计算各二级指标的实现度时，正相关指标的计算方法为 $S = P/O \times 100$；负相关的指标的计算方法为 $S = O/P \times 100$（O 为各指标的目标值，P 为各指标的实际数值）。此外，实现度超过 100％时，一律按 100％计算。以防某一个指标过度完成，遮蔽其他指标的不足。有些地区由于数据缺失，故采取专家咨询的方法进行补充。

3. 都市型现代农业发展阶段划分标准

都市型现代化农业发展阶段划分标准如下：实现度 Z 是用来反映各级指标相对于目标值的实现位置。都市型现代农业发展起步阶段 40％＜Z≤60％；都市型现代农业发展阶段 60％＜Z≤80％；都市型现代农业发展成熟阶段 80％＜Z≤100％。其中，发展起步阶段、发展阶段、发展成熟阶段，每个阶段又可以划分为前期、中期、后期；前期和中期的跨度为 7 个百分点，后期跨度为 6 个百分点（表 11-2）。实现度 Si 是用来反映各级指标相对于目标值的实现程度，相应地，40％＜Si≤60％为发展起步阶段；60％＜Si≤80％为发展阶段；80％＜Si≤100％为发展成熟阶段。

表 11-2　都市型现代农业发展的实现度设定

		发展起步阶段前期	40％＜Z≤47％
发展起步阶段	40％＜Z≤60％	发展起步阶段中期	47％＜Z≤54％
		发展起步阶段后期	54％＜Z≤60％
发展阶段	60％＜Z≤80％	发展阶段前期	60％＜Z≤67％
		发展阶段中期	67％＜Z≤74％
		发展阶段后期	74％＜Z≤80％
成熟阶段	80％＜Z≤100％	发展成熟阶段前期	80％＜Z≤87％
		发展成熟阶段中期	87％＜Z≤94％
		发展成熟阶段后期	94％＜Z≤100％

（二）北京都市型现代农业发展水平评价

用上述设置的都市型现代农业评价指标体系对北京都市型现代农业发展水平进行评价，利用上述统计数据及评价指标体系对其进行测算，得出 2011 年北京都市型现代农业发展的实现度为 72.16％。表明 2011 年北京市处于都市型现代农业的发展阶段中期，正向发展阶段后期迈进。

1. 一级指标实现度

通过对北京都市型现代农业发展水平进行评价，得出以下结果：2011年北京市四个一级指标的实现度由高到低依次为，农村社会发展水平、农业投入水平、农业可持续发展水平和农业产出水平。实现度均已超过60%，如图11-1所示。说明北京都市型现代农业发展的四个方面均已迈过发展起步阶段，进入发展阶段，其中，农村发展水平的实现度达到了82.16%，进入发展成熟阶段；农业投入水平实现度为76.83%，处于发展阶段后期；农业产出水平偏低，但其实现度为62.58%；农业可持续发展水平实现度为73.56%。

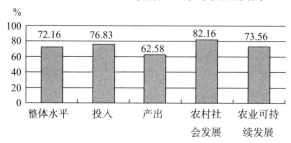

图11-1 北京都市型现代农业发展一级指标实现度

2. 二级指标实现度

从整体上来看，在24个二级指标中，其中处于发展成熟阶段的二级指标有10个，占总指标数的42%；处于发展阶段的二级指标有7个，占总指标数的29%，即达到超过发展阶段的二级指标共17个，占总指标的71%（图11-2），这充分说明北京都市型现代农业发展取得了较好的成效。

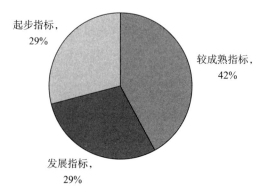

图11-2 2011年北京都市型现代农业二级指标实现度统计

如表11-3所示，在所有指标当中，仍有7个指标低于60%，包括单位耕地农药使用量、单位耕地面积农机总动力、农民人均纯收入、农业增加值占

GDP 比重、国家现代农业示范区数量、人均肉蛋奶水产品占有量、土地生产率，这些指标与目标值要求还存在一些差距。实现度低于 60％的指标，则是今后北京都市型现代农业发展要解决的工作重点，应更加注重这些指标所产生的作用，找出制约北京都市型现代农业发展的制约因素，对症下药，提出解决这些问题的途径。

表 11-3　二级指标实现度分类

所处发展阶段	二级指标	实现度（％）	与总体进程比
发展成熟阶段	新型农村合作医疗参合率	97.7	高于总体进程
	农产品商品率	94.4	
	农业科技进步贡献率	92.0	
	农村劳动力受教育年限	88.7	
	万元农业产值耗水量	86.5	
	森林覆盖率	83.6	
	农林水事务支出比率	82.0	
	设施农业面积比重	81.9	
	从事农业劳动力比率	81.8	
	国家级农业产业化龙头企业数量	80.0	
发展阶段	灌溉面积比重	78.1	
	农村居民恩格尔系数	77.2	
	城乡居民收入比	76.1	
	休闲观光农业收入	72.4	
	农业部定点农产品批发市场数量	70.0	
	劳动生产率	69.5	
	单位耕地化肥使用量	67.2	
发展起步阶段	单位耕地农药使用量	59.5	低于总体进程
	农民人均纯收入	58.9	
	单位耕地面积农机总动力	57.2	
	土地生产率	55.9	
	农业增加值占 GDP 比重	55.9	
	国家现代农业示范区数量	50.0	
	人均肉蛋奶水产品占有量	49.4	

四、北京与上海、广州、天津等都市型现代农业发展水平比较研究

选取上海、广州、天津三大城市作为研究对象，与北京都市型现代农业发展水平进行比较，客观评价北京都市型现代农业发展在全国所处的水平，找出与其他大城市某些指标的都市型现代农业发展的差距，借鉴其他大城市在都市型现代农业发展的成功经验，为北京都市型现代农业发展提供借鉴和参考。

（一）2011 年四大城市都市型现代农业发展水平评价

用上述都市型现代农业评价指标体系，对北京、上海、广州、天津等四大城市都市型现代农业发展水平进行测算，得出结果是：2011 年北京市都市型现代农业发展的实现度结果为 72.16％，表明北京市在 2011 年处于都市型现代农业的中期发展阶段，正在向发展阶段后期迈进。上海、广州、天津的实现度结果分别为 66.80％、66.15％、64.08％，均处于都市型现代农业的中期发展阶段（图 11-3）。

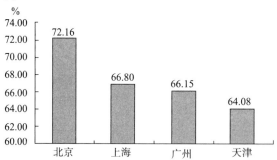

图 11-3　四大城市都市型现代农业发展水平综合得分

可见在全国范围内，北京都市型现代农业发展进程较快，处于领先地位。其余三大城市都市型现代农业发展水平排序依次为上海、广州和天津。

1. 四大城市一级指标实现度

各四大城市都市型现代农业发展一级指标的实现度具体数据如图 11-4，将北京市一级指标实现度与其他城市相比，可以得出这样的结论：

农业投入水平实现度最高的城市是天津，由于天津市的农林水事务支出比率、有效灌溉面积比重以及设施农业面积比重均排在四个城市的前列，所以农业投入水平一级指标的实现度较高，为 78.50％，位居第一位，处于发展阶段后期。其次是北京，结果为 76.83％，处于发展阶段后期。因此，北京市在农业投入方面可以借鉴天津市的做法，加大对农业发展的投入。

农业产出水平实现度最高的城市是广州，由于广州市的农产品商品率、土地生产率以及农产品增加值占 GDP 比重均排在四个城市的前列，所以农业产出水平实现度较高，为 69.00%，位居第一位，处于发展阶段中期。北京位居第三，实现度为 62.58%，处于发展阶段前期。因此，北京市在保证农业投入稳定增加情况下，要努力提高农业生产效率，可以借鉴广州市提高农业产出的经验和做法，调整农业生产结构，增加高附加值农产品的生产。

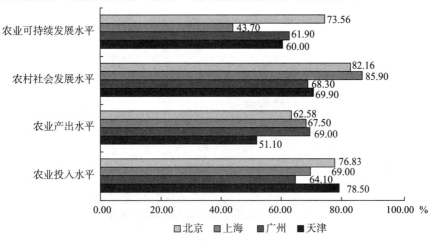

图 11-4　四大城市一级指标实现度对比

农村社会发展水平实现度最高的城市是上海，由于上海从事农业劳动力比率及农村劳动力受教育年限均位于四个城市前列，实现度较高，为 85.90%，位居第一，接近发展成熟阶段中期。其次是北京，实现度为 82.16%，接近发展成熟阶段前期。因此，北京市在提高农村社会发展水平方面，要借鉴上海市的经验，进一步改善农村生活环境，提高农村居民生活水平。

农业可持续发展水平实现度最高的城市是北京，由于北京市的万元农业产值耗水量低于三个城市，所以农业可持续发展水平实现度较高，为 73.56%，接近发展阶段后期。因此，北京市在农业可持续发展方面已取得成效，今后应逐步减少化肥及农药使用量，提高化肥和农药使用效率，实施农业节水工程，进一步提高水资源的使用效率。

2. 四大城市二级指标实现度

在农业投入水平下设的 8 个二级指标，各个大城市实现度如图 11-5 所示。其中北京市实现度最高的指标有：北京市的农业科技进步率最高为 68%，实现度为 92%；北京、上海、天津的国家级现代农业示范区个数均为 2 个，实现度为 50%；北京的国家级农业产业化龙头企业数量为 32 个，实现度为 80.00%。需要注意的是，北京的单位耕地面积农机总动力二级指标的实现度在 50%左右，与第一位的广州差距较大。

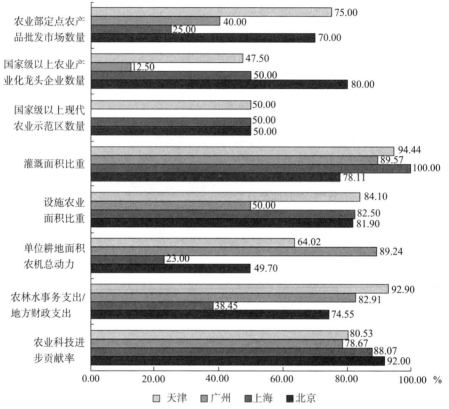

图 11-5 四大城市农业投入水平二级指标实现度对比

在农业产出水平下设的 7 个二级指标，四大城市实现度如图 11-6 所示。我们可以发现，北京市在农业产出水平下的各个二级指标没有任何一个指标处于领先水平，其中土地生产率、农业增加值占 GDP 比重、人均肉蛋奶水产品占有量更是与处于领先水平的城市有较大差距，这是北京市都市型现代农业应注重发展的方面。

在农村社会发展水平指标下设的 5 个二级指标，四个大城市实现度如图 11-7 所示。其中北京市实现度最高的指标有：北京的恩格尔系数为 32.40，实现度为 77.16%；北京的城乡居民收入比为 2.23∶1，实现度为 76.14%。此外，我们可以看出北京市农村社会发展水平一级指标下的二级指标均与其他城市最高水平没有较大差距，这反映出北京市在农村社会发展方面有较好的发展。

在农业可持续发展水平指标下设的 4 个二级指标，四大城市实现度如图 11-8。其中北京市实现度最高的指标有：北京的万元农业产值耗水量均为

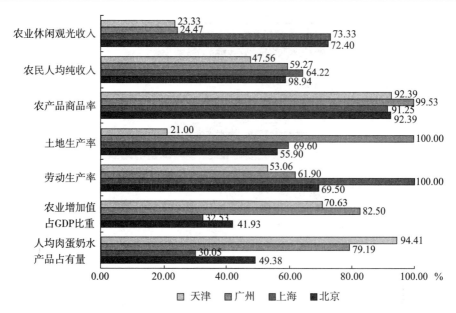

图 11-6 四大城市农业产出水平二级指标实现度对比

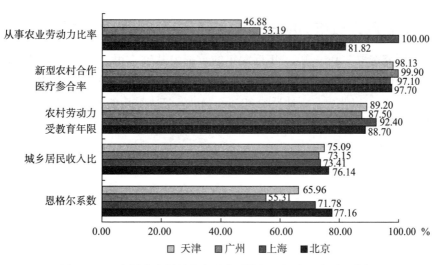

图 11-7 四大城市农村社会发展水平指标二级实现度对比分析

799.71立方米/万元，实现度为86.54％。除单位耕地农药使用量与天津有较大的差距，其余指标均处于较好的发展水平。

通过二级指标的对比，可以更加清晰地了解北京都市型现代农业发展情况。通过与其他三大城市的对比，北京市的万元农业产值耗水量、恩格尔系数、城乡居民收入比、国家级农业产业化龙头企业数量处于领先地位，但是单位耕地面积农机总动力、土地生产率、农业增加值占GDP比重、人均肉蛋奶

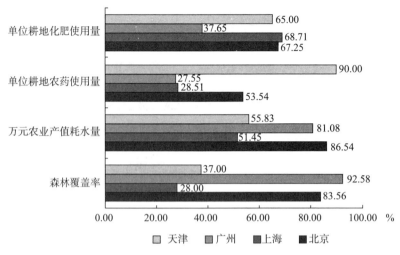

图 11-8 四大城市可持续发展水平二级指标实现度对比

水产品占有量、单位耕地农药使用量，则是发展较为薄弱的环节，还有继续提升的空间。

（二）四大城市 2006—2011 年都市型现代农业发展趋势

本研究选取 2006—2011 年近六年的数据为基础，用上述都市型现代农业评价指标体系来评价四大城市都市型现代农业发展，将测算结果做成发展趋势图（图 11-9），以便更直观地反映 2006—2011 年四大城市的都市型现代农业发展趋势，通过对比，客观评价北京都市型现代农业发展水平在全国所处的地位。

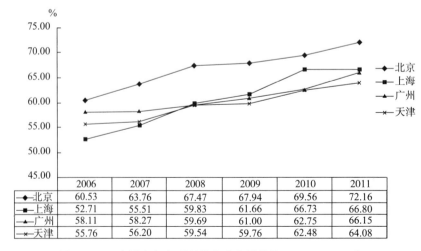

	2006	2007	2008	2009	2010	2011
北京	60.53	63.76	67.47	67.94	69.56	72.16
上海	52.71	55.51	59.83	61.66	66.73	66.80
广州	58.11	58.27	59.69	61.00	62.75	66.15
天津	55.76	56.20	59.54	59.76	62.48	64.08

图 11-9 四大城市都市型现代农业发展趋势（2006—2011 年）

1. 总体呈上升趋势

从图 11-9 可以看出，四个大城市都市型现代农业发展的得分逐年增加，整体呈现上升趋势。说明四大城市都市型现代农业发展水平不断提高，取得了较好的成效。北京、上海、广州、天津在 2009 年都已进入都市型现代农业发展阶段。这说明四大城市都市型现代农业建设都已取得初步的成效，发展势头良好，发展前景可观。

2. 四大城市发展水平不一致

虽然这四个大城市的都市型现代农业发展水平逐年提高，发展趋势良好，但是四个大城市之间发展水平并不相同。北京市都市型现代农业在近几年的发展中，一直处于领先的地位，说明北京市都市型现代农业建设取得了较好的成绩，并在全国起到很好的示范带动作用。其次，2008—2011 年发展水平位于第二的是上海，2006—2007 年发展水平位于第二的是广州。这说明这三个城市都很好的发展潜力，都市型现代农业发展势头良好。

3. 北京都市型现代农业发展势头平稳

通过对北京都市型现代农业发展的实现度测算，得出 2006 年为 60.53%，2007 年为 63.76%，2008 年为 67.47%，2009 年为 67.94%，2010 年为 69.56%，2011 年的实现度为 72.16%。可以看出，在 2006 年，北京市就进入了都市型现代农业的发展阶段前期，2008 年进入都市型现代农业的发展阶段中期，2011 年已进入都市型现代农业的发展阶段后期。这说明从 2006 年以来，北京市政府高度重视都市型现代农业建设，制定了有效的政策，采取很多有力措施，使北京都市型现代农业取得了较好和平稳的发展。

五、结论

通过上述研究，利用构建都市型现代农业评价指标体系，对北京都市型现代农业发展水平进行了定量评价，找出了影响北京都市型现代农业发展的影响因素，也分析了北京都市型现代农业发展存在的问题。通过定量分析和测算得出以下几点研究结论：

（一）北京都市型现代农业发展总体处于领先水平

2011 年北京以总得分 72.16 的优势位居第一，2006—2010 年也分别以高于其他三大城市的得分而位居前列。说明北京都市型现代农业发展较快，近六年中总体得分稳步上升，发展态势良好，2011 年基本进入都市型现代农业发展阶段后期，今后会向着成熟阶段迈进。

通过定量测算，得出北京都市型现代农业发展水平得分排名第一，高于其他三个大城市的得分，这说明北京都市型现代农业发展水平领先于其他三大城市，其原因是北京市较好地发挥了首都科技、人才、资金聚集的优势，制定优惠政策和扶持措施，大力推动北京都市型现代农业建设，使北京成为全国都市型现代农业发展的带头城市，并起到示范和带动作用。

（二）北京都市型现代农业发展的各个指标不平衡

虽然北京都市型现代农业发展总体处于领先水平，但是各个具体指标发展并不平衡。四个一级指标中，农业投入水平、农村社会发展水平、可持续发展水平这三个一级指标是优势指标，实现度超过整体水平；农业产出水平实现度为 62.58%，低于整体水平，为劣势指标。通过分析比较二级指标，发现有 7 个指标低于 60%，包括单位耕地农药使用量、单位耕地面积农机总动力、农民人均纯收入、农业增加值占 GDP 比重、国家级现代农业示范区数量、人均肉蛋奶水产品占有量、土地生产率，这些指标与目标值要求还存在一些差距，需要格外引起重视。

2011 年，在四大城市都市型现代农业发展中，虽然北京的总体水平处于第一的位置，但是某些指标并不占据优势，反而落后于其他三大城市，所以北京应该找出差距，确定下一阶段的主攻重点指标。北京市在今后都市型现代农业建设中，应注重向各二级指标实现度最高的三大城市学习和借鉴。如：天津的农林水事务支出比率；广州的单位耕地面积农机总动力；天津的设施面积比重；上海的有效灌溉面积；天津市的人均肉蛋奶水产品占有率；上海的农业增加值占 GDP 比重；上海的劳动生产率；广州的土地生产率；广州的农产品商品率；上海的农民人均纯收入；上海的休闲农业收入；上海的农村劳动力受教育年限；广州的新型农村合作医疗参合率；上海从事农业劳动力比重；广州的森林覆盖率；天津的单位耕地农药使用量；上海的单位化肥使用量。

（三）北京都市型现代农业未来发展的潜力较大

在 2006 年，北京市进入都市型现代农业的发展阶段前期，2008 年进入都市型现代农业的发展阶段中期，2011 年已进入都市型现代农业的发展阶段后期。近六年的发展过程中一直在全国保持着领先的地位，一般领先其他三大城市 3~4 个百分点，这说明北京市都市型现代农业在近几年内得到了较快的发展。但是考虑到具体指标，又会发现其发展还有不完善的地方，部分指标并未赶上其他大城市。在今后的发展中，北京都市型现代农业发展的未来潜力较大，需要完善和改进的地方还很多，面对未来都市型现代农业发展态势，更应该高度重视调整农业产业结构，提高农业产出效率，更好地起到示范带头作用。在今后的都市型现代农业发展中，务必注重各个指标的全面发展，尤其是低于综合实现度的指标，如土地生产率和劳动生产率，有的放矢，解决制约提高土地生产率和劳动生产率的主要因素，对症下药，提出新的思路和对策，进一步提高北京都市型现代农业的发展水平。

第十二章 "十三五"农业现代化
发展目标研究

我国已进入"十三五"规划发展时期，也是全面深化改革的起步阶段和关键时期。无论是农业农村深入贯彻党中央全面深化改革的战略要求，还是从改革的视角重新思考新时期和新形势下农业现代化发展的内涵、特征、实现路径、推动策略和政策保障等重大问题，都必须明确农业现代化发展目标，才能从理论和实践层面更好地把握和贯彻党中央对于推进农业现代化的要求，为"十三五"期间农业农村的工作思路和重点提供参考和依据。

一、引言

在不同历史背景下，中国政府对农业现代化建设不断进行积极的探索，同时国内学术界对于农业现代化的理论认识不断深入。农业发展指标与具体目标的研究一般由国家或部级研究机构开展，其主要作用是对各地农业现代化的建设过程进行指导。例如，国家发展和改革委员会制定的《全国农村经济发展"十二五"规划》从农业综合生产能力、转变农业发展方式、农村经济结构、农民收入、农村基础设施、生态环境等方面提出六大类指标和 30 项二级指标。国务院发布的《全国现代农业发展规划（2011—2015 年）》制定了一套"十二五"现代农业发展指标体系，主要指标包括农产品供给、农业结构、农业物质装备、农业科技、农业生产经营组织、农业生态环境、农业产值与农民收入等 7 个一级指标和相应的 27 项二级指标。一些专项规划的出台，如《全国新增 1 000 亿斤粮食生产能力规划（2009—2020 年）》《全国种植业发展第十二个五年规划（2011—2015 年）》《全国畜牧业发展第十二个五年规划（2011—2015 年）》等，也从具体方面对农业各行业的发展目标做了明确规定。

就国内学术研究来看，专门针对农业发展目标的研究极其少见，主要是从宏观思路和导向上给予把握，深入细致的方法运用较少，涉及具体的目标都以权威指导性的政府相关规划和文件作参考。如农业资源与可持续发展关系研究课题组（2002）阐述了 21 世纪我国农业的具体目标与任务，确定了农业可持续发展指标体系设置的原则、指标体系。蒋和平（2011）立足"十二五"初期形势，提出到 2020 年的现代农业发展的总体目标和分阶段目标。由于农业现代化发展涉及学科范围广、难度较大，需建立指标体系分指标开展目标预测，这方面采用技术方法的国内成果较少，较为有代表性的如朱希刚、冯海发（1995）从需求和供给两个角度，分别对我国 2000 年及 2010 年农村经济发展、主要农产品产量和农民收入等目标进行了测算。也有学者针对地方实际，如陈志强、张春霞等（2013）以福建省为例，构建农业产业化发展目标评价体系，采用平均赋值法确定指标权重，对"十二五"时期相关指标的目标值进行了研究。综合相似学科关于目标研究的文献，涉及的研究方法类型多样，主要基于研究对象来确定，如系统动力学方法、灰色预测模型、人工神经网络预测、经济计量方法、系数法、速度比例法、因素分析法等。这些方法都在我国经济社会和产业发展目标预测中发挥了重要作用，有待于进一步将其运用到农业现代化领域开展研究。

二、农业现代化目标指标体系构建

随着经济持续快速增长和加速转型，农业农村正进行着广泛而深刻的变革，发展中面临的问题更加错综复杂，农业经营方式、产品市场供需、资源环境条件、政策调控手段等出现新的变化，对于农业综合生产能力、农业基础设施、农业经营组织化程度、农业抗风险能力和可持续发展能力方面提出了新的要求，农业现代化发展目标需根据不同阶段的国情变化和时代要求进行调整。特别是近期农业供给侧结构性改革思路的提出，从改善供给结构、提高农业供给体系质量和效率等层面，为加快农业转型升级提供了新理念和新依据。2016年中央 1 号文件《关于落实发展新理念加快农业现代化实现全面小康目标的若干意见》，全面部署推进农业供给侧结构性改革，提出以发展新理念破解"三农"新难题，保持农业稳定发展和农民持续增收，提高农业质量效益和竞争力等方面的要求。

对此，本研究对"十三五"农业现代化指标体系的设计，首先是从国家粮食安全战略出发，确立保障以粮食为主的农产品有效供给，满足国内基本的粮食需求。其次是从农民增收与农业增效发展思路出发，确保农业发展效益和农民增收，提升农产品质量安全和标准化水平，实现农业提质增效。第三是从加强资源保护与可持续发展理念出发，提高资源利用效率和农业生态效益，树立生态文明理念和保护环境。最后是从世界农业发展格局出发，统筹利用国际国内两个市场、两种资源，增强农业国际市场竞争力。结合上述几点，修正和完善农业现代化发展目标，尤其是要结合供给侧改革对于提高农业质量效益和竞争力，同时体现对于生态资源保护、绿色发展等方面的要求，创新发展思路和理念。

综上，结合国内国际农业发展形势和现代化发展情况，吸收国内外最新理论研究和实践成果，在深刻理解新时期农业现代化发展内涵的基础上，本研究认为"十三五"时期农业现代化发展目标应在"十二五"指标体系的基础上进行适当调整，在重视效益的同时，更加关注发展结构与质量，主要从农产品供给、农民增收、生态安全、质量安全和统筹国内国际战略布局五个方面来构建"十三五"农业现代化发展目标指标体系，对于明确农业现代化发展方向，实现全面小康的目标，有重要指导意义。具体如下：

（一）农产品供给指标

主要反映农产品供给水平和保障能力，包括粮食综合生产能力、蔬菜总产量、棉花总产量、油料总产量、糖料总产量、肉类总产量、禽蛋总产量、奶类总产量、水产品总产量等具体指标。其中："粮食综合生产能力"指粮食产出能力，由年度的粮食总产量来表示。

（二）农民增收指标

主要反映农民收入水平和生活状况，包括农村居民人均纯收入、农民工资性收入所占比重、城乡居民收入比、农村居民恩格尔系数等具体指标。其中："农民工资性收入所占比重"指农民工资性收入占纯收入比重，反映农户的收入结构和来源情况；"城乡居民收入比"指城镇居民可支配收入与农村居民纯收入的比值，计算方法为：城镇居民可支配收入/农村居民纯收入；"恩格尔系数"指个人消费支出中用于食品支出所占的比例，计算方法为：食物支出变动百分比/总支出变动百分比×100%。

（三）生态安全指标

主要反映环境保护情况和资源集约程度，包括水土流失综合治理面积、农业灌溉用水有效利用系数、农作物秸秆综合利用率、万元农业增加值耗水量等具体指标。其中："农业灌溉用水有效利用系数"指在一次灌水期间被农作物利用的净水量与水源渠首处总引进水量的比值，是评价农业水资源利用的重要参考；"万元农业增加值耗水量"指农业增加值每增加一万元所消耗的农业用水量，计算方法为：农业用水量（净水）/农业增加值。

（四）质量安全指标

主要反映农产品产销环节的质量状况，包括农产品质量安全例行监测总体合格率、"三品一标"种植面积、农产品商品率等具体指标。其中：""三品一标'种植面积"指无公害农产品、绿色食品、有机农产品和农产品地理标志产品种植面积；"农产品商品率"指农产品商品量在农产品总量中所占的百分比，是农业从自给性生产向商品经济转化的重要指标。

（五）国内国际战略布局

主要反映农产品国际市场竞争力及农业"走出去"的能力，包括农产品进出口依存度、农产品贸易竞争力指数、农产品对外贸易额、农业对外投资净额等具体指标。其中："农产品进出口依存度"是衡量本国农业内外向程度的重要指标，用公式（本国农产品进出口贸易额/第一产业增加值）×100%表示；"农产品贸易竞争力指数"定义为（农产品出口额—农产品进口额）/（农产品出口额＋农产品进口额），该指数为1时表示该产业只出口不进口，越接近于1则表示竞争力越大。

表 12-1 "十三五"农业现代化发展目标指标体系

总体指标	具体指标
农产品供给	粮食总产量（万吨）、蔬菜总产量（万吨）、棉花总产量（万吨）、油料总产量（万吨）、糖料总产量（万吨）、肉类总产量（万吨）、禽蛋总产量（万吨）、奶类总产量（万吨）、水产品总产量（万吨）
农民增收	农村居民人均纯收入（元）、农民工资性收入所占比重（%）、城乡居民收入比、农村居民恩格尔系数
生态安全	新增水土流失综合治理面积（万公顷）、农业灌溉用水有效利用系数、农作物秸秆综合利用率（%）、万元农业增加值耗水量（立方米/万元）
质量安全	农产品质量安全例行监测总体合格率（%）、"三品一标"种植面积占耕地面积比重（%）、农产品商品率（%）
国内国际战略布局	农产品对外贸易总额（亿美元）、农产品进出口依存度、农产品贸易竞争力指数、农业对外投资净额（亿美元）

三、目标值确定与结果

各具体指标目标的确定主要采用以下三种方法：一是在国家相关文件或全国规划（至2020年）中已设定发展目标的指标，取既定目标作为目标值；二是运用一些测算方法，基于现有数据进行趋势预测和估计；三是依据世界银行及FAO数据库等国际数据，参照农业发达国家（美国、荷兰、日本等）的相应指标作为标准，选取同期水平或平均值作为参考标准。为使指标设定更具科学性、准确性和可比性，需进一步对具体目标值进行修正，定义各个具体目标的区间值，使具体指标的目标值更加符合实际。

（一）数据来源与方法说明

本研究数据采用国家统计局发布的 2000—2005 年的《中国统计年鉴》《中国农业年鉴》《中国农村统计年鉴》等数据，并以一系列权威报告和规划作为指标现值和目标值的参考依据，包括《国民经济和社会发展统计公报》《全国农村经济发展"十二五"规划》《全国农业与农村经济发展第十二个五年规划》《全国现代农业发展规划（2011—2015）》《国家粮食安全中长期规划纲要（2008—2020 年）》《全国新增 1 000 亿斤粮食生产能力规划（2009—2020 年）》《全国蔬菜产业发展规划（2011—2020 年）》《全国饲料工业发展第十二个五年规划》《全国渔业发展第十二个五年规划》《全国农产品质量安全规划（2011—2015 年）》等。同时借鉴和查阅 FAO、世界银行等国际数据，用于农业现代化不同发展目标的比较。

本研究目标值的确定，将结合目标值的性质采取不同的预测方法。

1. 定基动态比率法

对于农产品供给指标由于数值具体且有年度连贯性，采用定基动态比率的方法，即用某一时期的数值作为固定的基期指标数值，将其他的各期数值与其对比，将一定的增长率作为动态比率，来推断预测期的数值。该法以间接调查所得的某项经济指标预测值为基础，依据该指标与预测目标间相关比率的资料，转导出预测值。预测模型为：

$$y = G(1+k)\eta_1,\eta_2,\cdots,\eta_n$$

式中，y 为预期目标下期预测值；G 为本期某参考经济指标观察值；k 为参考经济指标下期增或减的比率；η_1，η_2，$\cdots$，η_n 为预测目标与参考经济指标间客观存在的相关经济联系的比率系数；n 为相关经济联系的层次数。

2. 差分自回归移动平均模型方法（ARIMA）

对于具有较多连贯年份数据的指标，可采取差分自回归移动平均模型（ARIMA 模型）进行预测。其基本思想是将预测对象随时间推移而形成的数据序列视为一个随机序列，用特定的数学模型来近似描述该序列。模型一旦被识别后就可以从时间序列的过去值及现在值来预测未来值，同时这一模型不仅考察预测变量的过去值与当前值，同时将过去值拟合产生的误差也作为重要因素纳入模型，提高了模型的精确度。实际操作中，如果非平稳序列 y_t，经过 d 阶逐期差分后平稳（d 阶单整），则可利用 ARMA（p，q）模型对该平稳序列建模，然后再经逆变换得到原序列。上述过程就是 ARIMA 的建模方法。模型的数学描述为：

$$\Delta^d y_t = \theta_0 + \sum_{i=1}^{p} \phi_i \Delta^d y_{t-1} + \varepsilon_t + \sum_{j=1}^{q} \theta_j \varepsilon_{t-j}$$

这里 $\Delta^d y_t$ 表示 y_t 经次差分转换之后的序列。是 t 时刻的随机误差,是相互独立的白噪声序列,且服从均值为 0,方差 σ^2 的正态分布。$\Phi_i(i=1,2,\cdots p)$ 和 $\theta_j(j=1,2,\cdots q)$ 模型的待估计参数,p 和 q 模型的阶。上述模型记为 ARIMA(p,d,q)。从上式可知,如果 $\Delta^d y_t$ 是一个 ARMA(p,q)过程,那么 y_t 是一个 ARIMA(p,d,q)过程。在生成产量预测模型后,可以通过预测值和实际值之间的平均相对误差(MAPE)来检验拟合结果。

3. 比例系数法

一些指标的变化并不是孤立的,常与其他因素相关,如人口变化、消费水平变化、经济增长等。采取比例系数法,知道其中某一变量的变动规律和它们之间的比例关系,就可预测另外一种变量的变化趋势。计算某项指标的目标值,可以结合基期已知指标同待预测指标的函数关系,来预测指标的变动率。公式如下:

$$g = D_a/D_b = f(C_a)/f(C_b)$$

式中,C_a 为 a 年份的某已知指标基期值;C_b 为 b 年份某已知指标的目标值;D_a 为 a 年份的待预测指标基期值;D_b 为 b 年份待预测指标的目标值;f 为已知指标与待预测指标函数关系;g 为待预测指标变化率。最后,根据指标变化率和待预测指标基期值,就能计算出待预测指标目标值。

4. 专家评价法

对于无法用具体数值衡量的比率指标,特别是较新的指标,采取专家调查的方法,搜集农业权威专家的经验判断,将这些意见集中进行综合分析,做出相应的预测。预测结果以区间形式为主,设定一个上限或者下限。当有 n 个专家时,共有 n 个(包括重复的)答数排列如下:$x_1 \leqslant x_2 \leqslant$,$\cdots$,$\leqslant x_n$,设中位数及上、下四分位点分别用 $X_\text{中}$,$X_\text{上}$,$X_\text{下}$表示,则

$$X_\text{中} = \begin{cases} x_{k+1} & \text{当 } n=2k+1 \text{ 时} \\ (x_k+x_{k+1})/2 & \text{当 } n=2k \text{ 时} \end{cases}$$

$$X_\text{上} = \begin{cases} x_{(3k+3)}/2 & n=2k+1,\ k \text{ 为奇数} \\ (x_{1+3k/2}+x_{2+3k/2})/2 & n=2k+1,\ k \text{ 为偶数} \\ x_{(3k+1)/2} & n=2k,\ k \text{ 为奇数} \\ (x_{3k/2}+x_{1+3k/2})/2 & n=2k,\ k \text{ 为偶数} \end{cases}$$

$$X_\text{下} = \begin{cases} x_{(k+1)/2} & n=2k+1 \text{ 或 } n=2k,\ k \text{ 为奇数} \\ (x_{k/2}+x_{1+k/2})/2 & n=2k+1 \text{ 或 } n=2k,\ k \text{ 为偶数} \end{cases}$$

预测值的最大值与最小值之差称为全距,即全距$=x_{\max}-x_{\min}$,式中 $x_{\max}$ 是最大值,$x_{\min}$ 是最小值。运用四分位点法描述专家们的预测结果,中位数表示专家们预测的协调结果(期望值),上、下四分位点表示专家意见的分散程

度，或者 $x_{\max}$ 表示预测区间的上限、$x_{\min}$ 表示预测区间的下限。于是，上、下四分位点的范围就表示预测区间。

在本研究中，定基动态比率法用于根据既定增长率或增长规模计算的指标，如农产品供给指标，以及农民增收指标下的农村居民人均纯收入、农民工资性收入所占比重等具体指标；国内国际战略布局指标下的农产品对外贸易总额、农业对外投资净额等具体指标。差分自回归移动平均模型方法主要用于预测农产品产量的增长变化，包括粮食综合生产能力、棉花总产量、油料总产量、糖料总产量、禽蛋总产量、水产品总产量等，并进行结果对比和修正。比例系数法用于结合经济水平、人口变化、消费能力等因素推算的指标预测，如农产品供给指标下蔬菜总产量、肉类总产量、奶类总产量等具体指标；农民增收指标下城乡居民收入比、农村居民恩格尔系数等具体指标；质量安全指标下的农产品商品率等具体指标。专家评价法用于难以进行趋势预测的指标，以及间接指标和区间指标的测算，如生态安全指标下的新增水土流失综合治理面积、农业灌溉用水有效利用系数、农作物秸秆综合利用率、万元农业增加值耗水量等具体指标；质量安全指标下的农产品质量安全例行监测总体合格率、"三品一标"认证种植面积比例等具体指标；国内国际战略布局指标下农产品进出口依存度、农产品贸易竞争力指数等具体指标。

每个指标在计算和预测中既遵循主要研究方法，又结合其他方法进行适当补充和调整。部分指标的目标值如果有权威的文件和规划（至 2020 年）作为借鉴和参考，则以国家标准为依据。最后，将所求得的目标值与国内相关文献和权威研究成果做比较，如果无较大出入则认为较为符合我国实际，可以采用。

（二）各项具体目标值确定

1. 农产品供给指标

（1）粮食综合生产能力。 从近十年情况来看，"十一五"期间我国粮食产量增长 12.90%，从 2005 年的 48 402 万吨增长到 2010 年的 54 648 万吨（图 12-1），年平均增长率 1.66%；"十二五"期间（截至 2014 年）粮食产量增长 11.09%，年平均增长率 1.82%，整体增长率呈下降趋势，整个"十二五"时期粮食产量的平均增长率在 1%～2% 左右，这样至 2015 年产量达到约 6.1 亿吨左右，形成 6 亿吨的生产能力。进入"十三五"时期，依然按年均增长率 1%～2% 预计，产量将达 6.4 亿～6.7 亿吨。

（2）蔬菜总产量。 根据国家发改委、农业部发布的《全国蔬菜产业发展规划（2011—2020 年）》，未来 5～10 年内，国内商品菜需求量将呈现刚性增长趋势，预计人均蔬菜占有量在现有基础上增加 30 千克。根据至 2020 年，人口

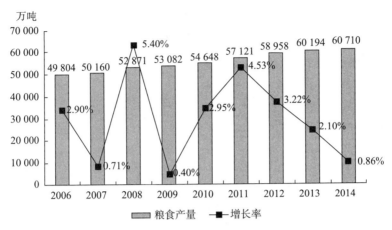

图 12-1 我国"十一五"和"十二五"期间粮食产量

总量控制在 14.5 亿以内的目标,届时我国居民蔬菜需求量约为 76 850 万吨。另外按照《全国蔬菜产业发展规划(2011—2020 年)》中蔬菜加工品将增加 1 000 万吨以上的要求,为保留一定增长空间,设定"十三五"期间蔬菜总产量目标为 78 000 万~80 000 万吨。

(3)棉花总产量、油料总产量、糖料总产量。结合《全国农业和农村经济发展"十二五"规划》以及《全国现代农业发展"十二五"规划》,"十二五"期间,棉花、油料和糖料设定的目标增长率分别为 3.27%、1.62% 和 3.12%。根据"十一五"和"十二五"期间三种作物产量情况,综合考虑技术进步和国际市场调节等因素,将"十三五"期间其增长率设定为 3.5%、2% 和 3.2%,按照"十二五"末期的目标值计算,"十三五"末期,棉花总产量、油料总产量和糖料总产量预计达到 823 万吨、3 850 万吨和 16 240 万吨。由于设定的增长率较"十二五"期间略高,考虑到农产品增长空间的有限性,将目标区间在预计值下调整,棉花总产量目标为 750 万~820 万吨,油料总产量目标为 3 750 万~3 850 万吨,糖料总产量目标为 15 000 万~16 000 万吨。

(4)肉类总产量。2014 年我国肉类总产量达 8 707 万吨,已经位居世界第一,未来我国肉类产业发展重点将放在产业升级,提高肉类食品质量安全上。从人均占有量来看,我国约为 60 千克/人,发达国家平均在 100 千克/人左右。"十三五"期末人均肉类占有量在 75~85 千克之间较为合理,考虑到人口总量的增长,以及肉类净进口不断增加等因素,将"十三五"肉类总产量目标设定为 9 000 万~9 500 万吨。

(5)禽蛋总产量。自 2000 年起,禽蛋产量增长就较为稳定,每年在 30 万~60 万吨之间,只有个别年份例外,而近五年也延续了这种走势。以《全国农业和农村经济发展"十二五"规划》中 2015 年 2 900 万吨的目标为基础,每年 45 万~

50 万吨的平均增长规模，设定"十三五"期末禽蛋总产量为 3 200 万～3 500 万吨。

（6）**奶类总产量。**随着城镇化加速和居民饮食结构的调整，未来对于鲜奶和奶制品的需求会持续高水平快速增长。《中国食物与营养发展纲要（2014—2020 年）》中提出，到 2020 年人均奶类消费达 36 千克，考虑到奶粉及其他鲜奶替代品的出口，以及整个"十二五"期间奶类产量 3 800 万吨左右的实际，奶类产量到达一个平稳状态，"十三五"奶类总产量目标设定为 4 500 万～5 000 万吨。

（7）**水产品总产量。**2014 年全国水产品总量达到 6 450 万吨，比上年增长 4.5%。从不同时期年均增长率来看，"十五"期间为 3.9%，"十一五"期间为 4.3%，"十二五"期间（至 2013 年）为 5.0%，呈显著增长态势。采用保守估计"十三五"期间水产品产量增长率在 3.5%～4.5% 之间，按照《全国渔业发展第十二个五年规划》中 2015 年 6 350 万吨的目标算起，预计"十三五"水产品产量在 7 450 万～7 800 万吨之间。由于采用保守估计，因此将"十三五"水产品产量目标值设定在 7 600 万～8 000 万吨。

为了目标值的设定更加准确、客观，我们同时构建 ARIMA 模型定量分析"十三五"期间的各项农产品供给指标。如表 12-2，针对不同产量指标选取了不同的样本，并且针对不平稳的原始数据进行差分处理后实现数据平稳。通过数据 AC 图和 PAC 图，确定 ARIMA 的 q、p 阶数。通过方程拟合，对比实际产量和预测产量的平均相对误差。结合前文定性分析结果，最终确定"十三五"目标值。

表 12-2　农产品供给指标各项指标的 ARIMA 模型预测与目标值设定

指标	拟合方程	模型形式	卡方检验 P 值	平均相对误差	预测目标值	目标值确定
粮食总产量	$\Delta y_t = 765.44 + \varepsilon_t - 0.36\varepsilon_{t-1} + 0.93\varepsilon_{t-2}$	ARIMA (0, 1, 2)	0.001 1	2.9%	65 268	65 000
蔬菜总产量	$\Delta^2 y_t = 41.44 - 0.94\Delta^2 y_{t-1} - 0.55\Delta^2 y_{t-2} + \varepsilon_t$	ARIMA (2, 2, 0)	0.001 1	3.16%	91 490	80 000
棉花总产量	$\Delta y_t = 10.31 + 0.54\Delta y_{t-1} + \varepsilon_t - 1.00\varepsilon_{t-1}$	ARIMA (1, 1, 2)	0.000 4	10.64%	736	750
油料总产量	$\Delta y_t = 72.56 + \varepsilon_t - 0.52\varepsilon_{t-2}$	ARIMA (0, 1, 2)	0.000 9	5.54%	3 971	3 800
糖料总产量	$\Delta y_t = 269.29 + 0.82\Delta y_{t-1} - 0.95\Delta y_{t-2} + \varepsilon_t - 0.93\varepsilon_{t-1} + 0.76\varepsilon_{t-2}$	ARIMA (2, 1, 2)	0.000 0	6.58%	15 104	15 000

（续）

指标	拟合方程	模型形式	卡方检验 P 值	平均相对误差	预测目标值	目标值确定
肉类总产量	$\Delta y_t = 238.57 + \varepsilon_t - 0.38\varepsilon_{t-1}$	ARIMA (0, 1, 1)	0.001 2	3.53%	10 222	9 800
禽蛋总产量	$\Delta y_t = 86.47 + 1.71\Delta y_{t-1} - 0.96\Delta y_{t-2} + \varepsilon_t - 1.67\varepsilon_{t-1} + \varepsilon_{t-2}$	ARIMA (2, 1, 2)	0.000 0	3.48%	3 522	3 500
奶类总产量	$\Delta^2 y_t = -0.00557 - 0.735\Delta^2 y_{t-1} - 0.578\Delta^2 y_{t-2} + \varepsilon_t - 1.048\varepsilon_{t-1} + \varepsilon_{t-2}$	ARIMA (2, 2, 2)	0.000 0	4.6%	4 237	4 500
水产品总产量	$\Delta y_t = 198.62 + 1.72\Delta y_{t-1} - 0.86 y_{t-2} + \varepsilon_t - 1.98\varepsilon_{t-1} + \varepsilon_{t-2}$	ARIMA (2, 1, 2)	0.000 0	3.78%	7 484	7 600

注：为简便起见，不同指标预测方程中因变量均以 y_t 表示，目标值单位：万吨。

2. 农民增收指标

（1）农村居民人均纯收入。 2014 年我国农村居民人均纯收入达 9 892 元，连续四年增长 9% 以上。按照保守型 7% 和宽松型 10% 的增长预期，到"十三五"期末（2020 年）农民人均纯收入应在 13 000～15 000 元之间。参考部分中等发达国家的居民收入情况，结合国内发达省份的农民人均收入水平，将"十三五"期间农民人均纯收入目标值定为 16 000～20 000 元。

（2）农民工资性收入所占比重。 根据国家统计局，2013 年农民工资性收入达 4 026 元，首次超过家庭经营性收入，占纯收入比重 45% 左右。按照工资性收入每年 15% 的速度递增，以上文人均纯收入目标 16 000～20 000 元为基准，"十三五"期末占纯收入比重应在 50% 以上，将"十三五"末期农民工资性收入所占比重目标值定为 53%～58%。

（3）城乡居民收入比。 2014 年我国城镇居民人均可支配收入 28 844 元，与农村居民人均纯收入比为 2.92∶1。结合目前我国北京、上海等发达地区的情况，城乡居民收入比在 2～2.5 之间，而世界发达国家一般在 1.5 左右。由于目前我国发达地区与中等发达国家水平接近，从全国平均水平出发，"十三五"末期城乡居民收入比目标定为小于 2.5。

（4）农村居民恩格尔系数。 2012 年我国农村居民恩格尔系数首次降到 40% 以下，2013 年为 37.7%。结合世界发达国家的数据，居民恩格尔系数一般低于 20%，而农村居民恩格尔系数略高于城市居民。根据世界发展指标数据显示，2007 年法国的恩格尔系数为 7%，韩国为 16%、日本 23%、荷兰 14%，平均值为 15%。目前我国发达地区农村居民恩格尔系数在 30%～35% 之间，考虑到 2020 年的全国发展整体水平，将"十三五"期间农村居民恩格尔系数目标值定为 35%~30%。

3. 生态安全指标

（1）新增水土流失综合治理面积。 结合《全国农村经济发展"十二五"规划》中"十二五"期间增加 2 500 万公顷的目标，以"十一五"期间的实际值和"十二五"期间目标值作为对比，结合全国水土保持工作会议要求，设定"十三五"期间新增水土流失综合治理面积目标值为 2 800 万~3 000 万公顷。

（2）农业灌溉用水有效利用系数。 "十二五"规划纲要中提出到 2015 年农业灌溉用水有效利用系数达到 0.53，累计增加 0.03。2011 年中央 1 号文件提出未来 5~10 年提高到 0.55 以上。目前部分省份灌溉水有效利用系数已达 60%，据此设定"十三五"末期农业灌溉用水有效利用系数目标值为 0.56~0.6。

（3）农作物秸秆综合利用率。 结合《"十二五"农作物秸秆综合利用实施方案》提出 2015 年秸秆综合利用率力争超过 80% 的目标，考虑到技术可行性和各地实施进度，将"十三五"农作物秸秆综合利用率目标定为大于 85%。

（4）万元农业增加值耗水量。 我国 2013 年万元农业增加值耗水量为 688.50 立方米/万元，2012 年为 740.89 立方米/万元，2011 年为 778.35 立方米/万元。我国万元用水量处于发展中国家中较高水平，但考虑到我国资源禀赋、用水结构短缺的特点，以及发展节水农业的趋势，将"十三五"末期万元农业增加值耗水量目标定为 3 407.085 立方米/万美元至 3 716.82 立方米/万美元，约 550~600 立方米/万元。

4. 质量安全指标

（1）农产品质量安全例行监测总体合格。 根据农业部食品安全重点工作的监测结果，2013 年总体合格率为 97.5%。设定"十三五"期间农产品质量安全例行监测总体合格率目标为 99%，各大类农产品质量安全总体合格率在99% 以上。

（2）"三品一标"认证种植面积比例。 截至 2012 年年底，我国"三品一标"种植业面积达到 6 300 多万公顷，占到全国耕地面积的 47% 以上，生产总量超过 3 亿吨。随着我国"三品一标"认证推广力度不断加大，以发达省份的发展目标为参考，将"十三五"末期"三品一标"认定产品种植面积比率目标定为60%~65%，其中无公害农产品认证面积达 65%，产品合格率达到 99%。

（3）农产品商品率。 目前全国经由农产品批发市场交易的农产品比重高达70% 以上，并且仍在继续升高；在北京、上海、广州、深圳等大城市经由批发市场提供的农产品比例在 80% 以上。发达国家如荷兰、日本等农产品的商品率在 95% 以上。随着农产品商品化和深加工程度的不断提高，"十三五"末期全国农产品商品率目标定为大于 85%。

5. 国内国际战略布局指标

(1) 农产品对外贸易总额。 2010 年以来中国农产品进出口总额分别为 1 219.6 亿美元、1 556.2 亿美元、1 757.7 亿美元和 1 866.9 亿美元,虽然增幅降低但总量保持增加。从进出口来看,2010 年以来进口增长 63.85%,出口增长 37.2%。2005—2013 年,我国农产品进出口总额平均增长率为 16%,且从 2010 年起,出口总额增长率不断下降,预计受国内外宏观经济形势相对低迷,未来一段时期农产品及出口可能会趋于稳定,但总量还会持续增加。农业部报告表明,2014 年以来我国农产品进出口总额增长率为 4.1%,因此保守估计未来一段时期进出口总额年增长率为 6% 或 7% 之间,设定"十三五"末期农产品对外贸易总额约为 2 800 亿~3 200 亿美元。

(2) 农产品进出口依存度。 按中国人民银行提供的年末人民币汇率计算,2005—2013 年,我国农产品进出口依存度由 2012 年的 21.4% 略降为 2013 年的 20.9%。根据我国立足粮食自给的国家粮食安全战略,既遵循农产品向国际市场"走出去"的方针,又要保证国际市场对于国内农业生产和消费的有限冲击,"十三五"期末农产品进出口依存度目标设定为 22%~25%。

(3) 农产品贸易竞争力指数。 我国农产品国际贸易逆差逐年增加,未来贸易的目标应保持贸易竞争力指数不显著降低。2010 年以来农产品贸易竞争力指数分别为 -0.19、-0.22、-0.28、-0.27,结合上文农产品进出口总额的目标,将中国农产品贸易竞争力指数每年下降控制在 1% 的水平,"十三五"期间农产品贸易竞争力指数目标设定为 -0.30~-0.35。

(4) 农业对外投资净额。 我国农林牧渔行业对外直接投资净额从 2003 年的 0.81 亿美元,增加到 2012 年的 14.61 亿美元。考虑到未来人民币的强势,对于中国农业海外投资有很大推动。按 10%~12% 的年复合增长率计算,农业对外投资净额约为 28 亿美元左右,设定"十三五"期末农业对外投资净额目标为 30 亿~35 亿美元。

(三) 目标值检验及完善

结合国内最新研究成果来看,比较权威的当属国务院发展研究中心中长期增长课题组发布的《中国农业 2013 年发展情况及未来趋势展望》,该报告预测到 2023 年粮食、肉、蛋、奶和水产品产量分别为 61 999 万吨、9 885 万吨、3 315 万吨、6 077 万吨、8 692 万吨。与本研究预测 2020 年的数据相比,除了粮食产量有较大出入外,其余均高于本研究预测值,且保留了一定增长空间。对于粮食产量,根据《中国农村经济形势分析与预测(2013—2014)》预测 2014 年总产量为 61 000 万吨左右,由于技术进步和资源开发,未来 5 年产量在 62 000 万吨内显然较为保守,2015 年我国粮食产量已达 62 143.5 万吨(国家统计局）。国家统计局重庆调查总队课题组在《我国粮食供求及"十三五"时期趋势预测》中提出 2020 年我国粮食总产量将达 63 399 万吨。而考虑到增长的有限性，将本研究目标值下限调整为 65 000 万吨较为合理。农民收入指标参考十八大提出 2020 年城乡居民人均收入较 2010 年翻一番的目标，本研究农村居民人均纯收入目标值符合该要求。同时按照十八大目标，城乡居民收入比也在合理区间。生态安全和质量安全各项指标大部分以比率值为主，设定最低标准，结合中等发达国家的普遍水平，各项指标目标较为合理，且保持有更高水平的可能性。国内国际战略布局各项指标相对而言不确定性较大，本研究考虑到国内外农产品贸易的高位增长和拓展国际农产品市场的必然要求，结合专家评价方法，并参考了发达国家农产品贸易的增长趋势。

综上，通过采用定量测算、专家咨询、国内外比较等方法，并经过国内相关研究成果的检验，本研究确定了各项具体指标的目标值，并与政府部门有关规划中"十二五"期末（2015 年）已知目标值作对比。基期数据以 2014 年为准，如缺失，则以 2013 年代替，以此类推。表 12-3 列出了农业现代化具体指标基期值，"十二五"期末目标值与"十三五"时期目标值，该目标设计很好地提现了合理性、参照性和前瞻性等特点。

表 12-3 "十三五"时期农业现代化具体指标发展目标

总体目标	具体指标	基期值	2015 年（已知）	2020 年
农产品供给	粮食总产量（亿吨）	6.071（2014）	＞5.4	6.5
	蔬菜总产量（亿吨）	7.06（2013）	—	8
	棉花总产量（万吨）	616（2014）	＞700	750
	油料总产量（万吨）	3 517（2014）	3 500	3 800
	糖料总产量（万吨）	13 403（2014）	＞14 000	15 000
	肉类总产量（万吨）	8 707（2014）	8 500	9 800
	禽蛋总产量（万吨）	2 894（2014）	2 900	3 500
	奶类总产量（万吨）	3 725（2014）	5 000	4 500
	水产品总产量（万吨）	6 450（2014）	＞6 000	7 600
农民增收	农村居民人均纯收入（元）	9 892（2014）	＞8 310	16 000～20 000
	农民工资性收入所占比重（%）	45.3%（2013）	＞45	53%～58%
	城乡居民收入比	2.92（2014）	—	≤2.5
	农村居民恩格尔系数	37.7（2013）	—	0.30～0.35
生态安全	新增水土流失综合治理面积（万公顷）	—	2 500	2 800～3 000
	农业灌溉用水有效利用系数	—	＞0.53	0.56～0.6
	农作物秸秆综合利用率（%）	—	＞80	≥85%
	万元农业增加值耗水量（立方米/万元）	688.50（2013）	—	550～600

（续）

总体目标	具体指标	基期值	2015 年（已知）	2020 年
	农产品质量安全例行监测总体合格率（%）	97.5%（2013）	>96	99%
质量安全	"三品一标"种植面积占耕地面积比重（%）	>47%（2013）	—	60%~65%
	农产品商品率（%）	>70%（2013）	—	>85%
国内国际战略布局	农产品对外贸易总额（亿美元）	1 866.9（2013）		2 800~3 200
	农产品进出口依存度	20.9%（2013）		22%~25%
	农产品贸易竞争力指数	−0.27（2013）		−0.30~−0.35
	农业对外投资净额（亿美元）	14.61（2012）		30~35

注：括号内为基期值年份，如果 2014 年数据缺失则选择 2013 年，如缺失，则采用 2012 年数据，以此类推。2015 年已知目标值参考国务院《全国现代农业发展规划（2011—2015）》、国家发改委《全国农村经济发展"十二五"规划》、农业部《全国农业与农村经济发展第十二个五年规划》等官方文件，选择相关指标目标值作为依据。农村居民人均纯收入、万元农业增加值耗水量、农产品对外贸易总额、农业对外投资净额等绝对数按当年价格和汇率计算，增长速度按可比价格计算。

四、结论

本章结合农业现代化发展阶段性特点对目标指标体系进行设计，采用定性与定量结合的方法对"十三五"时期农业现代化发展目标进行分析和测算，提出"十三五"时期我国农业现代化重点任务与建议，主要结论如下：

首先，农业现代化目标指标设计应体现时代特色和内涵创新。一是总体目标方面。提出了基于重要农产品供给、农民增收、生态安全、质量安全和统筹国内国际战略布局五个大类指标下的总体目标，既保留了以往农业现代化的核心指标；又结合新时期的内涵变化，拓展了新的理念和发展方向。二是具体的指标方面。增加和更新农业抗风险能力、质量监管能力、国际竞争能力、可持续发展能力等方面的指标。将新增水土流失综合治理面积、农业灌溉用水有效利用系数、农作物秸秆综合利用率和万元农业增加值耗水量作为衡量农业生态安全的指标；将农产品质量安全例行监测总体合格率、"三品一标"种植面积占耕地面积比重和农产品商品率作为衡量质量安全的指标；将农产品对外贸易总额、农产品进出口依存度、农产品贸易竞争力指数和农业对外投资净额作为优化国内国际战略布局的指标。

其次，农业现代化目标值的确定要综合发展实际与定量测算。采用定基动态比率法、比例系数法、专家咨询、国内外比较等方法，尊重国情变化和农业发展规律，对比国内相关研究成果并进行检验，确定各项具体指标的"十三五"目标值：一是农产品供给方面主要指标。主要包括粮食总产量 6.5 亿～6.8 亿吨，蔬菜总产量 7.8 亿～8 亿吨，肉类总产量 9 000 万～9 500 万吨，水产品总产量 7 600 万～8 000 万吨等；二是农民增收方面主要指标。主要包括农村居民人均纯收入 16 000～20 000 元，城乡居民收入比低于 2.5∶1 等；三是生态安全方面主要指标。主要包括农业灌溉用水有效利用系数 0.56～0.6，农作物秸秆综合利用率高于 85%，万元农业增加值耗水量 550～600 立方米/万元等；四是质量安全方面主要指标。主要包括农产品质量安全例行监测总体合格率 99%，"三品一标"种植面积占耕地面积比重 60%～65%等；五是国内国际战略布局方面主要指标。主要包括农产品对外贸易总额 2 800 亿～3 200 亿美元，农产品进出口依存度 22%～25%等。"十三五"我国农业现代化发展目标的明确，很好地体现合理性、参照性和前瞻性等特点。

最后，"十三五"时期需重点在农业现代化瓶颈性指标上有所突破。随着农业供给侧结构性改革的逐步推进，农业现代化既要解决一系列根本性传统难题，又要着眼于新问题和新挑战。这就要求农业现代化目标既要涵盖基本的投入产出、产值效益、生活水平、农村发展等指标，又要着力于在农业发展的结构和质量等方面的指标上有所创新，在"十三五"时期取得突破进展，才能满足农业现代化的阶段性要求。一是必须全面认识和重视部分瓶颈性指标。主要包括生态安全指标、质量安全指标、国内国际战略布局指标等。由于以往农业现代化片面追求数量和经济指标，这些指标往往在研究和政策制定时被忽视，成为农业现代化发展中的瓶颈。二是对于瓶颈性指标的完善和设计。该类指标对于全面反映农业现代化新时期内涵，深入推进农业现代化进程，将发挥重要作用。需不断完善上述典型指标下的具体指标设计，加快实现其相应目标值。

第十三章　农业现代化的未来发展趋势

改革开放以来，我国农业发展取得了显著成绩，粮食产量"十二连增"，蔬菜、水果、肉类、禽蛋、水产品的人均占有量也排在世界前列。未来10～20年，我国农业处于从传统生产方式向现代生产方式的转变的关键时期。构建适应社会主义市场经济发展要求的农业发展战略，走中国特色新型农业现代化道路，是治国安邦的基础。随着我国改革开放进程的不断加快，现代市场体系、农业支持政策、科学技术进步、信息化快速的发展将会为农业带来巨大的变革。新的环境下，农业现代化将会迎来新的发展契机。

一、农业现代化支持体系不断完善

（一）从政策环境看，中央始终重视发展现代农业，并做出了一系列新部署新安排，农业现代化发展面临良好政策机遇

我国农业现代化发展相对滞后，属于"四化同步"（工业化、信息化、城镇化和农业现代化）的"短板"。从2004—2016年，中央1号文件已经连续13年聚焦"三农"问题，突出了农业问题在中国社会主义现代化时期"重中之重"的地位（表13-1）。2014—2016年连续3年，中央1号文件都直指"农业现代化"，提出加快推进中国特色农业现代化将是破解中国农业面临的复杂环境和难题的重中之重。2016年，党的十八届五中全会通过的《中共中央关于制定国民经济和社会发展第十三个五年规划的建议》，对做好新时期农业农村工作作出了重要部署：要持续夯实现代农业基础，提高农业质量效益和竞争力；要加强资源保护和生态修复，推动农业绿色发展；要推进农村产业融合，促进农民收入持续较快增长各地区各部门要牢固树立和深入贯彻落实创新、协调、绿色、开放、共享的发展理念，大力推进农业现代化，确保亿万农民与全国人民一道迈入全面小康社会。

表 13-1　2004—2016 年我国 1 号文件及主要关注点

年份	文件名称	主要关注点
2004	关于促进农民增加收入若干政策的意见	千方百计促进农民增收
2005	关于进一步加强农村工作提高农业综合生产能力若干政策的意见	提高农业综合生产能力

（续）

年份	文件名称	主要关注点
2006	关于推进社会主义新农村建设的若干意见	建设社会主义新农村
2007	关于积极发展现代农业扎实推进社会主义新农村建设的若干意见	发展现代农业是建设新农村的首要任务
2008	关于切实加强农业基础建设进一步促进农业发展农民增收的若干意见	进一步夯实农业基础
2009	关于促进农业稳定发展农民持续增收的若干意见	把保持农业农村经济平稳较快发展作为首要任务
2010	关于加大统筹城乡发展力度进一步夯实农业农村发展基础的若干意见	加大统筹城乡发展力度
2011	关于加快水利改革发展的决定	加快水利改革发展
2012	关于加快推进农业科技创新持续增强农产品供给保障能力的若干意见	推进农业科技创新
2013	关于加快发展现代农业，进一步增强农村发展活力的若干意见	着力构建新型农业经营体系
2014	关于全面深化农村改革加快推进农业现代化的若干意见	健全城乡发展一体化体制机制
2015	关于加大改革创新力度加快农业现代化建设的若干意见	围绕建设现代农业，加快转变农业发展方式
2016	关于落实发展新理念加快农业现代化实现全面小康目标的若干意见	大力推进农业现代化

（二）农村土地确权和农村集体用地同等入市将会助推农业现代化的进程

农业适度规模经营是中国农业改革发展的第二次重大飞跃，是全面推进我国农业现代化发展的必然之路，发展农业适度规模经营意义重大。2013 年党的十八届三中全会以赋予农民更多权力和利益、推进城乡发展一体化为主线，明确提出了一系列的农村改革任务和举措。2014 年 11 月中共中央办公厅、国务院办公厅下发了《关于引导农村土地经营权有序流转发展农业适度规模经营的意见》（中办发〔2014〕61 号），2015 年农业部会同相关部门先后印发了《关于认真做好农村土地承包经营权确权登记颁证工作的意见》（农经发〔2015〕2 号）和《关于加强对工商资本租赁农地监管和风险防范的意见》（农经发〔2015〕3 号），明确了今后一段时期做好土地确权、流转和规模经营发展工作的重点任务。中央的政策为今后一段时期农村土地制度和农业经营制度改革创新提供了重要指引。目前情况下，农民拥有的土地使用权主要是两个部分，一个是土地承包经营权，包括耕地、林地、草地的承包经营权，其中耕地承包期为 30 年；另一个是宅基地使用权。三中全会提出：赋予农民对承包地占有、使用、收益、流转及承包经营权抵押、担保权，使农民对承包地的权能更加完整和充分。当前，我国的土地制度改革已经明确提出：鼓励承包经营权在公开市场上向专业大户、家庭农场、农民合作社、农业企业流转，发展多种形式规模经营。由此可见，土地改革政策提高了农民的起点，给予了农民更多的财产性收入和利益性收入。另外，全国也首批设立了 33 个试点县级行政区域，允许农村集体经营性建设用地入市，并提高了被征地农民分享土地增值收益的比例。农村土地制度的改革为我国农业现代化的适度规模化经营提供了最有利的条件。未来，以农业现代经营为核心的农村土地改革制度也将会逐步推出。

（三）国家新型城镇化战略将会为农业现代化创造条件

未来十年，新型城镇化将成为加快我国现代化建设进程中的大战略，是推动我国经济持续健康发展、实现全面建成小康社会的目标的"王牌"动力。新常态下，新型城镇化与农业现代化必须协同发展、相辅相成。农业现代化进程中必须解决好农民转移、就业等问题，而新型城镇化战略可为现代化农业创造条件、提供市场，弥补农业发展中的不足问题。农业现代化是我国工业化、城镇化的重要突破点，用现代农业代替传统农业，才能提高农业生产力水平。

2013 年，关于新型城镇化建设，党的十八大报告明确强调："要科学规划城市群规模和布局，增强中小城市和小城镇产业发展、公共服务、吸纳就业、人口集聚功能。加快改革户籍制度，有序推进农业转移人口市民化，努力实现城镇基本公共服务常住人口全覆盖。同时，要加大统筹城乡发展力度，增强农村发展活力，逐步缩小城乡差距，促进城乡共同繁荣"。2014 年，中共中央、国务院颁布《国家新型城镇化规划（2014—2020 年）》明确指出，要走以人为本、四化同步、优化布局、生态文明、文化传承的中国特色新型城镇化道路。"十三五"规划纲要明确提出，要"因地制宜发展特色鲜明、产城融合、充满魅力的小城镇"小城镇要避免"千镇一面"，要推进农业与旅游、教育、文化、健康、养老等产业的深度融合。

（四）各金融机构不断推出惠农、涉农资金支持，为农业现代化注入润滑剂

为了推动农业现代化，全面解决"三农"问题，财政支撑具有非常关键的作用。近年来，中央和地方陆续出台了一系列支农惠农政策，国家财政的各项

支农投入均有较大幅度增加。国家财政的支农支出从 2001 年的 1 456.7 亿元，增加至 2011 年的 10 408.6 亿元，11 年间增长了 7 倍多，平均每年增长率高达 21.9％。在财政支农资金总量逐年增加的基础上，资金结构不断优化，资金投入的针对性得到提高。这有力地促进了农业生产结构的调整、农村基础设施的改善、农村社会事业的发展和农民收入的提高，为我国加快现代化进程提供了资金支持。

金融是现代经济的核心，党中央、国务院历来强调金融支持对农业现代化建设的重要性。2014 年，在国务院召开全国农村金融服务经验交流电视电话会议上，李克强总理强调：加强金融对"三农"的支持，对于强化粮食安全保障、建设现代农业、增加农民收入、缩小城乡差距，具有重要意义。

现代化农业发展潜力无限。目前，各大金融机构正在不断地推出惠农、涉农资金支持。2014 年，央行在深入研究和综合权衡改革试点县支行信贷支农情况及资金状况的基础上，提出对涉农贷款投放较多的县支行实行比农业银行低 2 个百分点的优惠存款准备金率。新型农业经营主体正成为新的金融支持对象，监管部门正号召把专业合作社、家庭农场纳入授信评级范围。2015 年，银监会已正式发文要求，各银行业金融机构要强化农村金融服务政策，不断加大"三农"信贷投放力度，扩大"三农"专项金融债发行规模，以努力实现涉农贷款增速高于全部贷款平均水平。2016 年，为支持农村金融政策创新，国家不断加大对农村金融的货币、财税等政策支持力度：货币政策方面，坚持对农村金融机构执行较低的准备金率，不断增强农村金融机构资金实力，持续加大支农再贷款、再贴现支持力度，充分发挥正向激励作用，引导农村金融机构扩大涉农信贷投放；财政政策方面，综合运用县域金融机构涉农贷款增量奖励、农村金融机构定向费用补贴和农业保险保费补贴等政策工具，重点支持金融机构开展支农惠农政策性业务，引导和鼓励保险机构拓展农业保险业务；税收政策方面，延续并完善支持农村金融发展税收优惠政策，对涉农金融机构和特殊涉农业务给予优惠税率、应纳税抵扣等政策；监管政策方面，要求银行业法人机构单列涉农信贷计划，引导加大涉农信贷投放，对金融机构创新涉农业务产品以及在服务薄弱地区设立机构网点，开辟准入绿色通道，督促银行业金融机构强化涉农贷款风险管理，提高涉农贷款服务效率和质量，有效支持农村实体经济发展。全国人大常委会正在积极推动农村金融法的立法工作。

（五）"互联网＋"时代为现代农业提供了红利

站在"互联网＋"时代的风口浪尖，古老而传统的农业同样会被互联网影响继而带来变革。无论是颠覆农业经营模式的农产品电商的快速发展，还是运用互联网技术对农业生产模式的改造，都宣告了互联网农业的到来。互联网已经成功改变了购物方式和理财渠道，同样，互联网的优势也将弥补我国农业的先天不足。通过互联网的技术和思维，能够有效实现农业生产的标准化，互联网更是一个低成本高效率的营销阵地，线上方式能够升级农产品的销售模式，通过互联网创造透明的供应链体系，还将有助于树立良好的农产品品牌形象。此外，目前市场上已经出现的专门服务于农业的互联网融资渠道更是解决了农业产业化道路上的一大障碍。未来，互联网工具将在农业现代化进程中，发挥引领作用，并带来万亿级市场空间。

二、农业现代化的发展趋势

（一）精准农业

精准农业首先由美国农业工作者于 20 世纪 90 年代初倡导并实施，在国内，精准农业，也被译为精确农业、精细农业、定位农业、农作物定位管理和处方农作等。如今，精准农业已成为当今世界农业发展的新潮流，是由信息技术支持的根据空间变异，定位、定时、定量地实施一整套现代化农事操作技术与管理的系统，其基本含义是根据作物生长的土壤性状，调节对作物的投入，即一方面查清田块内部的土壤性状与生产力空间变异，另一方面确定农作物的生产目标，进行定位的"系统诊断、优化配方、技术组装、科学管理"，调动土壤生产力，以最少的或最节省的投入达到同等收入或更高的收入，并改善环境，高效地利用各类农业资源，取得经济效益和环境效益。精准农业充分利用了遥感、卫星定位系统等技术实时获取农田每一平方米或几平方米为一个小区的作物生产环境、生长状况和空间变异的大量时空变化信息，及时对农业进行管理，并对作物苗情、病虫害、墒情的变化趋势，进行分析、模拟，为资源有效利用提供必要的空间信息。

精准农业的兴起有两个主要背景：一是可持续农业为世人所接受；二是全球定位系统、遥感、地理信息系统、人工智能等高新技术的产生和民用化。前者导致农业发展观念发生转变，后者使得这种观念转变成为可能。

近几十年来，农业生产虽有了很大的发展，但却也带来了严重的浪费和环境污染现象，传统的灌溉方式——漫灌和现代的滴灌、喷灌相比，浪费非常严重，对于干旱和半干旱地区来说，浪费水资源是不能容忍的。除了水资源浪费外，在我国许多地区种子、化肥和农药的使用量往往也超过实际的需要量，尤其是过多的超量使用化肥和农药，造成了严重的土壤污染和水质污染，以及农业面源污染。要消除上述情况，有效的方法就是实现精准农业。精准农业的战略目标是：实现提高经济效益和保护生态环境的协调统一，遵循可持续发展原则，达到减少资源浪费、减轻环境污染、提高土地利用效率、降低农业生产成本等目的。为实现上述战略目标，应实行"寸土寸耕"的原则，即充分利用每一寸土地、每一粒种子、每一滴水、每一克肥料和农药的效力，以达到丰产和丰收的目的。要求做到人尽其才、物尽其用，充分发挥人财物的效益，减少浪费，更不能造成破坏生态环境的后果。

（二）智慧农业

我国是世界上的农业大国，但又是耕地严重不足的国家，因此，发展智慧农业具有长远和现实意义。我国幅员辽阔，农业自然条件复杂，农业机械化综合水平较低，在农业生产领域，电子、计算机和信息等技术的应用还较少，因此全面推广智慧农业具有很大的潜力。如在规模化和机械化程度较高的新疆、黑龙江等省区，可在大型农场率先开展智慧农业技术应用。在西北地区，水资源开发利用方式不合理，管理落后，灌溉方式不当引起土壤沙化、草场退化和土地次生盐碱化问题严重，智慧农业系统中在自动监测控制条件下的精准灌溉工程技术，如喷灌、滴灌、微灌和渗灌等，可大大节约西部水资源利用率，改善西北地区的生态环境。面对我国农业发展相对落后的现状和国际市场的挑战，我国应不失时机地大力发展智慧农业，使之成为我国农业普及现代信息技术、实现农业现代化的突破口。长期以来的实践证实，现代农业离不开现代信息技术，后者打造的智慧农业无疑将改造世界农业，并孕育世界农业未来的新希望。

具体来看，智慧农业可从以下三个方面改造我国的现代农业：

（1）"智慧农业"能够有效改善农业生态环境。将农田、畜牧养殖场、水产养殖基地等生产单位和周边的生态环境视为整体，并通过对其物质交换和能量循环关系进行系统、精密运算，保障农业生产的生态环境在可承受范围内，如定量施肥不会造成土壤板结，经处理排放的畜禽粪便不会造成水和大气污染，反而能培肥地力等。

（2）"智慧农业"能够提高农业生产经营效率。基于精准的农业传感器进行实时监测，利用云计算、数据挖掘等技术进行多层次分析，并将分析指令与各种控制设备进行联动完成农业生产、管理。这种智能机械代替人的农业劳作，不仅解决了农业劳动力日益紧缺的问题，而且实现了农业生产高度规模化、集约化、工厂化，提高了农业生产对自然环境风险的应对能力，使弱势的传统农业成为具有高效率的现代产业。

（3）"智慧农业"能够彻底转变农业生产者、消费者观念和组织体系结构。完善的农业科技和电子商务网络服务体系，使农业相关人员足不出户就能够远程学习农业知识，获取各种科技和农产品供求信息；专家系统和信息化终端成为农业生产者的大脑，指导农业生产经营，改变了单纯依靠经验进行农业生产经营的模式，彻底转变了农业生产者和消费者对传统农业落后、科技含量低的观念。另外，智慧农业阶段，农业生产经营规模越来越大，生产效益越来越高，迫使小农生产被市场淘汰，必将催生以大规模农业协会为主体的农业组织体系。

（三）信息农业

当代世界正在由工业化时期进入信息化时代，以计算机多媒体技术、光纤和通信卫星技术为特征的信息化浪潮正在席卷全球。同样，现代信息技术也正在向农业领域渗透，形成信息农业。信息农业的基本特征可概括为：农业基础装备信息化、农业技术操作全面自动化、农业经营管理信息网络化。信息农业又包括两个内容：一是农业信息化，二是农业信息产业化。所谓农业信息化是社会信息化的一部分。它首先是一种社会经济形态，是农业经济发展到某一特定过程的概念描述。它不仅包括计算机技术，还应包括微电子技术、通信技术、光电技术、遥感技术等多项技术在农业上普遍而系统应用的过程。农业信息化又是传统农业发展到现代农业进而向信息农业演进的过程，表现为农业工具以手工操作或半机械化操作为基础到以知识技术和信息控制装备为基础的转变过程。农业信息化有三个明显的特点：①农业信息技术在其他技术序列中优先发展；②信息资源在农业生产和农产品经营中的作用日益突出，农民更注意用信息指导生产和销售；③信息产业的发展很大程度上促进乡镇企业的发展，并优化农业内部结构。所谓农业信息产业化，就是将农业信息的采集、加工、传递、反馈、服务等形成一个一体化的、以信息咨询为主的知识密集型产业，它是农村社会化服务中新兴的独立的第三产业，是农村社会、经济发展的必然趋势。农业信息产业化是发展一优两高农业的需要，是农民进入市场的需要，是推进农村社会化服务的需要，是农业信息部门转变职能、自我发展的需要，是农村经济发展的必然趋势。计算机应用于农业生产中，可以及时准确预报病虫害的发生期和发生量，做到及时防治，既节省农药，又减少粮食损失。计算机在饲料配制、优化施肥、作物产量预报、渔业捕捞以及农业经济结构优化等方面，都能发挥作用。利用遥感技术调查农业资源，预报自然灾害，也有速度快、效率高的特点。准确的气象预报也是农业生产中不可缺少的，气象卫星起着重要作用。

我国是一个农业大国，将计算机软件技术应用到农业领域，将具有重大的经济效益和社会效益。农业部 1994 年开始筹建的"中国农业信息网"现已初具规模，已有 1 000 多个县入网。目前全国大部分省建立了农业信息中心，大多数县配备了微机用于信息管理。全国已建成了一些大型农业信息资源数据库、优化模拟模型、宏观决策支持系统、农业专家系统、计算机生产管理系统。应用遥感技术进行灾害预测预报与农业估产已取得显著效果。如北京市农林科学院作物所研究的"小麦管理计算机专家决策系统"可使小麦增产 6％～25％，降低成本 4％～8％，增加效益 15％～30％；中国农业科学院草原研究所应用现代遥感和地理信息技术建立的"中国北方草地草畜平衡动态监测系统"，使我国草地的资源管理由过去常规方法上百人 10 年完成的工作量只需 7 天即可完成，经过 3 年运行，节约经费 1 669 万元。中国科学院合肥智能所研究的"农业专家系统"能指导农民科学育种、栽培、施肥、防治病虫害、田间管理等，已在二十几个省市推广使用，增产粮食 13.5 亿千克，棉花 1 750 万千克，节肥 34 万吨。南京经济学院研制的"粮食预警预报系统"可显示我国 1959—2020 年期间粮食生产、消费的中长期趋势，并可提供对产销缺口进行平衡调整的几种可选方案。

（四）生态农业

所谓生态农业，是指在农业生产中，以生态科学和原理为指导，利用动物、植物、微生物之间的相互依存关系，应用现代科学技术，保护、培植和充分利用自然资源，防止和减少环境污染，形成农林牧副渔良性循环，保持大农业稳定发展。世界上所有国家都不同程度地存在着各种生态环境问题，人口的增加、工农业生产的发展，都加剧了问题的严重性。英国著名经济学家 Barbara Ward 很早以前就认为美国现代化农业的道路是行不通的。他对中国南方和东南亚一些国家，将种植水稻和养畜、养鱼结合，充分利用土地和生物资源，保持良好生态环境的作法十分欣赏，而且提出一个十分有价值的观点："唯一能够生产足够粮食，满足日益增长的人口需要的方式，是将所有适合耕作的土地，实行双作和三作。"由此可见，中国长期以来实行的间作、套作、混作、轮作，施用粪肥、厩肥、绿肥，实行生物防治，充分利用土地，精耕细作等似乎落后，但是保证了农业长期持续发展的技术，实际上是先进的生产方式，应该作为今后实现农业现代化的一个主要战略方针。

为了创造一个生态平衡的农业，就必须抛弃原有的以大量消耗石油、化肥、化学农药为代表的农业现代化的模式，取而代之的是以遗传工程、生物技术为主的高技术方法。当今时代由于分子生物学和细胞遗传工程等学科的飞快发展，在分子水平上探明生物机能已经成为可能。因此，人们对于利用生物遗传工程技术的研究成果解决农业生产领域中存在的诸多问题寄予很大希望。

未来人们保健意识的加强，对食物品质的要求也随之提高。未来对食物的要求，首先必须符合"干净"和"营养"的标准。所谓"干净"，是指食物不用化肥、农药生产，不用人工防腐剂、染色剂，不经辐射处理。所谓"营养"，是指食物不但保存了最大营养价值，而且不经过长途运输，必须成熟后采收，保持一流鲜度。为了满足上述一系列的严格要求，农产品就必须当地生产、当地消费。农产品长途运输不但降低品质，还要大量消耗能源，造成大气乃至海洋的污染。不少农产品长途运输的包装材料，是不能"生物降解"的，造成了严重的环境问题。目前，美国已经出现了所谓的"社会支持农业"，这种生产形态，就是企业将生产和消费地区结合起来，逐渐实现农产品的地区自给。工厂化农业一般适于布局在都市的周围，所以也有"都市型农业"之称，因为"智能型农业工厂"不仅包括蔬菜、园艺花卉，还有畜禽、特种水产品生产以及微生物生产。由于都市有发达的信息、交通和完备的基础设备，加之都市庞大的消费需求，未来的智能型农业工厂必将云集在都市周边，成为都市经济的重要支柱。

综上所述，我国是个农业大国，在当今经济全球化的形势下，我们必须研究农业现代化的发展趋势，扬长避短，在做好基础工作的前提下，创造条件，大力发展精细农业、智慧农业、信息农业、生态农业、都市农业等，从而使我国农业尽快走上现代化的道路。加快转变农业发展方式，加快农业技术创新步伐，走出一条集约、高效、安全、持续的现代农业发展道路。

三、我国推进农业现代化建设的政策建议

立足国情农情，适应新形势、新目标、新任务，推进中国特色农业现代化，既需要在规范和调整决定资源配置的制度层面不断创新，引导资源优化配置，也需要强化政府行为导向，在宏观管理和调控层面完善相关政策措施。

（一）制度创新

创新制度是根本。在制度创新方面，要突出五大重点制度建设：

1. 土地制度

未来一段时期，可行的思路是在坚持农村土地集体所有的前提下，对土地承包经营权进行分解，将承包经营权分解为独立的承包权和经营权，实现承包权和经营权的"两权"分离。一是保障农户承包权，发挥其财产功能。保障承包农户土地财产权利，使其在土地流转和征收时能够获得资本收益，拓展增加农民财产性收入的渠道。二是放活经营权，推动土地优化配置。通过健全土地流转市场、规范流转中介服务、强化流转合同的法律保护等措施，稳定土地经营权主体的预期，使土地资源向最有效率的经营者集中。

2. 经营制度

经营制度创新，目的在于对农业生产关系进行调整和变革。一是坚持家庭经营的基础性地位。既要考虑到农户小规模兼业状况的普遍性和长期性，也要

顺应农村劳动力分工分业的趋势，通过制度创新培养专业大户、家庭农场等新型家庭经营主体，打造升级版的家庭经营组织。二是大力发展农业社会化服务组织。在农户普遍小规模经营条件下要实现农业现代化，社会化服务是不可或缺的中介和纽带。要深化基层农业公共服务机构改革，支持发展各种为农服务的经营性组织，健全多元化的农业社会化服务体系。三是发挥集体经营、合作经营、企业经营的功能和作用。充分发挥不同类型组织在对接市场、引入现代生产要素和创新经营模式等方面的比较优势，使各类经营组织各尽所能、各展所长、各得其所。

3. 科技体制机制

面向农业现代化的农业科技体制机制创新，重点在于完善两个方面的制度。一是建立有利于先进实用科技成果涌现的制度。立足产业需求，推动农业科技创新由侧重技术研发向注重研发、推广、应用相融合转变，由注重提高土地产出率向提高土地产出率、资源利用率和劳动生产率并重转变，由注重单一的农业生产技术向农业生产与农业多功能发展相统筹转变。通过集中投入、联合攻关，大力开发具有重大应用价值的突破性科技成果。积极培育多元化的农业科技创新组织，充分发挥企业在农业科技创新中的主体作用。二是建立有利于技术成果推广应用的制度。大力推进农业科技大联合大协作，建立产学研用深度融合机制，形成科技与生产紧密衔接、优质科技资源与优势产区无缝对接、中央与地方科研力量上下贯通、不同区域和不同学科专家协同创新的农业科技发展格局。

4. 金融制度

现代农业经营主体的金融需求具有额度较高、周期较长、类型多样等特点。要以满足新型农业经营主体的需求为重点，深化农村金融制度改革。一是推动农村金融体制创新。建立商业金融、政策金融、合作金融有机统一、协调高效的农村金融体系，完善金融支农的激励约束机制，以多元化渠道满足不同主体的金融需求。二是明确不同农业产业金融创新的突破口。针对粮棉油糖生产、农作物制种、园艺作物生产、畜牧业、渔业、农机服务等不同产业的特征，有针对性地创新金融产品与金融服务方式。三是创新农村抵押担保机制。积极培育涉农担保组织，建立和完善农村产权交易市场，完善农村抵押资产变现处置机制，克服涉农信贷担保瓶颈。四是完善政策性农业保险制度。健全农业保险管理体制，提高农业保险相关利益方的有效参与度，加大财政投入力度，增加保费补贴品种，提高农业保险的风险保障水平，建立财政支持的农业大灾风险分散机制。

5. 人力资本制度

农业领域的人力资本表现形式包括有知识有创新精神的农民、称职的科学家和技术人员队伍、有远见的公共行政管理人员和企业家，人力资本存量是决定农业生产率的重要因素之一。就中国而言，除了培养高水平的农业科技人员和建立高素质的农业宏观调控管理队伍，当务之急是以加快培育新型职业农民为重点，把劳动力资源优势转变为人力资本优势。一是实行职业农民准入制度。制定新型职业农民标准，出台相应的扶持政策，使农业真正成为进入有要求、经营有效益、收入有保障、职业有尊严的行业。二是强化职业农民教育培训。制定新型职业农民教育培训规划，以家庭农场主、农民合作社负责人和返乡创业人员等为重点，加大财政投入，实行免费的职业农民教育培训。三是建立高素质人才回流农村机制。引进高层次专业人才从事农业，支持农业科技人员、大中专院校毕业生、返乡创业人员投入现代农业建设。

（二）政策建议

在政府行为导向方面，要秉承两项原则，进一步完善农业政策框架。其一是随着国家经济实力的增强和工农关系、城乡关系的变化，坚持不断加大农业支持保护力度、健全和完善强农惠农富农政策体系的基本方向；其二是在中国农业与世界农业竞争加剧、融合加快的大背景下，要更加关注国际因素，采取符合 WTO 规则、与国际惯例接轨的政策工具。其重点是三个方面：

1. 农业投入政策

聚焦于强化农业基础设施和农业基本公共服务，大幅增加农业农村基础设施建设投入，建立农业投入稳定增长的长效机制。启动一批拉动内需作用大、经济社会生态效益明显的农业农村建设项目，尽快改变城乡基础设施状况反差巨大的局面。大力实施高标准农田建设规划，整合财政投入，统一建设标准，提高建设效果，确保到 2020 年建成 8 亿亩高标准农田。以耕地整治、农田水利为重点，建立耕地质量建设与管护的长效机制，确保耕地质量与主要水利设施永续利用。加强农业面源污染防治，采取综合性措施，防止城镇和工业污染向农村转移和扩散。

2. 农产品价格政策

目前，中国主要粮食品种最低收购价格和大豆、棉花临时收储价格已经远高于同等进口产品到岸完税价格，农产品价格政策到了必须调整和完善的时候。完善农产品价格政策，重点是探索实行"价补分离"的目标价格补贴政策，这样既能充分发挥市场在农产品价格形成中的决定性作用，又能保障农业生产的合理收益。2014 年，中国政府启动了东北和内蒙古大豆、新疆棉花的目标价格补贴试点。下一步要鼓励地方积极探索蔬菜、生猪等农产品的目标价格保险试点。要在总结试点经验的基础上，逐步扩大目标价格政策覆盖的产品和区域范围，不断完善农产品价格形成机制。

3. 农业补贴政策

通过多年实践，中国已经初步构建起新时期农业补贴制度框架。下一步要延续增加农业补贴的趋势，进一步健全和完善补贴政策工具和操作办法。一是继续增加补贴总量。随着国家经济实力增强，增加农民补贴规模、扩大补贴覆盖范围是大势所趋。二是普惠性补贴数量不减少。农业补贴政策具有刚性特征，以往按照农户承包耕地面积发放的各项补贴不能减少或取消。三是重点增加生产性专项补贴。调整和充实补贴政策的内容，重点增加农田水利设施建设、农业投入品、农业灾害救助、技术应用与推广、资源和生态保护、农民培训等方面的补贴。四是提高补贴政策的针对性。新增农业补贴资金重点向从事粮食生产的专业大户、家庭农场、农民合作社等新型农业经营主体倾斜，并研究出台专门针对新型农业经营主体的补贴项目，使优惠政策向更有效率的生产者集中。五是完善农业补贴办法。整合资金渠道和补贴项目，将一些政策目标、发放渠道、实施对象比较接近的补贴项目归并，提高政策实施效率。六是健全粮食补贴机制，维护粮农的种粮积极性；主产区和主销区之间应建立良好的互动机制，主销区和国家应建立主产区利益补偿机制，从而调动主销区政府发展粮食生产的积极性，健全粮油储备制度和粮油市场预警机制，完善高效率、低成本的粮油市场调控机制，引导和扶持保险机构发展粮食保险。

4. 完善农业社会化服务体系建议

一是进一步推进涉农部门的综合改革。出台相应的法律法规和政策，为农业社会化体系的建设创造良好的法律和政策环境；明确社会中介组织和行政事业单位的职能，并理顺其相互关系；引导涉农事业单位强化自身建设，提升其服务意识和服务能力。二是调整政府农业投入方向和机制。努力建立多元化的农业投入机制；将资金侧重于投向教育、科研领域，农机推广领域和农产品市场建设领域；加强对包括农机推广部门、农民专业合作社、农业产业化组织等多元化的农业社会化服务机构的扶持力度。三是加快建设农产品质量检测服务机构。通过农民合作经济组织、农业产业化组织和龙头企业等引导农户实行农产品质量管理，树立品牌意识。四是积极配套和理顺财政、税务、金融和供销部门对农业的服务机制。可通过各级财政设立专项资金给予适当补助等方式引导金融和供销部门参与对农业社会化服务体系建设的支持和保护。

农业现代化的本质也就是科学技术化。未来农业将是以现代科技及其应用技术装备起来的崭新产业。

参 考 文 献

S. N. 艾森斯塔德 . 现代化：抗拒与变迁 . 张旅平，等，译 . 北京：中国人民大学出版社，1988.

阿瑟·刘易斯 . 二元经济论 . 北京：北京经济学院出版社，1989.

白杨，等 . 敦煌绿洲农业现代化灰色关联分析 . 干旱区资源与环境，2008（9）.

鲍进 . 江苏农业现代化进程测评与发展思路 . 江苏统计，2001（2）.

曾利彬 . 我国农业现代化评价指标体系设计 . 安徽农业科学，2008（4）.

陈俊红，周连第 . 北京市新型农业科技服务体系的构建 . 安徽农业科学，2010（3）.

陈凯，等 . 都市农业现代化评价分析——以北京、上海和广州等 11 城市为例 . 技术经济与管理研究，2009（2）.

陈锡文 . 中国农业发展形势及面临的挑战 . http://www.zgxcfx.com/Article/78082.html.

陈锡文 . 中国特色农业现代化的几个主要问题 . 改革，2012（10）.

陈锡文 . 走中国特色农业现代化道路 . 求是，2007（22）.

陈志强，等 . 农业产业化发展目标评价体系研究——以福建省县域农业为例 . 调研世界，2013（1）.

程国强 . 在中国农业现代化进程中要坚持家庭经营方式 . 农经，2015（1）.

程智强，程序 . 农业现代化指标体系的设计 . 农业技术经济，2003（2）.

丹尼尔·贝尔 . 后工业社会的来临 . 高铦，等，译 . 北京：新华出版社，1997.

单胜道，黄祖辉 . 农业现代化模糊综合定级法研究——以浙江省新昌县为例 . 农业技术经济，2000（6）.

邓大才 . 改造传统农业：经典理论与中国经验 . 学术月刊，2013（3）.

杜国明，等 . 黑龙江省农业现代化评价 . 中国农业资源与区划，2013（5）.

范晋明 . 农村现代化研究的几个理论支点 . 经济问题，1997（3）.

高明杰，等 . 中国农业现代化水平的比较分析及政策建议 . 中国农业通报，2007（5）.

高芸，蒋和平 . 我国农业现代化发展水平评价研究综述 . 农业现代化研究，2016（3）.

葛永红，王亮 . 我国都市农业的发展模式研究 . 经济纵横，2009（2）.

顾益康 . 沿海地区率先基本实现农业和农村现代化的战略对策 . 农业技术经济，1999（4）.

关海玲，等 . 我国都市农业评价指标体系的实证研究——基于因子分析 . 技术经济，2011（4）.

郭冰阳，陈小彦 . 我国农业现代化水平的综合评价 . 统计观察，2006（1）.

郭冰阳 . 中国农业现代化评价体系的研究 . 长沙：湖南大学，2005.

郭强，李荣喜 . 农业现代化发展水平评价体系研究 . 西南交通大学学报，2003（1）.

国家统计局统计科学研究所．中国农业现代化评价指标体系建设与实证分析．2003．

果雅静，等．都市型现代农业综合发展水平评价方法研究．中国生态农业学报，2008（2）．

韩俊．谋划好农业现代化大棋局．农产品市场周刊，2016（7）．

韩俊．推进中国特色新型农业现代化若干问题．当代农村财经，2014（9）．

韩俊．在家庭经营基础上推进农业现代化．中国农业信息，2014（1）．

韩俊．中国农业现代化六大问题．时事报告，2012-03-12．

韩士元．农业现代化的内涵及评价标准．天津社会科学，1999（5）．

韩长赋．大力推进农业产业化促进城乡发展一体化．经济日报，2013-01-11．

韩长赋．加快推进农业现代化努力实现"三化"同步发展．求是，2011（19）．

韩长赋．以构建"三大体系"为抓手加快推进农业现代化．江西农业，2016（9）．

何传启．世界现代化的事实和原理．中国科学院院刊，2010（3）．

何传启．中国现代化报告2004．北京：北京大学出版社，2004．

何传启．中国现代化报告2012—农业现代化研究．北京：北京大学出版社，2012．

胡鞍钢，吴群刚．农业企业化：中国农村现代化的重要途径．农业经济问题，2001（1）．

黄釜，曾卓然．世界农业现代化道路变迁．合作经济与科技，2009（2）．

黄映晖，史亚军．北京都市型现代农业评价指标体系构建及实证研究．北京农学院学报，2007（3）．

黄宗智．华北的小农经济与社会变迁．北京：中华书局，1986．

黄宗智．长江三角洲的小农家庭与乡村发展．北京：中华书局，1992．

黄宗智．中国的隐性农业革命．北京：法律出版社，2010．

黄祖辉，林剑，等．农业现代化：理论、进程与途径．北京：中国农业出版社，2003．

简小鹰，试论农业现代化中的社会文化特质．农业现代化研究，1996（5）．

姜翠红，等．北京市大兴区都市型现代农业进程评价及对策建议．中国农学通报，2011（23）．

蒋和平，崔凯．我国粮食主产区农业现代化指标体系的构建和测算及发展水平评价．农业现代化研究，2011（6）．

蒋和平，黄德林．中国农业现代化发展水平的定量综合评价．农业现代化研究，2006（2）．

蒋和平，蒋辉．农业适度规模经营的实现路径研究．农业经济与管理，2014（1）．

蒋和平，辛岭．建设中国现代农业的思路与实践．北京：中国农业出版社，2009．

蒋和平．我国现代农业的发展目标、主要挑战及对策建议．中国发展观察，2011（12）．

蒋和平．中国特色农业现代化的建设思路与建议．农业经济与管理，2013（4）．

蒋和平，等．北京都市型现代农业发展水平的评价研究．农业现代化研究，2015（3）．

蒋和平，等．我国现代农业发展水平评价指标体系的构建与测算．农业经济与科技发展研究，2009．

蒋和平，等．中国特色农业现代化建设机制与模式．北京：中国农业出版社，2013．

蒋和平，等．中国特色农业现代化建设研究．北京：经济科学出版社，2011．

蒋晓琴．吉林省农业现代化水平指标体系构建及研究．长春：吉林农业大学，2014．

靳相木．拓展农业外延：农业现代化的必由之路．农业现代化研究，1999（4）．

康芸，李晓鸣．试论农业现代化的内涵和政策选择．中国农村经济，2000（9）．

柯炳生．对推进我国基本实现农业现代化的几点认识．中国农村经济，2000（9）．

柯炳生．关于加快推进现代农业建设的若干思考．农业经济问题，2007（2）．

孔祥智，周振．"三个导向"与新型农业现代化道路．江汉论坛，2014（7）．

李秉龙，薛兴利．农业经济学．北京：中国农业大学出版社，2003．

李果仁．农业现代化问题研究进展．农业现代化研究，1992（4）．

李克强．以改革创新为动力加快推进农业现代化．理论参考，2015（4）．

李黎明，袁兰．我国的农业现代化评价指标体系．华南农业大学学报（社会科学版），2004
    （2）．

李林杰，郭彦锋．对完善我国农业现代化评价指标体系的思考．统计观察，2005（7）．

李卫芳，陈建成．基于 DEA 的北京都市型现代农业效率评价．技术经济，2012（2）．

李响，等．江苏与发达国家农业现代化水平的差距．江苏农业科学，2012（12）．

李燕凌．我国现代农业发展现状及其战略对策研究．农业现代化研究，2009（6）．

李振兴，程家瑜．提高我国农业综合生产能力的关键技术和路线图．中国科技论坛，2009．

李周．循序渐进地推进我国农业现代化．农林经济管理学报，2016（1）．

李周，等．论我国农业由传统方式向现代方式的转化．经济研究，1990（6）．

利奥塔尔．后现代状态．车槿山，译．南京：南京大学出版社，2011．

林丽梅．基于熵值法的福建县域农业现代化发展水平评价．科技和产业，2013（10）．

林善浪，张国．中国农业发展问题报告．北京：中国发展出版社，2003．

林毅夫．再论制度、技术与中国农业发展．北京：北京大学出版社，2000．

林正雨，等．四川省农业现代化发展水平综合评价．农业现代化研究，2014（1）．

刘海清，方佳．海南省热带农业现代化发展水平评价．热带农业科学，2013（1）．

刘明，等．我国农业现代化进程测度的主要问题．宁夏大学学报（自然科学版），2000（2）．

刘奇．中国农业现代化进程中的十大困境．行政管理改革，2015（3）．

刘守英．中国农业转型和农业现代化道路怎么走．中国合作经济，2015（6）．

刘喜波，张雯，侯立白．现代农业发展的理论体系综述．生态经济，2011（8）．

刘晓越．农业现代化评价指标体系．中国统计，2004（2）．

刘巽浩，王宏广．中国农业现代化道路与精久农业的构思．中国农村经济，1991（3）．

刘彦随，等．中国农业现代化与农民．北京：科学出版社，2014．

卢方元，王茹．中原经济区农业现代化水平的综合评价．地域研究与开发，2013（4）．

罗兹曼．中国的现代化．国家社会科学基金"比较现代化"课题组，译．南京：江苏人民
    出版社，2010．

吕天军．加入 WTO 对中国农业的影响及对策．山东农业大学学报（社会科学版），2000
    （1）．

马秋芳．农业现代化评价指标体系研究．合肥：安徽农业大学，2008．

毛飞，孔祥智．中国农业现代化总体态势和未来取向．改革，2012（10）．

梅方权．中国农业现代化的发展阶段和战略选择．调研世界，1999（11）．

门可佩，唐沙沙．华东地区农业现代化水平的综合评价．安徽农业科学，2010（11）．

倪洪兴．开放条件下中国农业产业安全的几点思考//农业部农村经济研究中心．金融危机下的中国农村发展．中国农业出版社，2009.

牛若峰．要全面理解和正确把握农业现代化．农村经济问题，1999（10）．

农业部农村经济研究中心．2001 年农业现代化的参考指标体系与标准．研究报告．

农业资源与可持续发展关系研究课题组．农业可持续发展与 21 世纪农业发展目标．中国农业资源与区划，2002（6）．

潘迎捷，杨正勇．试论都市型现代农业评价指标体系的构建．上海农村经济，2012（4）．

钱津．中国农业必须走现代化之路．贵州社会科学，2010（1）．

屈晓菁．湖南省农业现代化水平测度及影响因素分析．湘潭：湘潭大学，2014.

阮旭华，徐学荣．福建现代农业发展水平评价指标体系探讨．安徽农学通报，2009（9）．

沈建忠．推进都市农业发展应着力解决好的几个问题．中国经贸导刊，2009（23）．

沈琦，胡资骏．我国农业现代化评价指标体系的优化模型基于聚类和因子分析法．农业经济，2012（51）．

石元春．现代农业．世界科技研究与发展，2002（4）．

宋洪远．转变农业发展方式加快推进农业现代化．中国发展观察，2015（2）．

苏夏琼，雷玲．广西农业现代化发展水平与对策研究．农机化研究，2012（6）．

速水佑次郎，弗农·拉坦．农业发展的国际分析．郭熙保，张进铭，译．北京：中国社会科学出版社，2000.

孙浩然．国外建设现代农业的主要模式及其启示．社会科学家，2006（2）．

孙金荣：山东省农村文化产业发展研究．山东社会科学，2005（11）．

谭爱花，等．我国农业现代化评价指标体系的设计．干旱区资源环境，2011（10）．

田魁祥，等．对实现我国农业现代化的思路与途径的认识．农业现代化研究，1998（5）．

万宝瑞．深化对粮食安全问题的认识．农业经济问题，2008（9）．

王国敏，等．西部农业现代化发展水平的定量测评与实证分析．四川大学学报（哲学社会科学版），2011（6）．

王辉．"两型社会"建设背景下长株潭城市群都市农业发展研究．安徽农业科学，2011（7）．

王严克．新疆兵团农八师农业现代化水平测度研究．石河子：石河子大学，2011.

魏益民．我国农产品加工业发展现状与趋势分析．中国食物与营养，2006（10）．

温铁军．新农村建设理论探索．北京：北京出版社，2006.

温铁军．中国农村基本经济制度研究．北京：中国经济出版社，2000.

温铁军．农业现代化的误区．财经界，2014（31）．

温铁军，等．农业现代化的发展路径与方向问题．中国延安干部学院学报，2015（3）．

文化，等．北京都市型现代农业评价指标体系与调控对策．农业现代化研究，2008（3）．

吴振兴．我国农业现代化的国际比较研究．热带农业科学，2003（2）．

武瑞娟．河北省农业现代化指标体系构建及评价研究．保定：河北农业大学，2006.

西奥多·W.舒尔茨.报酬递增的源泉.姚志勇,等,译,北京:北京大学出版社,2001.

西奥多·W·舒尔茨.改造传统农业.梁小明,译.北京:商务印书馆,1998.

谢杰,李鹏.中国农业现代化进程直接影响因素与空间溢出效应.农业经济问题,2015 (8).

辛岭,蒋和平,刘学瑜.中国县域农业现代化评价.中国农学通报,2014(20).

辛岭,蒋和平.我国农业现代化发展水平评价指标体系的构建和测算.农业现代化研究, 2010(6).

辛岭,王济民.我国县域农业现代化发展水平评价——基于全国1 980个县的实证分析.农 业现代化研究,2014(6).

辛岭.中国农业现代化道路的制度困境与创新.北京:中国农业大学出版社,2014.

辛岭.中国农业现代化发展水平研究.北京:中国农业大学出版社,2014.

徐星明,杨万江.我国农业现代化进程评价.农业现代化研究,2000(5).

徐贻军,任木荣.湖南现代农业评价指标体系的构建及测评.湖南农业大学学报(社会科 学版),2008(8).

杨姗姗.新疆农业现代化水平评价研究.乌鲁木齐:新疆财经大学,2014.

杨万江,徐星明.农业现代化测评.北京:社会科学文献出版社,2001.

杨秀艳.农业现代化指标体系与评价方法研究.杨凌:西北农林科技大学,2004.

叶兴庆.农业现代化的核心是提高劳动生产率.新重庆,2015(8).

易军,张春花.北方沿海地区农业现代化进程的定量评价.中国软科学,2005(1).

尤飞,王秀芬.中国区域农业现代化综合评价报告.北京:中国农业大学出版社,2013.

于爱芝,等.北京都市农业的战略定位与路径选择.城市发展研究,2010(9).

余芹,王若楠.我国农业技术路线分析.南方农业,2008(3).

余欣荣.贯彻落实十八届五中全会精神推进农业现代化取得明显进展.农业部管理干部学 院学报,2015(4).

余子鹏,王今朝.中国省域间农业现代化进程比较分析.湖北农业科学,2015(3).

约翰·梅尔.农业经济发展学.王华,译,北京:农村读物出版社,1988.

张冬平,魏仲生.粮食安全与主产区农民增收问题.北京:中国农业出版社,2006.

张凤荣,等.都市型现代农业产业布局.北京:中国农业大学出版社,2007.

张红宇.我国大国农业的基本特征与宏观调控.人民日报,2011-11-25.

张红宇.准确定位现代农业发展.财经,2013(25).

张红宇,等.中国特色农业现代化:目标定位与改革创新.理论参考,2015(6).

张培刚.农业与工业化.武汉:华中科技大学出版社,2009.

张荣天.中部地区农业现代化水平综合评价——以安徽省为例.湖北工程学院学报,2015 (3).

张晓山.走中国特色农业现代化道路是历史发展的必然要求.农村工作通讯,2007(12).

张晓山.深化改革加快实现农业现代化.中国国情国力,2015(4).

张忠根,等.农业可持续发展评估.理论、方法与应用.北京:中国农业出版社,2003.

张忠根,等.中日韩现代农业比较研究.北京:中国农业出版社,2002.

张仲威. 中国农业现代化若干问题的探讨. 农业现代化研究, 1994（3）.

赵建梅, 等. 北京农业现代化指标体系的改进. 农业现代化研究, 1999（5）.

赵景阳, 等. 广义农业现代化的内涵与评价研究——以山东省为例. 农业现代化研究, 2007（1）.

赵美玲. 现代农业评价指标体系研究. 经济学研究, 2008（1）.

郑业鲁. 现代化农业项目建设规划与评价. 北京：中国农业科技出版社, 2002.

郑有贵. 农业现代化内涵、指标体系及制度创新的探讨. 中国农业大学学报（社会科学版）, 2000（4）.

郑云. 中国农业全要素生产率变动、区域差异及其影响因素分析. 经济经纬, 2011（2）.

中国科学院可持续发展研究组. 中国可持续发展战略报告. 北京：科学出版社, 2001.

中国科学院中国现代化研究中心. 农业现代化的趋势和路径. 北京：科学出版社, 2013.

中国现代化报告课题组. 中国现代化报告2003. 北京：北京大学出版社, 2003.

周春江, 刘瑞涵. 北京都市型现代农业阶段性发展理论探讨与实践. 作物杂志, 2011（3）.

周迪, 等. 中国农业现代化发展水平时空格局及趋同演变. 华南农业大学学报（社会科学版）, 2015（1）.

周洁红, 黄祖辉. 农业现代化评论与综述——内涵、标准与特性. 农业经济, 2002（11）.

朱希刚, 冯海发. "九五"及2010年我国农业发展目标测算. 中国农村经济, 1995（7）.

朱希刚. 我国农业科技进步贡献率测算方法. 北京：中国农业出版社, 1997.

朱晓明. 中国农业现代化评价指标体系的建立与实证研究. 武汉：华中农业大学, 2013.

珠江三角洲农业现代化指标体系课题组. 2010年珠江三角洲基本实现农业现代化的评价指标体系. 南方农村, 1999（2）.

珠江三角洲农业现代化指标体系课题组. 关于2010年珠三角基本实现农业现代化评价指标体系的说明. 南方农村, 1999（3）.

Aerni P. What is sustainable agriculture? Empirical evidence of diverging views in Switzerland and New Zealand. Ecological Economics, 2009, 68(6): 1872-1882.

Ahmad S. On the theory of induced invention. The Economic Journal, 1966: 344-357.

A Inkeles, Smith D H. Becoming modernity. Harvard, Harvard University Press, 1974.

Arrow K J. Social choice and individual values. Yale university press, 2012.

Binswanger H P, Ruttan V W. Induced innovation: technology, institutions, and development, Baltimore: Johns Hopkins University Press, 1978.

Carof M, Colomb B, Aveline A. A guide for choosing the most appropriate method for multi-criteria assessment of agricultural systems according to decision-makers' expectations. Agricultural Systems, 2013: 51-62.

Daniel Lerner. The passing of traditional society: modernizing the Middle East. Free press, 1958.

Downing M, Volk T, Schmidt D. Development of new generation cooperatives in agriculture for renewable energy research, development, and demonstration projects. Biomass and Bioenergy,2005(28):425-434.

Gary R Sands,Terence H Podmore. A generalized environmental sustainability index for agricultural systems. Agriculture,Ecosystems and Environment. 2000(79):29-41.

Godfrey B,Rigby D,Philiph W. Right target,wrong mechanism agricultural modernization and poverty reduction in Uganda. World Development,2005(3):481-496

Gordon Douglass. Agricultural Sustainability in a Changing World Order. West view Press,1983.

Hietala-Koivu R. Landscape and modernizing agriculture:a case study of three areas in Finland in 1954—1998. Agriculture,ecosystems & environment,2002, 91(1): 273-281.

Hicks J R. Value and capital,Oxford: Clarendon Press,1946.

Huffman W E, Evenson R E. Structural and productivity change in US agriculture, 1950-1982. Agricultural Economics,2001(2): 127-147.

Lin J Y. Public research resource allocation in Chinese agriculture: A test of induced technological innovation hypotheses. Economic Development and Cultural Change, 1991, (1): 55-73.

Lohmar B,Gale F,Hansen J. China's ongoing agricultural modernization challenges remain after 30 years of reform. USDA Bulletin Number,2009,51-52.

Mellor J W. The economics of agricultural development. The economics of agricultural development,1966.

Parra-LÓpez C,Groot J C J,Carmona-Torres C,et al. Integrating public demands into model-based design for multifunctional agriculture: An application to intensive Dutch dairy landscapes. Ecological economics,2008(4): 538-551.

Rezaei-Moghaddam K,Karami E. A multiple criteria evaluation of sustainable agricultural development models using AHP. Environment, Development and Sustainability, 2008 (4): 407-426.

Ruttan V W,Hayami Y. Toward a theory of induced institutional innovation. The Journal of Development Studies,1984(4): 203-223.

Talcott Parsons. The Social System. Nabu Press,1991.

Timmer C P. The agricultural transformation,Handbook of development economics,1988(1) (Part II): 276-331.

Von Wiren-Lehr S. Sustainability in agriculture-an evaluation of principal goal-oriented concepts to close the gap between theory and practice. Agriculture, Ecosystems & Environment,2001(2):115-129.

Wertz J R. A Newtonian big-bang hierarchical cosmological model. The Astrophysical Journal, 1971,164-227.

后　记

　　农业现代化是世界农业发展的一个大趋势，世界上所有发达国家早在20世纪都已实现了农业现代化，而且农业现代化发展水平一直在持续不断地提高。我国自改革开放以来，就明确地提出了以基本实现农业现代化为我国农业的发展目标。自那时起，迄今已近30多年，我国农业生产力有了很大提高，中国农业取得了较快发展，粮食生产连续保持了"十二连增"，基本上满足了社会对农产品供给的需要。但目前我国农业基础地位还很脆弱，农业仍然是国民经济中最薄弱部门，农业现代化仍是中国实现"四个现代化"的短板。因此，对我国农业现代化总体发展水平进行了定量测算与评价，准确判断我国农业现代化发展水平和在国家实现四个现代化进程中所处的阶段，对于制定农业现代化发展战略规划，平稳有序地推动我国农业现代化建设具有重要的科学指导意义和应用价值。

　　近10多年来，中国农业科学院农业经济与发展研究所现代农业研究室科研人员，在农业现代化理论与政策首席科学家蒋和平教授率领下，一直关注着我国农业现代化评价方法与案例实证研究，针对中国农业现代化总体发展水平的定量测算与评价的热点、重点和难点问题，并结合承担国家社会科学基金重点项目的研究，专门对中国农业现代化总体发展水平的评价方法、评价指标体系、数据处理和分析、国际比较、区域差异和"十三五"期间农业现代化发展趋势预测开展研究，今天奉献给读者的这本著作，就是近10多年来，中国农业科学院农业经济与发展研究所现代农业研究室农业现代化理论与政策创新团队，对中国农业现代化评价与案例实证研究的成果。

　　本书撰写以中国农业科学院农业经济与发展研究所为组织单位，由中国农业科学院农业经济与发展研究所农业现代化理论与政策学科首席科学家蒋和平教授牵头和统稿，参加本书撰写的科研人员主要有蒋和平教授、辛岭研究员、黄德林研究员、崔奇峰副研究员，四川农业大学经济管理学院李冬梅教授；参加本书撰写的博士后主要有王晓君；参加本书撰写的博士研究生主要有崔凯、蒋辉、张成龙、江晶、钟鑫等。本书编写历时近4年，反复进行论证、研究和修改形成。

　　全书的编写分工如下：前言由蒋和平、王晓君撰写；第一章由蒋和平、王晓君、蒋辉撰写；第二章由蒋和平、王晓君、蒋辉撰写；第三章由李冬梅、蒋和平撰写；第四章由黄德林、蒋和平撰写；第五章由崔奇峰、张成龙、蒋和平撰写；第六章由黄德林撰写；第七章由辛玲、蒋和平撰写；第八章由崔凯、蒋和平撰写；第九章和第十章由辛玲、蒋和平撰写；第十一章由蒋和平、江晶、张成龙、钟鑫撰写；第十二章由蒋和平、崔凯、张成龙撰写；第十三章由王晓君、蒋和平撰写。邱君副研究员和博士生彭成圆、朱福守、倪印锋与硕士生刘学瑜、何亚萍、盛芳芳、孟召娣、聂赟彬完成了本书的校对、编辑、排版和打印工作。作为中国农业科学院农业经济与发展研究所现代农业研究室科研人员和博士后、博士生和硕士生，他们为课题研究、文献整理、数据处理和全书编写校核付出了辛勤的劳动。对此，我表示衷心的感谢。

在课题研究过程中，始终得到了农业部办公厅、发展计划司、政策法规司、科学教育司，科技部农村科技司、中国农村技术开发中心、全国农业技术推广中心等单位的帮助，尤其是北京市农村工作委员会、北京市科学技术委员会、北京市科学技术委员会农村发展中心、上海市农村工作委员会、武汉市农村工作委员会、广东省人民政府、重庆市政府、河南省农业厅、湖南省农业厅、黑龙江省农业厅、吉林省农业厅、辽宁省农业厅、黑龙江省农垦集团等单位领导及有关管理人员对课题调研人员给予热情的接待，为课题调研提供了大量的数据和资料。中国农业科学院农业经济与发展研究所领导，对现代农业研究室农业现代化理论与政策创新团队开展工作给予了积极支持，尤其是中国农业科学院农业经济与发展研究所所长袁龙江研究员、原所长秦富教授、所党委书记李思经研究员和副所长毛世平研究员、原副所长王济民研究员，以及朱立志研究员、李宁辉研究员、孙东升研究员、吴敬学研究员、赵芝俊研究员、李玉勤研究员、魏赛副研究员对本书的编写提出了许多宝贵意见，从而使得课题研究和本书编写工作得以顺利进行。对此，我对上述单位和人员致以诚挚的感谢！

本书出版得到了中国农业科学院科技创新工程项目（ASTTP-IAED02）的资助。对此，作者深表感谢。

在本书即将出版之际，我对所有关心中国农业现代化评价与案例实证研究，为本书写作和课题研究提供各种资料，以及给予各种帮助和支持的各位专家同仁再次表示感谢。

蒋和平

2017 年 12 月 20 日

图书在版编目（CIP）数据

我国农业现代化评价及案例实证研究／蒋和平，
辛岭，王晓君著．—北京：中国农业出版社，2018.5
ISBN 978-7-109-22489-6

Ⅰ．①我… Ⅱ.①蒋…②辛…③王… Ⅲ.①农业现
代化—研究—中国 Ⅳ.①F320.1

中国版本图书馆 CIP 数据核字（2017）第 001341 号

中国农业出版社出版
（北京市朝阳区麦子店街 18 号楼）
（邮政编码 100125）
责任编辑　姚红

中国农业出版社印刷厂印刷　　新华书店北京发行所发行
2018 年 5 月第 1 版　　2018 年 5 月北京第 1 次印刷

开本：700mm×1000mm 1/16　　印张：15.75
字数：300 千字
定价：45.00 元
（凡本版图书出现印刷、装订错误，请向出版社发行部调换）